RONGYU BANJI
CHENGZHANG JISHI

华中科技大学荣誉班级成长纪实

（2017—2021）

2022年高校思想政治工作中青年骨干队伍建设项目

刘雅然　主编

华中科技大学出版社
http://press.hust.edu.cn
中国·武汉

图书在版编目（CIP）数据

华中科技大学荣誉班级成长纪实：2017—2021/刘雅然主编．—武汉：华中科技大学出版社，2023.9
ISBN 978-7-5772-0023-1

Ⅰ．①华… Ⅱ．①刘… Ⅲ．①高等学校-班级-学校管理 Ⅳ．①G647.34

中国国家版本馆 CIP 数据核字（2023）第 176008 号

华中科技大学荣誉班级成长纪实（2017—2021）

Huazhong Keji Daxue Rongyu Banji Chengzhang Jishi（2017—2021）

刘雅然　主编

策划编辑：杨　静
责任编辑：刘　静
封面设计：琥珀视觉
版式设计：赵慧萍
责任校对：谢　源
责任监印：朱　玢

出版发行：华中科技大学出版社（中国·武汉）　　电话：（027）81321913
　　　　　武汉市东湖新技术开发区华工科技园　　邮编：430223

录　　排：华中科技大学出版社美编室
印　　刷：武汉科源印刷设计有限公司
开　　本：787mm×1092mm　1/16
印　　张：21
字　　数：398 千字
版　　次：2023 年 9 月第 1 版第 1 次印刷
定　　价：75.00 元

本书若有印装质量问题，请向出版社营销中心调换
全国免费服务热线：400-6679-118　竭诚为您服务
版权所有　侵权必究

编写委员会

主　编：刘雅然
副主编：孙　伟　加吾哈

一、"胡吉伟班"

经济学院经济学（创新实验）1701班：崔金涛、孙晓伟
能源与动力工程学院能卓1701班：孙禄、孙伟
新闻与信息传播学院广告1701班：李彬彬、范雯宇
人工智能与自动化学院自动化1703班：朱平、程杨
社会学院社会学类1701班：杨飞、岐尚鲜、刘丁如
管理学院创新实验1801班：谭静、张赫
土木与水利工程学院土卓1801班：何春、蔡海洋
光学与电子信息学院光实1801班：李玲、罗圣
电气与电子工程学院中英1802班：罗珺、柳子逊
生命科学与技术学院贝时璋菁英班1801班：占艺、周钰
能源与动力工程学院能动1901班：孙禄、郑妮婷
新闻与信息传播学院播音主持1901班：李彬彬、黄启超
生命科学与技术学院登峰计划班1901班：占艺、彭一鸣
机械科学与工程学院机械设计制造及其自动化1907班：段政、文梓航
经济学院金融学1901班：崔金涛、朱诗甜
机械科学与工程学院工业工程2001班：段政、陈霈
经济学院国商2001班：崔金涛、彭鹤翔
能源与动力工程学院能动2004班：孙禄、王艺程
土木与水利工程学院智能建造2001班：何春、姚磊
光学与电子信息学院本硕博2001班：李玲、姜波、黄静琦

二、"黄群班"

电气与电子工程学院气卓1801班：罗珺、柳子逊
光学与电子信息学院光卓1801班：李玲、罗圣、刘荣武
建筑与城市规划学院数字媒体艺术1801班：何立群、庞灿楠
人工智能与自动化学院自实1801班：朱平、王泽昀
船舶与海洋工程学院船卓1801班：谢宇翔、肖宇晨、曹金梅
机械科学与工程学院机卓1901班：段政、文梓航
船舶与海洋工程学院船卓1901班：谢宇翔、靳丰富、曹金梅
光学与电子信息学院光卓1901班：李玲、黄凯熙
能源与动力工程学院能卓1901班：孙禄、郑妮婷
管理学院财务管理1902班：谭静、张赫
机械科学与工程学院机械本硕博2001班：段政、陈霈
材料科学与工程学院材料本硕博2001班：蒋文海、潘庆玲
船舶与海洋工程学院船卓2001班：谢宇翔、杨冰
电子信息与通信学院电信提高2001班：陈世英、杨鹏、蔡普成
光学与电子信息学院光学与电子信息科学与工程（卓越实验班）2001班：李玲、黄静琦、姜波

序言
INTRODUCTION

党的十八大以来，习近平总书记多次强调"要坚持把立德树人作为中心环节，把思想政治工作贯穿教育教学全过程"，强调"思想政治工作是学校各项工作的生命线"。作为与共和国同行、与新时代共进的中国特色社会主义高校，华中科技大学历来重视学生思想政治教育工作。为发挥思政工作优势，加强班风学风建设，学校党委坚持以德立班，不断探索荣誉班级建设模式，以英雄的名字创建"胡吉伟班"和"黄群班"。

"胡吉伟班"成立于2001年，以见义勇为的英雄校友胡吉伟命名，突出以德立班、集体主义，强化党建带动班建、团建；"黄群班"成立于2018年，以全国道德模范、时代楷模黄群校友命名，突出科研创新、学风建设，强调专业发展带动集体成长。两个荣誉班级的连续创建，呈现了良好育人成效：有的班级义工与志愿服务活动参与率达到100%，有的班级整体成绩稳居年级第一名，有的班级全国大学生数学竞赛参赛获奖率达到100%。"胡吉伟班"创建模式先后得到中央政治局常委刘云山同志、国家副主席李源潮同志的批示。历届"胡吉伟班"被评为"全国先进班集体"标兵、被中共中央宣传部确定为全国学雷锋活动示范点；"胡吉伟班"党支部入选全国党建工作样板支部培育创建单位；"胡吉伟班"团支部获评全国高校"活力团支部"、全国"五四红旗团支部"。"胡吉伟班"被媒体誉为"崇德向上的青年群星""立德树人的华中大样板"。2020年，"坚持以德立班，探索荣誉班级建设模式"系列项目入选教育部高校思想政治工作精品项目。

为发挥荣誉班级示范带动作用，拓展思政育人成果，本书系统梳理了20个校"胡吉伟班"和15个校"黄群班"的成长事迹，汇编成《华中科技大学荣誉班级成长纪实（2017—2021）》，推广以学生班级建设为载体、推动集体成才的育人模式，为丰富思政育人工作路径提供参考。

"柱长天以大木，开莽原以上庠。"在新时代，面对中华民族伟大复兴战略全局和世界百年未有之大变局，站在"两个一百年"的历史交汇期，华中科技大学将牢记为党育人、为国育才的初心使命，不断推动思政工作提质增效，在全面建设社会主义现代化强国的新征程上，努力培养堪当民族复兴大任的时代新人！

前言
PREFACE

"坚持以德立班,探索'荣誉班级'建设"是华中科技大学在不断探索班级建设模式中的尝试。依托"胡吉伟班""黄群班"典型班级辐射引领,发挥学生班级育人作用,将思政工作优势转化为集体成才的强大动力,推进学生集体成才。荣誉班级建设始终坚持"以德立班"的根本标准,发挥党组织把握方向、系统贯穿的重大作用,努力培育校级思政工作品牌,逐步形成荣誉班级培育体系。

一、"胡吉伟班":以德立班,责任以行

2001年,华中科技大学经济学院2000级学生胡吉伟因抢救落水儿童而光荣牺牲。教育部、共青团中央先后授予胡吉伟"舍己救人的优秀大学生""全国优秀共青团员"等荣誉称号。2001年12月,为纪念英雄人物、铭记英雄事迹,华中科技大学党委决定设立"胡吉伟班"。2002年3月,经济学院首届"胡吉伟班"创建。此后,经济学院坚持在二年级本科生班级中以答辩的方式择优评选"胡吉伟班",每三年评选一次。2017年10月,学校党委将"胡吉伟班"建设模式在全校推广,并启动校级"胡吉伟班"的争创工作,每年在各院系一年级本科生班级中创建"胡吉伟班"。迄今为止共创建了20个"胡吉伟班"。

以德立班、紧跟时代。"胡吉伟班"建立的初衷就是要将"胡吉伟精神"传承下去,在拟定评选标准时,最先确定的就是"心怀祖国与人民,拥护党的纲领政策,有崇高的道德追求"这一准则。时光飞逝,开展创选以来,评委换了、参选班级换了,但这一条评分准则始终未变。"胡吉伟班"在不同时代发展背景下,被赋予了不同历史使命,这在评选标准中也有实时的体现。例如,第三届"胡吉伟班"首次在创设标准中强调社会实践导向、第四届"胡吉伟班"明确提出构建学生核

心价值观体系等，通过评比细则的完善，"胡吉伟班""以德立班"的核心价值不断得到升华，逐步完善的创建标准也始终与时代发展特征同频共振。

党旗领航、责任以行。"胡吉伟班"始终以党建为龙头，用理想信念铸就高尚品格。在创建首届"胡吉伟班"的同时，把支部建在班上，成立了胡吉伟党支部，并通过党支部深度参与班团组织建设，强化党组织在班团组织中的"火车头"作用。历届胡吉伟党支部坚持党支部委员会、团支部委员会、班级委员会"三会联席制度"，召开党支部委员会时会听取班团意见，召开团支部委员会或班级委员会时会征求党支部的建议，从顶层设计上，形成强有力的组织保障。定期组织"党员结对帮扶""党员进寝室"的活动，组织优秀学生党员代表每两个星期开展一次被同学们誉为"我和党员有个约会"的"党员接待日"等一系列党团组织活动，形成有困难找党员的良好氛围。

学风严谨、团结紧密。历届"胡吉伟班"始终坚持集体主义，在开展学风建设的过程中，紧紧围绕班级这一基本的集体学习单元，逐渐摸索形成了简称"一二三四"的传家宝：以党支部为中心，把班级委员会和团支部作为基本点，通过学习、生活、文体三大方面的协调配合，实现制度化、信息化、简捷化、效率化的四大目标。在班风建设上，"胡吉伟班"主抓"团结"二字；在学风建设上，"胡吉伟班"主抓"互助"二字。班级组建专项攻关小组，组织学生参加学术研讨班，设立学风督查勤工助学岗，实施监督奖励制度，建立线上相约自习、线下学友互助平台，多次取得大学四年课堂出勤率100%、大学英语四级一次性通过率100%的成绩，连续15年被评为校"优良学风班"，以优异成绩阐释"学在华中大"。

矢志奉献、实践报国。"胡吉伟班"用实际行动带头践行社会主义核心价值观，矢志奉献，将志愿服务与实践实习相结合。"胡吉伟班"连续10余年开展爱心家教活动，关注农民工子女；多次为白血病患者募集善款。坚持实践报国，将专业学习与经邦济世相结合。第五届"胡吉伟班"联合研究生党支部开展"聚焦武汉2049，学研互促复兴梦"实践活动，针对学生创业、武汉城市建设、生态建设提出23条建议，得到时任武汉市市长唐良智3000字的亲自回复。能源与动力工程学院"胡吉伟班"加入学院"筑梦基层团"，先后四次赴湖北恩施茅坝小学支教，得到了共青团中央、长江网的报道；新闻与信息传播学院"胡吉伟班"学习马克思主义新闻观，开展社会认知课程实践，传播华中大声音，讲好中国故事。

百舸争流、英才辈出。 在就业还是继续深造的问题上，"胡吉伟班"同学们选择无论去到哪里，只要祖国需要，他们都义无反顾；无论多么艰难，只要祖国需要，他们都能潜心研究。对已毕业的五届"胡吉伟班"毕业生（156人）的统计显示：约60.3%的学生在毕业后选择继续深造（94/156），其中近63%出国深造的人在深造后都选择了回到祖国（17/27），并在自己所擅长的领域贡献力量；现有18人选择留在国内外高校任教，15人在国有企业、机关事业单位任职，目前多位成员已经成长为所在领域的中坚力量。

二、"黄群班"：专业领航，培育英才

2018年8月20日，为抢救遭遇台风袭击的国家重点试验平台，华中科技大学船舶与海洋工程学院1985级校友黄群等三位同志壮烈牺牲。8月26日，中国共产党中央委员会总书记、中共中央军事委员会主席、中华人民共和国主席、中华人民共和国中央军事委员会主席习近平对黄群等三位同志的壮烈牺牲作出重要批示。习近平总书记指出，黄群等三位同志面对台风和巨浪，挺身而出、英勇无惧，为保护国家重点试验平台壮烈牺牲，用实际行动诠释了共产党员对党忠诚、恪尽职守、不怕牺牲的优秀品格，用宝贵生命践行了共产党员"随时准备为党和人民牺牲一切"的初心和誓言，他们是共产党员的优秀代表、时代楷模。广大党员干部

要以黄群等同志为榜样，坚定理想信念，不忘初心、牢记使命，履职尽责、许党报国，为实现"两个一百年"的奋斗目标、实现中华民族伟大复兴的中国梦贡献智慧和力量。

学校党委迅速组织开展学习习近平总书记重要批示和学习黄群校友先进事迹，并在全校范围内开展争创"黄群班"活动。目前全校共有15个"黄群班"。"黄群班"秉承"传承使命立心立德　勤学笃行矢志报国"的立班理念，通过典型班级辐射全校学生，教育广大学子树立远大理想，培育家国情怀，勤学笃行，砥砺奋进。

聚焦德行建设。为传承英雄精神，"黄群班"着力从理想信念和专业培养两方面"修炼内功"，积极探索富有家国情怀的优秀专业人才的培养模式。"黄群班"始终坚持党组织指导和引领班团组织开展工作。班长、团支部书记、党章学习小组组长、学习委员等班团主要干部全部由党员担任，全体党员列席参加班级委员会、团支部委员会，以党建促团建，推进班团一体化建设。"一名党员就是一面旗帜"，党员带头争当学习标兵，在班级中营造了浓厚的学习氛围，并在教师班主任的指导下积极参加大学生科技竞赛，屡创佳绩。二年级的"黄群班"中，党员比例近20%，提交入党申请书的比例为100%。

聚焦价值引领。"黄群班"秉承"传承使命立心立德　勤学笃行矢志报国"的立班理念，着力从学生思想道德建设、党团建设、班风学风建设入手，结合学科特点和专业特色，通过典型班级辐射全校学生。在党团建设、班风学风建设方面，在教育班级同学树立远大理想、坚守初心使命、锤炼真才实学上下足功夫。成立"习近平新时代中国特色社会主义思想学习小组"，以党员大会、班会的方式集中开展学习，读原著、学原文、悟原理，努力学习、把握习近平新时代中国特色社会主义思想的丰富内涵，教育广大学子树立远大理想，培育家国情怀，勤学笃行，砥砺奋进。

聚焦能力提升。"黄群班"注重营造优良的学习氛围，促进学生能力提升。积极引导学生养成良好的学习生活习惯，明确个人成长目标，制定大学生涯规划。注重培养专业学习兴趣，根据需要成立各类兴趣小组，定期开展"结对帮扶""微课堂"等活动，帮助学生开阔视野、增长见识、激发兴趣，提高学生的综合素质。注重培育学生创新创业能力，鼓励学生积极参加科技创新、学科竞赛和创业实践，增强社会责任感，培养学生的创新意识和实践能力。注重发挥教师班主任的作用。教师班主任在传授知识、传播思想、塑造灵魂等方面发挥着积极作用，积极动员教师班主任参与新生主题教育、专业思想教育以及学生的学术科研创新和职业生涯规划等工作。

三、荣誉班级建设特色总结

作为系统的学生思想教育工作体系，荣誉班级建设牢牢紧扣学生思想教育和价值引领，以"三个坚持"为特色，形成"三性"创建标准，在具体实践中体现创新特色。

一是坚持组织引领，体现"发展性"。 在贯彻落实高校立德树人根本任务上体现"发展性"，与时代发展同频共振。深入实施"党旗领航工程"，强化党支部在班级建设中的"火车头"作用。班级大力推进学生自我教育、自我管理、自我服务和自我监督，坚持开展"党员结对帮扶""党员进寝室""党员接待日"等活动，影响了一批批青年学子。历届"胡吉伟班"党员平均比例近50%，递交入党申请书的比例一直是100%。

二是坚持探索创新，体现"时代性"。 在班级建设创新上体现"时代性"，不断探索班级建设新方法、新路径、新思路。历届"胡吉伟班"在开展学风建设过程中，紧紧围绕班级这一基本的集体学习单元，逐渐摸索形成了简称"一二三四"的传家宝：以党支部为中心，把班级委员会和团支部作为基本点，通过学习、生活、文体三大方面的协调配合，实现制度化、信息化、简捷化、效率化的四大目标。"黄群班"紧扣"聚焦德行建设、聚焦价值引领、聚焦能力提升"三大举措，着力从理想信念和专业培养两方面"修炼内功"，积极探索富有家国情怀的优秀专业人才的培养模式。

三是坚持互助共进，体现"规律性"。在发挥班级育人功能上体现"规律性"，把思想政治工作规律和大学生成长成才规律相结合。"胡吉伟班"的一个鲜明精神气质是团结互助，在班风建设上主抓"团结"，倡导以德立班；在学风建设上主抓"互助"，倡导集体成才。20余年来，只要有"胡吉伟班"同学参加的比赛，全体同学必定到场助威加油。每年寒暑假时，"胡吉伟班"在放假前就选好代班长和代支书，定时组织留校同学开展各种活动。"胡吉伟班"还坚持在班上评选积极分子和进步生，用班费购买奖品进行奖励，所有班干部对此奖项自觉放弃参评，以示公平。"黄群班"同学们在教室、自习室、实验室、船模间、会议室、比赛场等场所永远是集体亮相，他们既是默契的学习科创伙伴，又是互为标杆的追逐对象，他们在良性的竞争中不断提升自己，朝着成为像黄群校友这样德才兼备的专业技术人才而奋斗着。

目 录
CONTENTS

· 第一部分　胡吉伟班 ·

以德行凝班魂，以团结铸班风
　　——经济学院经济学（创新实验）1701班成长纪实　　003
以德立班　卓越成才
　　——能源与动力工程学院能卓1701班成长纪实　　013
班团党凝心聚力，文体心全面开花
　　——新闻与信息传播学院广告1701班成长纪实　　019
党旗领航以德立班，责任以行，薪火相传
　　——人工智能与自动化学院自动化1703班成长纪实　　025
回望·传承·弘扬
　　——社会学院社会学类1701班成长纪实　　034
有召必应　先锋引领
　　——管理学院创新实验1801班成长纪实　　040
党旗领航人才培养，德育成就追日英才
　　——土木与水利工程学院土卓1801班成长纪实　　047
初心不改，砥砺前行
　　——光学与电子信息学院光实1801班成长纪实　　057
绘就班级成长航线
　　——电气与电子工程学院中英1802班成长纪实　　062
发扬"胡吉伟班"精神，永攀生物科学高峰
　　——生命科学与技术学院贝时璋菁英班1801班成长纪实　　071
勤学奋斗，集体成长
　　——能源与动力工程学院能动1901班成长纪实　　079

001

"六个一"工程,助力集体成才
　　——新闻与信息传播学院播音主持1901班成长纪实　　_087

"五育"齐进,"六有"同长
　　——生命科学与技术学院登峰计划班1901班成长纪实　　_096

抚今追昔思先辈,英雄之魂铸班级
　　——机械科学与工程学院机械设计制造及其自动化1907班成长纪实　　_107

加强思想引领,成就班级进步
　　——经济学院金融学1901班成长纪实　　_116

"五级"传帮带、育MSE"STAR"
　　——机械科学与工程学院工业工程2001班成长纪实　　_128

红心向党修身立德　海纳百川立志求真
　　——经济学院国商2001班成长纪实　　_137

传承红色精神,担当绿色使命
　　——能源与动力工程学院能动2004班成长纪实　　_148

爱国勤学　创造未来
　　——土木与水利工程学院智能建造2001班成长纪实　　_160

砥砺德行同奏青春之歌,携手共进助力强国之梦
　　——光学与电子信息学院本硕博2001班成长纪实　　_173

· 第二部分　黄群班 ·

下好人才培养"四步棋"
　　——电气与电子工程学院气卓1801班成长纪实　　_183

追光逐电著卓越,传承使命勇担当
　　——光学与电子信息学院光卓1801班成长纪实　　_194
加强"四力"建设　打造活力班级
　　——建筑与城市规划学院数字媒体艺术1801班成长纪实　　_200
党旗领航铸班魂,学风优良促成长
　　——人工智能与自动化学院自实1801班成长纪实　　_212
"船"承使命,追求卓越
　　——船舶与海洋工程学院船卓1801班成长纪实　　_222
以卓越追求,创卓越班级
　　——机械科学与工程学院机卓1901班成长纪实　　_229
落实"四航"建设,矢志兴船报国
　　——船舶与海洋工程学院船卓1901班成长纪实　　_241
追光逐电凝聚奋斗之魂,知行合一坚持实干修身
　　——光学与电子信息学院光卓1901班成长纪实　　_252
坚持班级"四风"建设,创建卓越班集体
　　——能源与动力工程学院能卓1901班成长纪实　　_263
"1+4"专业领航　助力学生成长成才
　　——管理学院财务管理1902班成长纪实　　_272
学术立班,科研报国
　　——机械科学与工程学院机械本硕博2001班成长纪实　　_287
聚焦班级建设、强化使命担当
　　——材料科学与工程学院材料本硕博2001班成长纪实　　_291
健全制度护成长,赓续血脉勇担当
　　——船舶与海洋工程学院船卓2001班成长纪实　　_296

立诚勿怠，格物致知
　　——电子信息与通信学院电信提高 2001 班成长纪实　　_ 305
修身明德，笃学奋进
　　——光学与电子信息学院光学与电子信息科学与工程（卓越实验班）
　　2001 班成长纪实　　_ 310

附录1：历届"胡吉伟班"名单　　_ 316
附录2：历届"黄群班"名单　　_ 317

华中科技大学荣誉班级成长纪实（2017—2021）

第一部分 胡吉伟班

以德行凝班魂，以团结铸班风
——经济学院经济学（创新实验）1701班成长纪实

一、班级建设基本情况

经济学（创新实验）1701班于2018年6月获评华中科技大学"胡吉伟班"。在学校、学院的指导下，该班级提出"以德行凝班魂，以团结铸班风"的口号，确立"用行动传递精神，用初心回报祖国"的班级建设目标，提炼出"富有理想，勤奋学习，乐于奉献，实践报国"的胡吉伟精神，用"党旗领航，以德立班；薪火相传，责任以行"的实际行动传承胡吉伟精神。

班级建设始终坚持党旗领航，胡吉伟党支部建在班上，不断强化党支部在班级建设中的"火车头"作用。班级28名同学全部提交入党申请书，50%同学站在党旗下，50%同学为入党积极分子、积极向党组织靠拢。班级党员以身作则，积极向英雄胡吉伟校友看齐，获得"五星党员""党史知识竞赛冠军"等荣誉，同时依托"党员进寝室""党员接待日"等活动，发挥榜样引领作用，使每一个党员都更加坚定报国的信念，让非党员更加贴近党组织。

在胡吉伟精神指引下，班级狠抓思想建设。每月召开主题班会、主题团会，以专题学习、分组讨论的形式学习习近平总书记重要讲话、党的创新理论等，悟时代使命；开展辛亥革命纪念馆革命遗址参观、胡吉伟像参观等实践活动，寻榜样力量。班级团支部曾获校"十佳团会"、校"优秀团支部标兵"、校"五四红旗团支部"、校"青梧成林"成长工程卓越团支部、2017—2019年度湖北省"百生讲坛"金牌活力团支部等荣誉称号。

在学风建设上，班级以"求真学问，练真本领"为目标，设置学习合作小组与制定一对一帮扶计划，坚持每个星期组织集体自习，保证每位同学不掉队，班级学习氛围浓厚。班级大学英语四级通过率100%，计算机三级通过率100%，连续四年平均加权成绩蝉联院系第一名。班级50%以上的同学保研北京大学、复旦大学、人民大学等一流高校，95%以上的同学赴国内外高校继续深造。

在志愿服务上，班级同学乐于奉献，争做有爱青年。作为全国学雷锋示范点，班级与"光满·爱心红丝带"党员服务队结对共建，发挥学雷锋示范效应。班级定期前往贫困生家中开展"1+1+1结对帮扶"活动，守护儿童健康成长。班级同学100%参与志愿服务，以胡吉伟学长为榜样，点亮一盏灯，照亮一群人。

在实践创业上，班级以胡吉伟精神为引领，争做实践报国的有为青年。在学院精心设计下，班级以时间为主线，以"筑牢信念根基、认知国情社情、提升能力素质"为导向，大一开展追寻红色基因的实践，班级成员通过实地调研革命历史感悟英雄情怀；大二奔赴全国24个地区开展国情调研；大三因地制宜开展专业实习，线上不减热情，居家不减努力，班级同学结合经济学知识为祖国经济发展中遇到的问题提出华中大方案，将经世济民的思想落实到行动中。

经济学（创新实验）1701班以德立班，集体成才。以胡吉伟校友为榜样，传承胡吉伟精神，培养出一大批富有理想、乐于奉献、勤奋学习、实践报国的社会主义合格建设者与可靠接班人。他们如今已经毕业，但聚是一团火，散是满天星。他们每一个人都践行着英雄的精神，以更加崭新的面貌、更加积极的态度、更加火热的赤子之心继续前行，以自身为灯，继续书写照亮一群人的故事。

二、班级建设思路

经过多年探索，"胡吉伟班"逐渐形成以胡吉伟党支部为龙头，以班级委员会、团支部为两个基本点，通过学习、生活、文体三个方面的建设，实现制度化、信息化、简捷化、效率化四大目标的"一二三四"班级建设传家宝。围绕这一体系，经济学（创新实验）1701班积极探索班团一体化建设，以班风建设为根本，形成团结互助的良好班风。从胡吉伟校友生前倡导的以寝室为单位的互帮互助学习小组开始，到后来组建专项攻关小组，组织同学们参加学术研讨班，设立学风督察岗，建立线上约自习、线下学友互助平台，经济学（创新实验）1701班不仅以不让班里任何一位同学掉队为目标，更是希望通过开展活动，在全院、全校形成"比学赶帮超"的浓厚氛围。可以说，团结互助是"胡吉伟班"的鲜明精神特征。经济学（创新实验）1701班在此基础上进一步提出了"四坚持四提升"的班级建设方案，即"坚持以德立班为核心，提升班级思想凝聚力；坚持狠抓学风为保障，提升班级核心竞争力；坚持组织建设为基础，提升班级凝聚力；坚持文化建设为载体，提升班级内生创造力"。

（一）坚持组织建设，提升集体战斗力

为培养学生经世济民的家国情怀和扎实过硬的专业本领，院长任班级导师，在学术前沿、科研竞赛、职业发展等方面定期与同学们沟通交流，推动班级建设和班级同学集体成长成才。班级每一名同学配备有个人导师，为同学们提供个性化的指导和建议。学院党委副书记作为班级指导老师，指导班级开展党章学习小组会、班会和团会等班级活动，以多种形式加强班级思想建设，引导学生深入学习领会习近平新时代中国特色社会主义思想，树立"四个正确认识"，自觉践行社会主义核心价值观，争做社会主义合格建设者和可靠接班人。胡吉伟党支部坚持开展"党员结对帮扶""党员进寝室""党员接待日"等活动，还通过党支部—班级结对共建，通过朋辈教育的模式，与"胡吉伟班"学生共同开展思想交流活动，积极引导同学们早日站在党旗下，争做有理想有追求、有担当有作为、有品质有修养的"六有"大学生。

（二）狠抓学风建设，提升核心竞争力

胡吉伟校友生前担任班长时，就在班级内以寝室为单位成立互帮互助学习小组。经济学（创新实验）1701班充分发扬这一传统，结合学院精心设计的培养计划，制定出一套灵活实用的学风建设方案。

（1）成立寝室学习小组、学习兴趣小组、学科精准帮扶小组以及竞赛科研小组，定期组织集体自习与讨论交流活动，考前组织优秀同学分享授课，不让任何一名同学掉队，在班级里形成"比学赶帮超"的浓厚氛围。

（2）组建历届经济学创新实验班交流群，促进跨年级学习经验分享，搭建专业学习交流平台，实现资源共享、经验传承，构建信息互联互通共享网络，实现"1＋1＞2"的效果。

（3）完善答疑机制，实现课下辅导活动常态化，课后及时解答班级同学的学习疑惑。以团结互助为班风，学习优异者不藏私，学习困难者不隐惑，以同辈为师，平等探讨、友好互助。同时鼓励探索学习，化兴趣为内在求知动力。

（4）在院长的指导下，班级建立学术交流分享群，开展学术研讨班活动，日日分享最新学术前沿动态；鼓励班级同学课外拓展，锻炼学术科研能力；实现班级图书共享，营造"求知阅读"的良好氛围；鼓励班级同学积极参加科研竞赛，提升综合素质。

（三）扎实思想建设，提升班级凝聚力

经济学（创新实验）1701班坚持"党旗领航，以德立班；薪火相传，责任以

行"，狠抓思想建设，以特色团日活动、主题班会活动、党章学习活动等形式开展思想教育，引领同学们坚定理想信念，坚定"四个自信"，做社会主义合格建设者和可靠接班人。

1. 特色团日活动

经济学（创新实验）1701班团支部于2017年12月开始特色团日活动，以班级同学为主体，引导同学开展留学生帮扶、绿色发展宣传等系列活动，并通过层层选拔，于2018年3月获得校"十佳特色团日"荣誉。

2. 学党章，早日站在党旗下

班级党员带领全班同学开展"读党报，学党史"等一系列思想理论学习活动，坚定同学们的理想信念。

3. 打造"胡吉伟班"特色班会、团会

班级坚持打造高质量班会、团会，以视频学习、讲故事、同学发言、情景剧表演等形式带领班级成员学习习近平总书记最新讲话精神，提高班级同学思想理论水平。

在2018年11月的主题班会上，班级同学一起学习习近平总书记在全国教育大会上的讲话精神，并以"我最敬佩的老师""中国教育的现存问题"为主题进行演讲，班级同学为数学分析老师写生日贺卡，并邀请班级导师做总结发言。

在2018年12月的"庆祝改革开放40周年"主题团会上，班级以改革开放前大学生用粮票采购粮食的校园情景剧为引入，详细介绍改革开放的历程以及成就，邀请同学上台讨论新时代应如何深化中国改革开放，并邀请时任经济学院党委书记的江洪洋老师做总结发言。

（四）推进文化建设，提升内在创造力

"文明其精神，野蛮其体魄。"经济学（创新实验）1701班坚持文体两手抓，学练结合，让每名同学以健康昂扬的积极状态开展日常的学习生活。

1. 组织晨跑、夜跑

文体委员带头组织并带领大家定期到喻家湖、喻家山等地进行晨跑、夜跑，在班级内形成强健体魄、全面发展的锻炼风气。

2. 定期组织文艺活动

班级组织成员进行合唱班歌等文艺活动，鼓励班级同学参与各项文体比赛并进行奖励。

三、班级建设典型举措

在新时代背景下，经济学（创新实验）1701班以"富有理想、勤奋学习、乐于奉献、实践报国"的胡吉伟精神为指导，以德育为魂，创新以行，具体从组织制度建设、思想建设、班风学风建设、文体建设等方面实施创新性建设举措。

（一）精心聘请班级导师，建设"学研合一"的"胡吉伟班"

为培养"胡吉伟班"经世济民的家国情怀和扎实过硬的专业本领，学院创新性地聘请院长任班级导师，在学术前沿、科研竞赛、职业发展等方面定期与同学们沟通交流，以大师的视角、大师的风范、大师的学识来教育与影响"胡吉伟班"每一名同学，推动班级建设和班级同学集体成长成才。

院长牵头建立学术研讨交流班、线上学术交流群，日日分享最新学术前沿动态，从学者的角度引导同学们思考经济学问题，以师者的仁爱关心同学们问题意识、科研兴趣的培养。此外，院长全方位、全角度参与经济学（创新实验）1701班的日常班级活动，定期与同学们进行沟通交流，关心每一名同学的生活学习情况，真正走入学生的心中，真正育好学生的人生观、价值观、世界观。

（二）严格班风学风培养，建设"经世济民"的"胡吉伟班"

经济学（创新实验）1701班着力培育优良班风，以实际行动践行勤奋学习的胡吉伟精神。组建学科学习小组、学习帮扶小组、竞赛科研小组、学科兴趣小组等，组织学生参加学术研讨班，鼓励学生阅读最新学术前沿动态，设立学风督查勤工助学岗，实施监督奖励制度，建立线上约自习、线下学友互助平台，保持大学四年课堂出勤率100%、大学英语四级一次性通过率100%、计算机三级一次性通过率100%，连续四年被评为校"优良学风班"，用优异成绩阐释了"学在华中大"。

（三）精心安排社会实践，建设"理实交融"的"胡吉伟班"

学院为"胡吉伟班"设计了覆盖成长全周期的社会实践工程，以时间为主线，以"筑牢信念根基、认知国情社情、提升能力素质"为导向，通过精心设计的三次暑期社会实践活动，帮助"胡吉伟班"同学做到知行合一。

大一暑假以"红色"为主题，感悟先烈精神。2018年暑期，班级开展"传承英雄信念，寻访红色基因"的"胡吉伟班"社会实践活动。在社会实践活动中，班级同学先后前往侵华日军南京大屠杀遇难同胞纪念馆、渡江战役纪念馆、西柏坡等地参观学习，实地领会百年波澜壮阔的征程，实地感悟历久弥坚的初心，同学们同上一堂历史的"微党课"，坚定理想信念与使命担当。

大二暑假以"扶贫"为主题，奔赴扶贫第一线。2019年7月、8月，在学院统一组织下，"胡吉伟班"以"回顾筑梦70载，迈步圆梦新时代"为主题积极开展暑期社会实践活动，关注社会现状。28名同学组成9支队伍，奔赴湖北、河南、四川、贵州、安徽、湖南、广东等全国24个省市地区，深入基层，积极投身精准扶贫、旅游扶贫、金融创新、乡村振兴等相关调查研究。班级同学将自己的调研结果整理分析，并向调研地反馈调研结论，结合经济学知识为祖国经济发展问题提出华中大方案，为中国特色社会主义现代化建设贡献自己的力量，将经世济民的思想落实到行动中。

大三暑假以"经济"为中心，感受新中国改革开放以来中国人民从站起来到富起来再到强起来的伟大飞跃。班级导师带领班级成员前往国务院发展研究中心进行调研，真切认识祖国经济发展的动态。

每个学期开展的社会实践活动要求班级成员走出校园，感受经济增长脉搏，关注社会民生发展，在实践中牢固树立"四个正确认识"。"胡吉伟班"每个暑期开展社会实践活动、实习活动，帮助学生发挥专业特长深入社会、了解社会、服务社会，培养学生探索创新和吃苦耐劳的精神，激发学生在实践中受教育、长才干、做贡献。

（四）志愿服务出新招，建设"以德立班"的"胡吉伟班"

2019年1月21日，班级与被评为全国学雷锋活动示范点的国家电网随县供电公司"光满·爱心红丝带"党员服务队签订结对共建协议。班级与"光满·爱心红丝带"党员服务队共同前往均川镇第二小学开展了"传承雷锋精神，树立远大信念"的主题班会，10名成员与均川镇第二小学10名小学生代表结成"1＋1＋1结对帮扶"，为他们送去书籍、书包、文具等学习用品，帮助他们完成学业。

在日常生活中，班级开展图书馆清扫、校附属幼儿园清洗、老年人小课堂等系列志愿活动，鼓励同学们践行"以德立班，立德树人"班级宗旨，以实际行动帮助他人，真正做到"点亮一盏灯，照亮一群人"。班级同学义工工时累计621小时，义工参与率100%，班级多位同学获得"优秀志愿者"荣誉。

（五）加强使命担当，建设"责任以行"的"胡吉伟班"

为坚持传承"富有理想、勤奋学习、乐于奉献、实践报国"的胡吉伟精神，鼓励学生将个人理想追求融入国家和民族事业中，学院邀请参与支西支教、选调生的优秀学长学姐回校参与班级活动，通过优秀典型案例引导同学们不忘初心、奋勇前行、追求卓越，主动承担家国责任，将自己锻炼成对国家建设和发展有用的栋梁之材。同时学院还邀请往届荣誉校友、往届"胡吉伟班"学生返校与同学们深入交流，分享胡吉伟校友的故事，感悟胡吉伟精神的丰富内涵，激励同学们将收获化为内在动力，将精神力量转为实际行动，以自身力量助力祖国发展。

四、班级建设成果

（一）提出新时代"胡吉伟班"的"四坚持四提升"班级建设方案

经过多年探索，经济学院"胡吉伟班"逐渐形成以胡吉伟党支部为龙头，以班级委员会、团支部为两个基本点，通过学习、生活、文体三个方面建设，实现制度化、信息化、简捷化、效率化四大目标的"一二三四"班级建设传家宝。围绕这一体系，经济学（创新实验）1701班积极探索班团一体化建设，以班风建设为根本，形成团结互助的良好班风，提出了"四坚持四提升"的班级建设方案，即"坚持以德立班为核心，提升班级思想凝聚力；坚持狠抓学风为保障，提升班级核心竞争力；坚持组织建设为基础，提升班级凝聚力；坚持文化建设为载体，提升班级内生创造力"。

（二）形成"以德立班，集体成才"的育人氛围

1. 个体层面，涌现了以下优秀个人

彭连胜：现就读于上海财经大学经济学院，曾担任"胡吉伟班"班长，获国家励志奖学金、校"三好学生"、校优秀毕业生等荣誉。

王亚雯：现就读于中国人民大学经济学院，在本科期间四年加权成绩名列班级第一，为启明学院特优生，获美国大学生数学建模竞赛一等奖、校"三好学生"、校优秀毕业生等荣誉。

张桐川：现就读于香港中文大学（深圳），曾任经济学（创新实验）1701班班长，带领班级成功夺得学院第七届"胡吉伟班"、校"胡吉伟班"称号，获全国大学生数学竞赛一等奖，全国大学生数学建模竞赛一等奖。

吴玉婷：现就读于香港科技大学经济学院，曾获第十六届"金客杯"华中地区案例分析大赛冠军、美国大学生数学建模竞赛二等奖等。

2. 集体层面上，取得如下骄人成绩

党建、团建方面，班级坚持党旗领航。班级团员全部递交入党申请书，团支

部 50% 同学站在党旗下，50% 同学为入党积极分子并向党旗靠拢。团支部党员获得"五星党员""党史知识竞赛冠军"等荣誉。班级获两次校"十佳团会"、六次院"十佳团会"荣誉，获得校"十佳特色团日"、校"优秀团支部标兵"、校"五四红旗团支部"、校"青梧成林"成长工程卓越团支部、2017—2019年度湖北省"百生讲坛"金牌活力团支部称号。

班风学风方面，班级大学英语四级通过率100%，计算机三级通过率100%，连续四年平均加权成绩蝉联院系第一名。班级连续四年获华中科技大学"优良学风班"称号，三人为华中科技大学启明学院特优生，获经济学院"麦克法登-林少宫"奖学金、校"三好学生"、国家励志奖学金等荣誉人次达10余次，超20人获华中科技大学优秀毕业生荣誉，超50%的同学保研至北京大学、复旦大学、中国人民大学等"双一流"高校，超95%的同学继续在国内外深造。

创新创业方面，班级超50%的同学申报大学生创新创业项目，立项校级大学生创业项目、省级大学生创业项目等；积极参加创新创业大赛，摘得中国深圳创新创业大赛一等奖金牌，超50%的同学获华中科技大学"大学生创新创业优秀个人"称号。

学科竞赛方面，班级同学获得第十一届华中地区大学生数学建模邀请赛二等奖，第十届全国大学生数学竞赛一等奖，全国大学生数学建模竞赛一等奖，第十六届"金客杯"华中地区案例分析大赛冠军、季军，美国大学生数学建模竞赛一等奖、二等奖等荣誉。

文体锻炼方面，班级同学获得2018东湖绿道（武汉）大学生马拉松女子组第五十一名的成绩、经济学院2017年度"自强标兵"荣誉称号、"华工杯"排球赛女子组季军、校运动会时速团队竞赛冠军、2018年度院"十大歌手"的荣誉。

在胡吉伟精神的指引下，经济学（创新实验）1701班坚持以德立班，把班级建设优势转化为集体成才动力，走出一批富有理想、乐于奉献、勤奋学习、实践报国的社会主义合格建设者与可靠接班人。他们积极向党组织靠拢，他们投身于志愿服务，他们奔跑在运动场上，他们奋斗在自习室里。他们践行着"学在华中大"的优良传统。

（三）社会评价

2019年9月，华中科技大学党委常委、副校长参加经济学（创新实验）1701班"青春心向党，追梦70载"暑期社会实践分享会，赞扬同学们都是"三好学生"，即立意好，选题好，做得好。

2021年6月，华中科技大学党委书记为经济学（创新实验）1701班上毕业生党课，从学史明理、学史增信、学史崇德、学史力行四个角度鼓励"胡吉伟班"同学要传承好胡吉伟精神，要在祖国各地继续发扬胡吉伟精神，更鼓励同学们要做思想的模范、言行的示范、治学的典范。

五、班级建设总结

在胡吉伟精神的指引下，经济学（创新实验）1701班坚持以德立班，把班级建设优势转化为集体成才的动力，提出"四坚持四提升"的班级建设方案，"坚持以德立班为核心，提升班级思想凝聚力；坚持狠抓学风为保障，提升班级核心竞争力；坚持组织建设为基础，提升班级凝聚力；坚持文化建设为载体，提升班级内生创造力"，走出了一批富有理想、乐于奉献、勤奋学习、实践报国的社会主义合格建设者与可靠接班人。班级建设的核心要义是思想建设，以学风建设、组织建设、文化建设为载体，培养德智体美劳全面发展的优秀人才，这样的做法和经验值得推广。

六、院系党委副书记点评

经济学（创新实验）1701班坚持以德立班，把思政工作优势转化为集体成才动力。他们积极向党组织靠拢，28名同学中的50%加入党组织。他们投身于志愿服务，义工工时累计621个小时，义工参与率达100%。他们奋斗在自习室，真正践行"学在华中大"的优良传统，超50%的同学保研至北京大学、复旦大学、中国人民大学等"双一流"高校，超95%的同学继续在国内外深造。新时代"胡吉伟班"建设要坚持"一二三四"班级建设传家宝：以胡吉伟党支部为龙头，坚持支部建在班上，狠抓思想建设，提升班级引领力；以班级委员会、团支部为两个基本点，狠抓组织建设，提升班级凝聚力；通过学习、生活、文体三个方面建设，提升班级核心竞争力；实现制度化、信息化、简捷化、效率化四大目标，提升班级创造力。

——经济学院　崔金涛

以德立班 卓越成才
——能源与动力工程学院能卓1701班成长纪实

一、班级建设基本情况

能卓1701班同学通过高考入学录取附加进校启明学院选拔考试选出。

党章学习小组组长积极参加党组织生活会。多位同学参加校级、院级学生组织。张梦天、郭若瑾两名同学在相应校级部门担任部长、项目主任等职务；周佳豪，郭子奇、彭佳兴、姜通等同学在院系部门担任部长、副部长等职务。张梦天、张坤、郭子奇、刘永祺等多名同学加入启明学院HFR足球机器人团队、华中科技大学车队等多个团队深度学习。

学院为每一名同学配备了一名导师，多名同学在大一、大二学年即进入对应导师的课题组接触科研工作。提前进入课题组学习对于科研入门有非常重要的作用，班级两名同学的毕业论文获评华中科技大学优秀毕业论文，并在全国能源与动力类优秀毕业设计中展示交流。

二、班级建设思路

（一）完善组织架构

组建班级党支部，作为最前沿的战斗堡垒。一方面班级党支部直接联络班级同学，直接为班级同学提供帮助；另一方面党支部工作直接受到学院党支部的指导，党员工作有明确的方向。以班级支部为基础，展开面向全班的思政教育活动，在思想上动员全班同学为班级建设添砖加瓦。班级党支部成立在疫情防控的背景下，充分发挥了党支部的战斗堡垒作用，保障了疫情防控下同学们的学习；开展党员"1+1"活动，日常对学习生活有困难的同学提供帮助。

（二）强化组织保障

学院委派辅导员全程辅导，学院领导对班级建设工作非常关注。班级及党支部定期邀请包括学院党委副书记、教师班主任，以及辅导员前来推进班级建设，并就一段时间内班级同学遇到的具体问题给出指导性建议。

（三）营造科创氛围

营造浓厚的科创氛围，班级班委带头组建各类兴趣小组，小组主要关注内容包括但不限于大学生常见的科创赛事，如节能减排比赛、数学建模比赛等。在兴趣小组内，同学们相约组队参赛，交流相关的理论基础知识，交流往届参赛的优秀作品，为参赛打下扎实的基础。

（四）鼓励志愿服务

鼓励班级成员积极参与学院、学校的学生工作。党支部、团支部、班级委员会成员带头参加学生工作，并以自己的带头作用鼓舞班级同学积极参与学校、学院的学生工作。积极公示校级、院级的志愿活动，为希望进行志愿活动的同学们提供信息。

（五）注重以文化人

营造温馨的班级文化氛围。一方面设计班徽、制定班规、选取班歌；另一方面不定期组织包括冬至包饺子、中秋赏月在内的集体活动，营造良好的班级文化氛围，为同学之间建立良好关系提供了帮助。

三、班级建设典型举措

（一）党支部建在班上，发挥支部引领作用

在学校"党旗领航工程"的指引下，全体同学都向党组织递交了入党申请书，成立党章学习小组，参加"星火计划"学生骨干培训班，组织团会、特色团日活动等，加强对党的理论知识的学习，组织参观博物馆、红色革命根据地等，做到知行合一。

在发展党员的过程中，采取了"坚持标准，保证质量，改善结构，慎重发展"的方针，把好党员发展质量关，注重规范性、记录完整、程序符合规定要求，稳步有序推进党员发展。

采取党支部建立在班级上的举措，以班级党支部作为核心力量，带头组织全班范围内的思想政治教育，包括立德立言，建立"胡吉伟班"，积极学习英雄胡吉伟事迹，砥砺前行，传承英雄胡吉伟精神。每年清明节组织班级同学到胡吉伟像前悼念胡吉伟校友，追忆其优秀事迹，鼓舞同学们的精神。

在日常的思政教育中，扎实开展"三会一课"、主题党日、集中培训等活动，推进"两学一做"学习教育的常态化、制度化；班级党支部参与后勤集团物业总公司第一党支部共建会议；组织十九届四中全会精神宣讲团；积极参与"华中科技大学—清华大学'同上一堂党课'"活动。紧跟时事热点，让思想政治教育活起来。

班级截至毕业有14名党员，其他同学也始终积极向党组织靠拢。"早日站在党旗下""党旗在我心中""我为党旗添光彩"，不是口号，而是真实的行动。班级党员里，有的矢志科研，早早就进入课题组，参与创新研究；有的响应号召，多次走进基层，了解国情民情；有的热心服务，为同学做力所能及的事。深入开展党员"1+1"活动，党员们做出了在同学们学习、工作、生活遇到困难时，一定会第一时间出现的承诺。党员们一直在用实际行动争做"以德立班、集体成才、勤学笃定、矢志报国"的典范。

疫情期间同学们不能来学校，学习和生活上有很多困难，支部发挥战斗堡垒的作用。一方面，班级组织了线上班会和线上团会，宣传疫情防控相关知识，保障抗疫"后方"；另一方面，在了解到部分同学由于疫情有学习上的困难时，支部安排党员一对一或者多对一的辅导学习和分享资料，帮助同学们应对疫情下学业压力的考验，同时号召班级同学积极参加所在社区的志愿活动，支援抗疫"前线"。

在班级委员会建立以后，征求班级同学、研究生班主任、教师班主任以及辅导员意见制订了本班的班规，由班级委员具体监督实施情况，反馈同学信息。班级制度实施状况良好。学院党委副书记、教师班主任，以及辅导员指导并参与班级建设工作。班会两个星期一次，一般定于星期四下午三、四节课，遇到特殊情况会一星期举行多次；团会两个星期一次，结合学院给定主题以及当下的形势选择主题；积极以团小组的形式开展翻转团课，以更加生动的方式给同学们带来丰富的知识。班级委员会根据本班级以及本专业的特色，结合同学们的意见，确定了班徽，设计了班服，以《平凡之路》作为班歌。班级委员会平时积极收集班级同学的意见和建议，并且组织召开班级委员会，协商解决问题，反思工作中存在的不足之处。

（二）建立帮扶小组，营造良好班风学风

班内组建了英语项目学习、英语口语锻炼、工程论文学习、数学建模比赛、

节能减排交流赛等各种各样的兴趣小组。建立了一对一帮扶制度，定期组织集体自习，班级学习氛围浓厚，坚决不让任何一名同学掉队。班级组建以来积极组织集体活动，鼓励集体自习，开展参观校史馆、室外班会等活动。班级还在学院内联合同年级班级举办羽毛球交流赛，极大提升了同学们参加体育运动的热情。

（三）建设班级文化，提升班级凝聚力

积极推进班级文化建设，设计了班徽、班服。班徽以齿轮为外框，火焰元素为点缀，以钢铁框架作为背景，中间以"能卓1701"文字彰显身份；班服的正面以"EPE1701 CHANGE THE WORLD"橙色文字表明改变世界的决心，反面以"能动卓越1701"为标识，结合毛笔字、印章等中国元素，侧面印有班徽。

组建了较为完备的寝室长制度，并要求每个寝室有属于自己的寝室文化和寝室特色，每一个寝室都有富有特色的寝室管理条约，分别从学习、作息、娱乐、卫生等方面制定规则，并由寝室长进行监督。

为增强班级凝聚力，班级积极组织聚餐、室外班会、共度传统节日等集体活动，组织了包括冬至包饺子、中秋赏月、毕业出游等活动。

为提升同学们的体质，做全面发展的大学生，建立了"能卓夜跑约跑群""羽毛球爱好群"等，以每日打卡的形式鼓励同学们积极参加体育锻炼。

传承能动1602班的特色，周佳豪、张梦天、李天舒、刘永祺等多位同学加入"筑梦基层团"，赴湖北恩施来凤县进行支教活动。薪火相传，未来以能卓1701班为核心，负责"筑梦基层团"的相关工作以及活动，将活动推广给班内所有感兴趣、有能力的同学，同时也积极接纳年级中感兴趣、有能力的同学。

另外积极推进班级"能小卓"网络班级平台建设，将公共平台交由班级每名同学共同建设，将其作为能卓班同学的陪伴、能卓班成长与发展的见证。

四、班级建设成果

（一）优秀个人事迹

郭子奇：校"三好学生标兵"第一名（本科生最高荣誉），启明之星—主动实践之星（启明学院最高荣誉），校"先锋党员"（本科生党员最高荣誉），"优秀共产党员""创新创业标兵"，三年国家奖学金、校"三好学生"获得者，全国大学生节能减排社会实践与科技竞赛国家级一等奖获得者，特优生创新年会一等奖获得者等。

钱礼翔：直博至清华大学，获评校"三好学生"，获国际大学生工程力学竞赛（亚洲区）个人特等奖、贾宗谟助学金、两年国家奖学金等各类奖学金，参与修订《理论力学》教材。

刘蕾：保研至上海交通大学，获评校"三好学生"，制冷方向第一名，获全国大学生节能减排社会实践与科技竞赛国家级三等奖、剑桥暑期项目"优秀个人"称号，获国家奖学金、夏安世—三花奖学金、光华奖学金。

（二）班级同学获得荣誉

校"三好学生"标兵1人；校标兵寝室1间；启明学院特优生4人；"优良学风班"（连续3年）。国际、国家级学科竞赛10余项奖项：全国大学生节能减排社会实践与科技竞赛国家级一等奖（连续两年）；国际大学生工程力学竞赛全球第九名、全国第二名的成绩；全国大学生数学竞赛一等奖。大学生创业项目6项。

（三）相关事迹报道

"筑梦基层团"获共青团新闻联播报道。

五、班级建设总结

华中科技大学"胡吉伟班"十几年接力谱写青春英雄志的实践表明，高校思想政治工作必须有灵魂、有根基、有实效、有传承。能卓1701班作为一个校"胡吉伟班"，在班级建设的过程中，有一些典型经验是可以借鉴的：一是班级建设要注重强化理想信念教育，注重通过日常化的教育引导，做好学生的价值引领，体现"以德立班"的工作目标；二是班级建设要注重团结务实的工作思路，班级氛围的营造就是通过集体的力量和智慧完成的；三是学生发展要注重典型示范效应，着力培养一些模范学生，通过优秀学子的带动及潜移默化的影响，形成典型示范效应。

六、院系党委副书记点评

能卓1701班是我院培育的典型班级之一。在4年的成长过程中，班级形成了优良的学风、班风，也培育出了一批优秀学子。在班级建设的过程、学生成长的过程中，有几个关键词：团结、务实、奉献。每个学生个体都有较高的奉献意识；班级有良好的团结氛围，营造出务实的作风。班级开展常态化的班级日常教育，主动争创各类集体荣誉，培育典型示范学生，班级的建设模式可供借鉴、推广。

——能源与动力工程学院　孙禄

班团党凝心聚力，文体心全面开花
——新闻与信息传播学院广告1701班成长纪实

一、班级建设基本情况

广告1701班共39人，其中女生36人，男生3人。其中，党员（含预备党员）13人，入党申请人占比100%。在"精研博学，笃行仁德"的口号指引下，班级凝心聚力，整体风貌积极向上。

党政和思想建设方面，班级每月开展班会、团会、团课至少1次，开展政治理论学习，依托专业教育，系统学习马克思主义新闻观。支部成员"青年大学习"行动参与率100%。此外，班内还建立起党章学习小组，由党支部带动团支部，每月开展学习活动；定期举行特色党日活动，每月至少组织1次交流会、1次"党员接待日"。副校长参与班级品牌建设主题班会暨"胡吉伟班"授旗仪式。班级委员会、团支部配置齐全，同时重视与学院党建工作小组、分团委、学生会对接，统筹开展工作，建立院系—年级—班级体系。班级在班团党凝心聚力共同努力下，呈现出蓬勃的朝气与强大的向心力，班级同学多次在党建、文艺活动、学科竞赛中斩获佳绩。

二、班级建设思路

广告1701班凝心聚力，以班团党建设为基石寻求全面发展，在文体心方面均有建树。班级建设也把好这两道基础关，齐抓共管，形成清晰的建设思路。

（一）党建带动班团建设

广告1701班在大二、大三时期与本科15级新闻广告党支部、本科16级新闻广告党支部结对共建,每月至少组织 1 次线上交流会、1 次"党员接待日";大四伊始,广告 1701 班正式建立班级党支部,真正做到了把党支部建在班上,使思想政治优势能够得到充分发挥。

班级各项制度健全,班级委员会、团支部协同开展工作。班会每月开展 1 次,形式丰富多样。校内班会中,班级委员定期向同学们汇报当前工作、进行支出公示,传达学院、学校精神等。邀请班主任、辅导员到场,和同学们加强沟通联系,解决同学们最关心的问题。校外班会结合班级集体出行等活动,由老师带队参观广告公司、互联网公司,做到专业与实践相结合。团会每月开展 1 次,进行相关理论的学习,团会采取知识竞答、即兴演讲等形式开展,依托专业,系统学习马克思主义新闻观。

(二)打造班级文化品牌

班级公众号"1037 创意厨房"由班级同学轮值运营,从创立至今更新 37 篇原创推文,记录班级日常,对班级荣誉感和凝聚力的建立起到了促进作用。

班级积极参与各项文体活动,争做阳光青年。不定期召开心理班会,举办心理讲座,注重加强学风建设、文化建设等,形成了具有广告班特色的成果,增强了班级创造力与凝聚力。

三、班级建设典型举措

广告 1701 班高度重视班风学风建设、文化品牌建设,在探索的过程中,经由大家共同努力,形成了具有专业特色的具体举措。

(一)班级文化符号案例

1. 班级标识

标识由广告 1701 班同学共同设计。标识图案由班内所有同学的姓名组成,错落的文字紧紧组合在一起,构成了一个爱心的形状,代表着广告班所有成员都会一直团结在一起,组成一个有爱、有凝聚力的大家庭,共同奋斗,不断奋进。

2. 班级口号

班级同学共同选择"精研博学,笃行仁德"作为班级口号。"精研博学"指热爱探求知识,在学好专业知识、做好大学生本职工作的同时,视野不局限在象牙塔内,而是关心社会、关心国家、关心时代,拥有用自身才华建设时代的使命感与责任感。"笃行"指脚踏实地,肯做实事,能静下心来做时代的耕耘者。"仁德"

指思想品德是大学生成才的最重要的品质，只有拥有高尚的品德，才能成为一个对党和国家有用的人。

班级口号凝结着广告 1701 班全体同学的目标和意志，也凸显出"胡吉伟班"应有的文化风貌，相信在班级口号的鼓励和督促下，班级同学将不断奋进，共创辉煌。

3. 班级宣传窗口——"1037 创意厨房"

运营"1037 创意厨房"公众号，打造广告班公众号品牌，班内专门设立公众号运营管理小组，通过轮流投稿机制调动每一名同学的参与积极性，宣传班级学习活动、文化建设等各项活动。大二下学期以来，公众号还开设生日祝福专栏，努力营造有爱又温馨的班级氛围，同时重视公众号关注度与粉丝活跃度。

（二）文体活动案例

1. 开展特色文化建设活动——"时光信件"

大二下学期，开展特殊的班会——每一名同学写下想对两年后的自己说的话，装进信封后统一收集在一起，等到毕业的时候寄送给同学们。同学们在"时光信件"上写下了对未来的期待和对自己的寄语，时刻勉励着自己不断进步。

2. 重视文体活动，集体活动中彰显班级风采

班内多名同学踊跃参加院级、校级各种文体活动，包括院系"十大歌手"比赛、校级"华工杯"女子足球赛、"华工杯"篮球赛等，并取得骄人成绩。其中黄凌志同学斩获院"十大歌手"第一名的荣誉，得到评委与观众的广泛认可。

班内多名同学参加华中大 2019 年毕业电影《林间路》的拍摄制作，其中散文诗同学担任电影主演。通过参与毕业电影的制作，广告班同学充分展现出"胡吉

伟班"积极参与校园文化活动的高度积极性和不断进取的精神风貌。电影公映以来，在校内外引起巨大反响。

四、班级建设成果

广告1701班共20人选择深造（含保研、考研、出国［境］），占比51.28%，创学院广告系历史新高。班级就业率达95%，2名同学进入主流媒体。

（一）形成"以党建带团建带班建"+"三级联动"的育人模式

1. 坚持党建带团建

积极争取学院党委的工作指导和支持，将班团一体化建设、团支部的活力提升作为党建带团建工作考核的重要内容。主要做法：选用党性修养高、学术水平精的党员教师担任研究生党支部书记兼班主任，发挥学生党员的模范带头作用；选举产生党支委、团支委和班级委员会，开展党支部、团支部和班级委员会的工作，以党建带团建，以团建促党建，发挥团组织对党支部建设和班级建设的助推作用，通过党团共建提升班级凝聚力。

2. 形成辅导员、班主任、导师三级联动的育人培养模式

班级的创建使得辅导员、班主任与导师在"育人"这件重要的事情上，实现了责任与共、风险共担，在心理辅导、科研指导、就业等具体业务中联动开展工作，有利于育人工作的全员、全过程、全方位渗透，一定程度上推动了"三全育人"格局的构建。

（二）形成良好育人成效

1. 个体层面

班级共有 39 名同学，每名同学都曾参加国家级竞赛，参赛率 100%，同时也获得了非常好的成绩。有 31 名同学获得了省级及以上奖项，共 74 项。获奖时间分布在 2017 年至 2020 年，同学们从大一第一学期开始便积极参与各类竞赛。奖项中包含国家级奖项 32 项，其中国家级一等奖 4 项、国家级二等奖 4 项、国家级三等奖 7 项。此外，奖项中还包含"全国优秀实践团队""最佳编剧"一类的荣誉称号。

广告 1701 班的同学在这些专业学科竞赛中多次获得优秀成绩，除了以赛促学，提升专业素质外，还在一定程度上提升了华中大广告专业的品牌价值，向外界传递了华中大广告学子的专业、精进、优秀的品质，展现了华中大广告学子的风采。除了专业类赛事，在国标舞比赛、"都市环保杯"环保创新大赛等赛事中他们也崭露头角，展现了华中大广告学子的多才多艺与全面发展。

2. 集体层面

获评华中科技大学 2020 年度"青梧成林"成长工程卓越团支部，连续 4 年获评"优良学风班"。

五、班级建设总结

广告 1701 班在班团党凝心聚力、班级—年级—学院齐抓共管下，在班级文化品牌建设上取得显著的实践成果。坚持党旗领航，在大学生涯根植党旗领航"三步走"战略，成为该班有理想、有本领、有担当的强有力保障。班级"以党建带团建带班建"+"三级联动"的育人模式具有可借鉴与可推广性。

六、院系党委副书记点评

广告 1701 班在班级建设探索中，充分利用传播学技能，真正做到德智体美劳全面发展，在班团党建设与文化体育发展两条主线上，齐抓共管，取得良好的育人、建班效果。

班级成员具备坚定的理想信念，能够"听党话、跟党走"；班集体具备强大的向心力和凝聚力，能够形成颇具特色的班级品牌建设成果。尤其是在以党建带动班团建设上,广告1701班交出一份优异答卷,构建起班团建设对标党支部建设的持续正向连线。

建设荣誉班级,要始终坚持党旗领航,争取班级人人做到"我为党旗添光彩"。

——新闻与信息传播学院 李彬彬

党旗领航以德立班，责任以行，薪火相传
——人工智能与自动化学院自动化 1703 班成长纪实

一、班级建设基本情况

2017 年 9 月，来自五湖四海的 23 名学子，如同一个个跳跃的音符，汇聚在 1037 号森林，来到人工智能与自动化学院的大家庭，成为自动化 1703 班的一员。自入学以来，自动化 1703 班在学院的关心支持和教师班主任、研究生班主任的悉心指导下，在班长的组织带领下，在班级每一名同学的支持配合下，形成一股强大的合力，始终致力于加强班级建设，努力向着优秀班集体的目标不断迈进。

党旗领航凸显成效。全班 23 名同学中有 16 名党员，为年级入党率最高的班级。班级内通过定期召开主题党日、举办红色学习活动、讲微党课、学党史、观看红色电影、走访历史遗迹等多种方式，坚持将党的先进思想入脑入心。

班级建设风貌昂扬。自动化 1703 班始终保持着积极的热情，并贯彻到学习生活的各个方面。班级同学积极参加各类集体活动，群策群力设计班服，唱响班歌，队形动作整齐划一，心往一处想，劲往一处使。班级同学拧成一股绳，如同石榴籽一样紧紧地团结在一起。

充分结合学科优势。自动化 1703 班的班级内部建设始终与学科紧密相连，自动化专业作为传统工科，有其固有的学科优势——强弱并重、软硬兼施、控管结合等等。班级建设与学科优势结合，打造了一批企业走访、社会实践精品活动，拉近了师生距离。

校院评优屡获殊荣。积极参与资助月、特色团日、主题团会活动，争创"胡吉伟班"优良学风班……在各类院级、校级集体活动中，全班同学团结一致，在活动中相互配合，班级凝聚力不断提升。

培养一批有志青年。经统计，2021 年 6 月毕业后，全班 23 人中有 14 人继续

深造，深造率达 61%，5 人前往国企或扎根边远地区，班长更是在被兰州大学录取后，选择休学一年到山区支教，把智慧的火种散播得更远。

二、班级建设思路

自动化 1703 班以"以德立班，责任以行"为班级建设指导思想，在学院团委、党委的领导下，积极开展各项工作。

（一）党旗领航，成效显著

班级定期开展"党旗领航"系列活动，通过多种形式加强党的政治引领，对于党的指导思想、各会议精神、党史、新中国史、改革开放史、社会主义发展史等进行学习交流。扎实开展爱国主义教育，积极弘扬爱国主义精神，增强"四个意识"，坚定"四个自信"，做到"两个维护"。坚持以党建带动班团建设，使班级成员拥有扎实深厚的思想理论功底，成为以德立班、开拓进取的优秀班集体。

班级坚守传承，坚持开展"每月一善"活动。先后前往北伐独立团烈士陵园扫墓；赴武汉抗战纪念园，参观抗战博物馆，学习抗战历史；承包学院"旧书圆新梦"义工活动；集体观影《我和我的祖国》，为祖国庆生；集体学习钱学森生平事迹，探讨"钱学森之问"；集体学习时事政治，积极分享观点等。

此外，每年清明时分，班级都会组织同学们前往青年园缅怀胡吉伟校友，清扫垃圾，组织献花，用实际行动践行胡吉伟精神。

通过多举措的班级党旗领航建设，班级入党申请人数达 21 人，占班级总人数的 91%；入党积极分子 21 人，占班级总人数的 91%；中共党员（含预备党员）16 人，占班级人数的 70%。

（二）多措并举，学风优良

学习是学生的本职工作，也是大学生活中最重要的组成部分，班级建设中最重要的就是营造良好的班风学风。团结文明、积极向上的班风和严谨刻苦、勤思善问的学风是班级建设的奠基石。自动化 1703 班致力于打造"班风正、学风浓"的模范班级，朝着这一目标，班级委员多次开会讨论，推进完善班级学风的举措。

班级通过创设单词打卡群、微积分学习群等措施，起到同学们互相提醒的作用，在班级内形成相互帮助、相互监督的效果；为帮助同学们养成晚自习的好习惯，在大一上学期开始便实行晚自习签到制度，一学期下来，大家平均每星期晚自习次数均在3次以上；由于工科专业部分课程学习起来十分困难，为帮助同学们认识自己的不足并督促学习，班级内形成自主组织测验制度，对发现的疑难重点问题，大家一起讨论，一起解决。此外，由班级资助委员负责每节课的签到，每星期晚进行一次汇总，班级到课率均达100%。最终，在大家的共同努力下，大家对专业知识有了愈来愈强烈的渴求，学习成绩也得到了整体提升，班级获评华中科技大学2018年度、2019年度"优良学风班"。

（三）制度建设，凝心聚力

班级定期召开班会，由班长主持，邀请教师班主任、研究生班主任、辅导员参加。班级内建立健全班级委员会与团支部委员会，为强化班团一体化建设，班长兼任团支部副书记。班级委员共同制定包括《班级委员会工作手册》在内的一套严格的管理制度，此外，班级内还建立班会制度、自习签到制度、早读制度等一系列特色班级制度，这些制度的确立使班级有矩可循，更能凝心聚力。除建立健全班级委员会与团支部委员会以外，班级内部的所有寝室均设置寝室长这一职位，更好地将寝室建设与班级建设紧密结合在一起。

积极开展结对活动，先后与党支部、其他专业班级、学院其他班级等共同开展了形式多样、意义丰富的活动。在共同体验、共同实践、共同交流中感受成长进步的快乐。

（四）多彩活动，丰富生活

开展班级"时光邮箱"活动，发动全体同学制定大学个人目标，投递入时光邮箱，毕业再回首。班级选取《稻香》作为班歌，积极唱响青春。积极开展班级新颖独特的班服设计活动，以龙凤为主题，采用素描渲染的方式展现，齿轮图案寓意自动化专业，三杠自上而下，从分开到汇合在一点，代表着班级同学从陌生到熟识，从分散到团结，由单一的个体合为一家的美好过程，两侧的翅膀寓意人生出彩、事业腾飞、团结一致、不断进步。

不仅如此，班级同学也先后参加了"自言智语"杯辩论赛、"自动化杯"篮球赛并斩获季军，并组建班级篮球队，营造班级体育氛围。科技创新方面，班级同学积极参与创新创业讲座，申报大学生创业项目。部分同学还加入了智能车队、电工基地、创新团队等，通过动手实践、参与比赛获得锻炼。

忆往昔，承前启后；看今朝，继往开来。没有空洞的誓言，只有实实在在的行动。自动化1703班以思想建设和学业发展为班级建设主线，在提高班级凝聚力、班级同学思想水平和学习成绩的同时,努力打造有班级特色的活动和班级文化。著名的教育改革家魏书生曾说:"班级像一个大家庭,同学们如兄弟姐妹般相互关心着,帮助着,鼓舞着,照顾着……"自动化1703班将时刻以胡吉伟精神来要求自己,向着建设卓越班集体、卓越团支部的目标不断迈进。

三、班级建设典型举措

自2017年9月班级成立以来,自动化1703班就把开展班级建设相关活动作为整个班级建设的重中之重。除了理论学习,自动化1703班还努力将理论应用于实践,把脚步印在校园里,印在武汉的大地上。自动化1703班一直在路上。

(一)自动化1703团支部在2017年华中科技大学资助月活动中,获得第五名的成绩

资助工作与学生息息相关,大一初入校园,同学们对资助工作、奖助学金、贫困补助、助学贷款等知之甚少,通过举办资助月系列活动,全面介绍各项资助政策,帮助大一新生走进资助中心、资助助理委员会,了解资助工作的内容和开展情况,正确认识资助工作,了解获取资助相关信息的渠道与方式,为更多的同学服务。

自动化1703班资助月活动与医技1701班联合举办,用丰富多彩的活动内容传递知识,在笑声中建立友谊,用有趣的歌舞、激烈的竞答,把资助的知识传递给同学们。经过全校评定,这次活动获得全校第五名的成绩。

(二)自动化1703团支部在2017—2018年华中科技大学十佳特色团日活动中,获得第三名

围绕"十九大·新旗帜",自动化1703团支部与中西医1601团支部、1701团支部联合开展了名为"时旌&拾菁"的主题团日活动。旌者,旗帜也,时间是一面书写了历史的旗帜。现代快节奏生活中,人们往往会发出"时间都去哪儿了"的疑问,支部以时间为轴拓展活动,探寻古迹,走近时间为世人留下的珍宝,领会时间的宝贵和认识时间的重要性。

从宣传、路演,到寻访古迹、纵览山河,秉承活动的主题,贯彻时代的旋律,围绕"十九大·新旗帜"开展。经过全校评选,此次特色团日活动获得了全校第三名的成绩。

（三）自动化1703团支部在华中科技大学2017—2018学年度校十佳主题团日活动中，获得第一名

青年之于社会，犹如新鲜细胞之于身体。自动化1703团支部利用团会契机大声发出爱国的心声。在2017—2018年度校"十佳主题团日"活动中斩获第一名的成绩。

以主题团会为契机，自动化1703团支部将"四进四信"的知识点贯穿每一个小环节，"进支部""进社团""进网络""进团课"4个小组分别进行面试，有趣的知识竞答、深邃的发言、令人捧腹的小游戏、发人深省的小视频、耐人寻味的领导总结，每一环节都有线上投票，最终票数最高的小组可以获得精美礼包一份。轻松氛围下，支部成员坚定了"四进"，落实了"四信"。

追寻芳华，践行当下，书写意气，自动化1703团支部以傲人的姿态展现中国青年的蓬勃朝气。

（四）自动化1703班在2018年华中科技大学人工智能与自动化学院风采班级建设活动中，获评"风采班级"

"青年兴则国家兴，青年强则国家强。青年一代有理想，有本领，有担当，国家就有前途，民族就有希望"，对于青年一代，要努力将党中央的号召落实到行动中去，要学习贯彻"新思想"、学思践悟"新要求"、砥砺建设"新时代"、实干开启"新征程"。自动化1703班始终将风采建设作为班级管理和建设的重点工作，班级同学不仅群策群力，设计了漂亮的班服，更唱响了嘹亮的班歌，在班级风采展示环节上，通过歌舞表演与班服展示，收获了学院师生们的一致好评，最终获得"风采班级"称号。

（五）自动化1703班在2018年华中科技大学"胡吉伟班"争创活动中，成功获评"胡吉伟班"

"一朵孤芳，无暇自赏，因为他要芬芳整个春天。"一首简短的诗歌，表达了班级所有人对胡吉伟校友的敬仰。从了解胡吉伟校友，到学习胡吉伟精神，班级同学开启了一场学习胡吉伟精神的热潮。一名又一名的同学分享他眼中的胡吉伟校友，一次又一次的团课、班会，畅聊胡吉伟校友的事迹和精神。在争创"胡吉伟班"的展示环节，教师班主任掷地有声地问同学们："你们了解胡吉伟校友吗？你们认可胡吉伟校友吗？你们会学习胡吉伟校友吗？"所有人为之动容，胡吉伟精神永远铭刻在同学们的心中。每次召开班会，同学们都会重温胡吉伟精神。班级创建一年半后，校领导和全班同学一起开展"胡吉伟班"主题班会时，对胡吉伟

精神给予了高度评价，也对自动化 1703 班给予了高度认可。每一年清明节，自动化 1703 班的同学都会齐聚青年园，为胡吉伟校友献上鲜花，坚定"胡吉伟精神由我们坚守，由我们传承"的信念。

（六）自动化 1703 班党建系列活动

早在 2017 年 10 月，班内就有大批同学递交了入党申请书，随后，在班长、党建委员的带动下，更多同学纷纷递交了入党申请书，争取早日站在党旗下。

2018 年 12 月，首批成为预备党员的同学，积极带领班级入党积极分子参与支部内的学习，讲微党课、学党史，共同加强理论学习。2020 年 5 月，自动化 1703 班全体党员和自卓 1801 班全体党员组成了人工智能与自动化学院本科 1718 第四党支部。在吸纳更多党员的同时，自动化 1703 班定期开展主题党日活动，学习党章党史、系列讲话，走访红色遗迹，观看红色电影。此外，班级同学还将支部工作与学科优势相结合，与教师支部一起开展组织生活，学习教师支部的组织生活开展形式，将科研讨论带进组织生活，开创组织生活的新形式。自动化 1703 班立足迎接第一个百年奋斗目标，开展了一系列有意义的组织活动。截至毕业，自动化 1703 班共有 16 名党员，党员比例近 70%。

四、班级建设成果

（一）形成良好育人成效

1. 班级优秀个人

（1）余盟。

余盟，华中科技大学人工智能与自动化学院自动化 1703 班班长，人工智能与自动化学院团支部委员会学生会成员、华中科技大学大创主席。在短暂的大学 4 年中，他作为班长、学生骨干，组织带领班级同学参加了各类大大小小的活动，从资助月到特色团日，从"胡吉伟班"申报，到"优良学风班"创建。他积极向党组织靠拢，成为一名光荣的中共党员；专心学术，学业成绩优良，本科期间发表论文一篇；热心公益，积极参与各类志愿服务和社会实践活动；坚守梦想，毕业后，他在成功取得兰州大学深造机会后，休学一年，前往重庆山区参与支教。

余盟关心同学、热爱集体，生活中积极工作，快乐学习，先后荣获"优秀共青团员"、社会实践"优秀个人"等奖励荣誉，他把热情奉献给祖国，是诠释胡吉伟精神的标杆。

(2)李澳妍。

李澳妍,华中科技大学人工智能与自动化学院自动化1703班副班长,华中科技大学智能车队成员。她成绩优异,专业排名年级前五,是班级公认的"学霸"。本科期间她曾两次获得国家奖学金,先后荣获"优秀大学生标兵""优秀毕业生"等荣誉。学习上她努力刻苦,思想上她积极向党组织靠拢,第一批成为党员,此外她还积极加入电工基地智能车队,将理论和实际相结合,多次获得全国赛事奖项。

李澳妍自强不息,刻苦钻研,毕业后在本院继续深造,是胡吉伟精神的传承者。

2. 优秀的班集体

胡吉伟校友的精神让整个班级如同石榴籽一样紧紧抱在一起,一路走来,自动化1703班披荆斩棘,满载荣誉。

自动化1703班先后荣获资助月活动全校第五名、十佳特色团日活动第三名、十佳主题团日活动全校第一名,还在学院的风采班级建设活动中获评"风采班级"。通过寻访古迹,为烈士扫墓,把论文写在祖国大地上。疫情来袭,班级党员捐款捐物,积极担任疫情防控志愿者。"胡吉伟班"响应时代号召,始终走在最前列。

(二)形成良好的榜样效应

自"胡吉伟班"旗帜到自动化1703班,整个班级的风貌有了更多、更好的变化,整个班级就如同一个堡垒,而每一名成员都在其中不断奋斗,勠力同心。

在人工智能与自动化学院本科2017级,"胡吉伟班"是整个年级的头雁,以团结一心的班级风貌,感染每一个班级,各位任课老师也给予了高度评价,在与同类班级的合作与竞争之中,受到一致好评。

(三)形成良好的院系特色

"胡吉伟班"也深深地影响着学院其他年级的同学,他们纷纷加强班级建设,努力争创"胡吉伟班""黄群班",使得"胡吉伟班"的影响力在学院进一步发扬。

学院重视将胡吉伟精神和AIA特色育人模式相结合。通过组织同学们走进各类实验室,在同学们的内心种下科研的种子。在之后的学习中,很多同学在学习理论课程的同时,也纷纷进入学院老师的实验室,或者由老师带队参与创新创业项目,多名同学加入智能车队,进入电工基地,收获了多个科创竞赛奖项。

此外，学院党委书记、院长通过参与学生座谈会、走访学生宿舍等形式关心班级建设。党委副书记更是多次深入班级，参与班会活动，讲授团课、思政课，参加班级座谈会等，对班级发展悉心指导，拉近了师生之间的距离，加强了对同学们的思想引导。华中科技大学党委副书记在2018年末与教师班主任一起参加了"胡吉伟班"的班会，听取了班级工作汇报，对班级工作给予了肯定，表达了对"胡吉伟班"未来的期望。

五、班级建设总结

党旗领航以德立班，责任以行，薪火相传，自动化1703班用实际行动传承英雄精神，汇聚榜样力量。"胡吉伟班"的创建，将团结互助的精神一点一滴地融入每一名"胡吉伟班"学子的心里，这也是高校思想政治工作有灵魂、有根基、有实效、有传承的体现。自动化1703班始终坚持将胡吉伟精神贯穿班级建设全过程，努力承接英雄的嘱托，锻造信念的力量，高扬英雄主义旗帜，扎根以德立班实际。以"胡吉伟班"的创建实效，积极引导大学生坚定理想信念，形成良好班风学风，充分起到典型的示范作用。

六、院系党委副书记点评

自动化1703班作为第一批校级"胡吉伟班"，也是学院的第一个荣誉班级创建集体，不论是学院党委，还是班级自身，都投注了巨大的心血，付出了诸多的努力。从班级整体荣誉和班级同学的个人发展来看，基本达到了"胡吉伟班"设立的初衷，较好地完成了以荣誉班级创建带动班集体和学生成长的双赢任务。同学们的毕业去向不仅百花齐放，而且响应了"去往基层，去往祖国需要的地方就业"的使命号召。造就可堪大用、能担重任的栋梁之材，既靠组织培养，也靠自身努力。班干部的选拔和培养，以及班级内先锋榜样的挖掘和树立，对荣誉班级的建设，或者说对所有班级的建设，都有着至关重要的作用。

——人工智能与自动化学院　朱平

回望·传承·弘扬
——社会学院社会学类 1701 班成长纪实

一、班级建设基本情况

社会学类 1701 班共有学生 21 人,其中男生 6 人,女生 15 人。21 名来自五湖四海的同学在美丽的华中科技大学演绎着一个个富有激情的青春故事。同学们团结奋进、彼此关爱、互帮互助,构建起了一个温暖和谐、富含凝聚力的温馨大家庭。班级成员积极参与学生活动,在校级部门担任学生干部的共 4 人,在院级部门担任学生干部的共 11 人。

二、班级建设思路

为贯彻落实胡吉伟精神,落实创建"胡吉伟班"目标,进一步推进"胡吉伟班"的创建进程,在经班级委员会商讨后,制定了如下创建方案。

(一)注重组织建设,发挥成员主体性

完善组织架构,保障制度运行顺畅。班级委员会包括团支书、班长、副班长、组织委员、宣传委员、学习委员、文体委员、心理委员、班级助理共 9 人;团支部委员会成员包括团支书、组织委员、宣传委员共 3 人。继续坚持寝室长制度,共有寝室长 5 人。班级制度建设常态化,每两个星期组织开展一次班级委员会议,就前期工作总结、后期工作安排等相关事宜进行商讨。工作分工上,由团支书带领组织委员、宣传委员统筹团务工作,班长带领其他委员统筹班务工作。构建良好的班级事务通知制度,保障信息获取渠道的畅通。党建带团建,每两个星期一次由

院党委组织开展联席会指导班级工作，另有"扶摇计划""学业讲习营"等多种形式的指导活动。

（二）加强思政建设，紧跟时代潮流

坚持每月至少开展 1 次团会、1 次班会，同时积极号召同学们申请入党。班级开展政治理论学习活动的情况良好，每月至少开展 1 次集中学习。班级成立党章学习小组，利用课余时间自觉学习党的理论。全面学习党章，党的历史知识，党的基本路线、方针、政策，马克思主义基本原理。党章学习形式多样化，如团课、党课讲座、观看教育录像或电影等。

（三）重视各类实践，推动学以致用

学业上注重知识积累，打牢专业基础，鼓励同学们参与社会调查项目、社会实践项目等，拓展学科视野。组织读书活动和集体自习，共同进步，鼓励同学们多阅读专业书籍，积攒知识，提高专业水平，鼓励同学们参加专业学科竞赛。班级活动的组织由娱乐性向实用性靠拢，多举办教育性和娱乐性并存的班级活动，增强班级凝聚力和归属感。鼓励同学们积极参加学校、学院社团活动，在服务师生的过程中锻炼自我。组织同学们参加志愿服务活动，关注国计民生，服务社会，在实践中检验专业所学。

（四）倡导互帮互助，集合多方资源

在班群日常推送时政热点、专题报道等，调动大家参与讨论、关注社会动态。学术上，鼓励同学们及早规划未来发展方向，并及时推送校内外相关讲座或活动，同时营造良好的学习氛围，切实帮助同学们为未来个人发展做充分准备。班内创建帮助小组，让同学们体会到班级的温情。与此同时，班级在学生社区建立"1＋1结对帮扶"关系。

（五）选树优秀典型，分享经验体悟

大家面临各自未来发展道路的抉择，出国、考研、实习等皆有侧重之处，班级应对同学不同需求开展经验交流会，让优秀学生代表分享近期收获，为同学们提供建议和参考。同时，班级同学保持亲近和信任关系，积极交流，营造良好班级氛围，借助朋辈力量更好成长。

三、班级建设典型举措

2017年,社会学院社会学类1701班21名小伙伴在华中科技大学相遇。班级思想建设成果显著,组织建设不断完善,制度建设不断健全;学风浓厚,学业成果突出,形成了勤于治学、奋发向上的班级文化;班级成员多样化发展,在学生工作、才艺展现等方面成绩突出;班级同学团结友爱,彼此关怀,具有极高的班级凝聚力与集体荣誉感,构建了良好的班级氛围。

(一)党建带班(团)建

在学院领导、班委组织下,用心开展班级党团建设工作,参加院、校内组织的各项政治学习活动,在学习中重视互动、重视实践,坚持理论与实际相结合,自觉学习党的理论和思想。班风建设方面,同学们积极组织参加班会、团会、思政课堂等集体活动,集中学习习近平新时代中国特色社会主义思想、《习近平关于青少年和共青团工作论述摘编》、党的十九大、2018年全国两会等内容及精神,紧跟时代的潮流,树立"四个正确认识",争做当代"六有"大学生,构建良好的班风。

(二)建立常态机制

组织建设方面,班级日常运转得益于组建了高效率的班级委员会。班级委员会定期召开,总结近期班级学习生活情况,并对日后的工作做好安排。在制度建设上,建立了富有特色的查课制和查寝制,对同学们的学习生活起到了良好的督促作用。班级建设也离不开同学们积极的配合和参与。因大家全身心的参与和支持,班级团支部的团会两次被评为月度校"优秀团会",总体团会评优也获得了校第十八名的优异成绩。此外,我班团支部的特色团日开展了富有意义的网络支教模式探索的相关活动,并最终荣获校第二十三名的优异成绩。

(三)组建学习小组

班级学风建设情况良好,在大一上学期,班级加权成绩总平均分高达88.25分,85分以上同学们比例近85%,居年级第一,在年级排名前十的同学有6名。同学们自发组建了学习小组,在社会调查、社会问题探讨等方面通力合作,拓宽学科视野，升华学科知识。目前建立了社会学概论讨论小组2个，社会调查小队7个，此外还有人类行为与社会环境学习小组、社会工作概论学习小组及其他学习兴趣小组若干。班级内也会定期就社会问题各抒己见，碰撞思想的火花，学术氛围浓厚。

（四）鼓励多元发展

注重班级成员的多样化个性发展，鼓励同学们参与学生工作、发展个性才华，由此涌现了很多优秀的班级成员。在校级部门担任学生干部的同学共4人，在院级部门担任学生干部的同学共11人。也有同学在策划、采访、演讲、写作、文艺、体育等方面有出众才能，并积极投身各项文化活动。

（五）打造寝室文化

寝室文化主题多样，男生紫崧七栋601寝室的休闲摇椅、木质鞋架、暖心台灯、天蓝睡巢创造了温馨的寝室氛围；女生紫崧二栋521寝室创建了以卡片文化为主的寝室氛围，夜光风和创意桌面设计也为寝室增光添彩。此外，其他各寝室也都有属于自己的独特文化风采。寝室卫生状况普遍良好，男女生各有一个寝室被评为"卫生寝室"。

（六）倡导志愿服务

同学们积极参与各项志愿服务，曾集体参加"雷锋月"活动，帮助保洁人员打扫西十二教学楼，还有许多同学在空闲时间参加校医院、图书馆、地铁等义工活动。除此之外，班级同学也非常注重集体氛围的营造，经常组织班级聚会，拉近彼此的距离。平日里大家也会一起约着去锻炼、自习。节日时，同学们也会互赠礼物和节日祝福，班级是同学们温暖的家。

（七）善用院校资源

学院党委成员对口联系班级情况。学院党委副书记对口联系，每月1次走访寝室，悉心关注同学们的学习生活情况。此外，学院党委副书记与学院辅导员也积极与同学们开展谈话工作，帮助协调同学们的关系，还对班级工作进行相关指导。学院提供丰富的教学资源，如"明辨大讲堂"邀请国内外知名学者举办讲座，班级同学积极参与，受益匪浅。教师班主任和导师提供了专业的辅导，也会组织同学们开展读书会、交流会等学术会议，提供丰富的课外教学资源。

四、班级建设成果

（一）坚持以思想政治教育为先导，着力建立良好班风

用心开展班级党团建设工作，参加院、校内组织的各项政治活动，在学习中重视互动、重视实践，坚持理论与实际相结合，自觉接受党纯正氛围和先进思想的熏陶，紧跟时代的潮流，树立正确的思想，号召同学争做当代"六有"大学生，构建良好的班风。

（二）学业方面，明确学习目的，端正学习态度

在学习中做到勤奋刻苦，认真严谨地对待每一个学习环节。班级整体学习情况良好，第一学期班级加权成绩总平均分88.25分，名列年级第一，班内无不及格现象。同时，同学们积极参与院里开展的学术活动，通过各种与专业相关的讲座，升华专业知识，拓宽专业视野。同学们还成立了多个学习兴趣小组，参加社会调查、社会调研等实践活动，积累经验。

（三）同学们具有强烈的集体荣誉感，关心集体，自觉维护集体权益，积极参与集体活动

因同学们全身心的参与和支持，团支部的团会两次被评为月度校"优秀团会"，总体团会评优也获得了全校第十八名的优异成绩。此外，团支部的特色团日开展了富有意义的网络支教模式探索的相关活动，并最终荣获全校第二十三名的优异成绩。

（四）鼓励同学们德智体美劳全面发展

刘舒瑶、巫宏阳、欧首山获得2017级本科生军训"优秀学员"称号，刘舒瑶获得华中科技大学第十四届五四演讲大赛第五赛区一等奖，巫宏阳同学荣获"十佳歌手"称号等。多数同学有多次献血、义工经历。

五、班级建设总结

华中科技大学社会学院社会学类1701班作为一个集体，着力营造优良的班级氛围，带动班级同学笃学力行、积极生活，立大志、明大德、成大才、担大任。在这个过程中，社会学类1701班积累了一些行之有效的经验：一是加强思想引领，

引导同学们树立正确三观，校准人生航向；二是营造和谐氛围，引领同学们互帮互助，发挥朋辈帮扶作用；三是心怀"国之大者"，把握时代大势，服务社会。虽然胡吉伟校友的青春定格在那年那天，但是他留给同学们的宝贵精神财富，将在一届又一届学弟学妹的手上，代代传承，生生不息！在今后的班级发展路上，社会学类1701班也会不忘初心，砥砺前行，朝着既定的目标不断努力，传承胡吉伟精神，感染身边更多的人。社会学类1701班将在接下来的时间里，继续学习，继续探索，做到越来越好。

六、院系党委副书记点评

社会学类1701班是我院培育的典型班级之一，班级始终秉持"认真而不失活泼"的班级建设思想，着力构建浓厚学风与轻松氛围并存的班级文化，帮助同学们建立归属感，同时也激励大家共同学习进步。在过去的4年中，该班在思想建设、组织建设、制度建设、学风班风建设、学生工作与个性发展的倡导、志愿服务的倡导、班级氛围建设等各个方面建设班级，并已经取得良好效果，得到学院师生的认可，并起到了一定的示范作用。

——社会学院　杨飞

有召必应　先锋引领
——管理学院创新实验1801班成长纪实

一、班级建设基本情况

在思想德行方面，管理学院创新实验1801班（简称"管实1801班"）完善班团一体化建设，积极开展各项活动，每名同学都重视自身的思想道德修养的提升，鼓励品质优良、德行向上的同学积极向党组织靠拢，班级同学全部为共青团员，全员递交入党申请书，9名同学已成为中国共产党正式党员，班级贯彻落实"三会两制一课"，定期开展党组织生活会学习近期会议精神与先进思想。

在学习方面，管实1801班同学始终保持高昂的学习热情和认真的学习态度，班内形成了良好的学习互助和分享交流氛围，管实1801班也连续3年获评"优良学风班"的荣誉称号。在完成基本的课业要求之余，班级同学广泛参加各项学术科研竞赛，并取得国家级金奖的突出成绩。同时，已经保送研究生的管实1801班同学，大多数已加入导师的实验室开始投身科研工作，进一步学习，努力将论文写在祖国大地上。

学院重视班级的发展和支持，开展教师党员"1+4畅语人生"谈心活动、班主任座谈会活动，帮助同学们答疑解惑，为同学们指引方向。每学期定期开展专题班会，分析学业情况，分享实习、出国、科研经验。在文化和组织建设方面，管实1801班同学积极参与学院、学校组织的各项文体活动，如在国庆节前，同学们积极参与了为祖国献礼的拍摄活动，在国旗和歌声中为祖国母亲庆生。班级同学担任体育部部长、排球队队长，带领大家走出教室、走向操场，做全面发展的大学生。

二、班级建设思路

（一）做思想德行的"践行者"

在思想德行上，贯彻以引导学习为主、实践力行为辅的方针思路，力求打破刻板陈规，通过多样化的形式引导同学们加强思想学习，提高思想觉悟，践行作为"胡吉伟班"一分子的义务和责任。另外，班级委员也积极宣传各项公益活动，鼓励同学们在力所能及的范围内积极参加义工活动，以实际行动弘扬胡吉伟精神。

（二）做学风建设的"领航星"

在学风方面的建设上，不希望通过刻板的班规条例来约束同学们的行为，而是鼓励同学们在生活中养成良好的主动学习习惯和学习积极性，班级委员及时发现有学习困难的同学，并给予适当的关怀和帮助。除此之外，及时了解大多数同学的学习状态以及未来的计划。作为实验班，大多数同学都选择在未来继续深造学习，因此班级有针对性地鼓励大家参加各类学术讲座论坛、参与学术科研竞赛、积极主动联系心仪导师等等，帮助同学们提前为将来进一步深造做好准备。此外，班级着重关注考研和就业同学的状态，实时跟进了解，并得到学院的帮助和支持。

班级的李佳妮同学加权成绩为92.8分，GPA达3.98，位列专业第一名，曾获包括国家奖学金、本科特优生在内的10余项荣誉奖项，并积极参与学生工作与公益活动。李欣羽同学加权成绩为91.91分，GPA达3.97，位列专业第二名，任摄影协会副会长、WeSharp设计组组长等职务，并加入华中科技大学新媒体中心微信组，曾获国家奖学金、校三好学生奖学金及本科特优生等荣誉奖项，是同学们学习的榜样。

两名同学不仅有着优秀的个人表现，而且在学习方面积极发挥着表率作用。除了在班级内为同学们提供学习指导外，两名同学还多次参加院资助管理委员会组织的"榜样进班级"活动，给学弟学妹分享自己的心得与经验。在优秀同学的激励和带动下，班级的学风建设卓有成效，入学以来连续三年获得"优良学风班"荣誉称号。

（三）做科研竞赛的"螺丝钉"

科研竞赛的舞台上也时常活跃着管实1801班同学的身影。"代货小分队"是来自管实1801班的一个竞赛团队，成员之间经常相互交流学习经验，并结伴组队参与各类科研竞赛。团队成员曾荣获包括第七届全国大学生物流设计大赛一等奖在内的多项荣誉，并积极投身创新科研项目。在参赛过程中，面对遇到的种种困难，成员们依然能够秉持求真务实的探索精神，展现管实1801班学子的风采。参加科研竞赛项目的经历也让小队成员更好地掌握了专业知识，锻炼了思维能力与实践能力，为将来投身祖国建设事业打下了良好的基础。

（四）做文体活动的"排头兵"

管实1801班不单在竞赛场上与对手进行着智慧的碰撞，在文体活动上也发挥着"排头兵"的作用。在组织文化方面，管实1801班希望建立起氛围融洽和睦、有凝聚力的班集体，除了在课堂上的短暂见面时间之外，管实1801班希望同学们也能在课外建立联系，形成相互信任的熟络关系。因此在班级委员的共同商议以及同学们提出的建议下，班级开展了加强同学们课外沟通交流的各种文体和娱乐活动，逐渐形成了班级如今活泼融洽的氛围。

班级的组织建设也离不开学院和老师的支持。学院开展的各项文体活动，班级均鼓励同学们参加，并且班级委员会前往运动会赛场为班级同学加油鼓劲，在文艺活动中也积极组织和挖掘同学们的才能才艺，使同学们在各类活动中都有展示自己的机会。例如，班级的曾紫琳同学曾多次代表管理学院出席校运动会，并累计收获了包括本科女甲跳高第一名在内的9项文体赛事荣誉。班级的张建同学活跃在文艺活动的舞台上，曾参与校合唱大赛，并入选院"十佳歌手"。

此外，在"唱颂新时代"纪念"一二·九"主题系列活动合唱大赛中，管实1801班以一首《我爱你中国》获得了二等奖的好成绩，动感的舞蹈与说唱将同学们的爱国热情抒发得淋漓尽致。在校"胡吉伟班"的评选中，管实1801班更是以总分第一名的好成绩获得了华中科技大学"胡吉伟班"荣誉称号。

文体活动的开展充分展示了管实1801班的团结与魅力，促进了同学们之间的了解，增进了同学们之间的友谊，提高了同学们的集体责任感和荣誉感，增强了班级凝聚力，培养了同学们的团队精神，拓宽了同学们的视野。

（五）做志愿服务的"先锋营"

管实1801班在志愿服务层面也充分发扬着"有召必应"的精神，时刻准备着作为学院的"先锋营"冲锋在志愿服务的前线。2020年9月疫情后的首次返校迎新活动中，面对着连日的暴雨以及迎新志愿者严重短缺的情况，管实1801班的同学们不畏艰难，挺身而出，以高度的责任感与奉献精神，完成了迎新志愿者工作。

班级内的"学生工作骨干寝室"的成员活跃在学生工作的一线：王楷同学任管理学院第十八届主席团执行主席，带领主席团获得院系学生会"十佳院会"称号；王一鸣同学任2018级管理委院资助管理委员会副主席，统筹规划学院资助管理委员会的活动安排；李远征同学任2018级年级学生会主席团，坚持以服务为先，自我管理，自我服务……这一优秀的"主席团寝室"还曾在开学时被长江日报报道，寝室成员间融洽诙谐的气氛也令记者受到感染。

此外，班级还拥有着热心公益、担任义工部部长的王子铭同学，2018级管理学院本科生中唯一一位义工工时破百的李佳妮同学，暑期前往贫困地区义务支教的王梦园、王子铭等同学，任本科第二支部党支部书记、组织召开每个月的主题党日、负责党员发展的邓园圆同学，考取江苏名校优生选调、志愿服务基层的陆叶同学……

三、班级建设典型举措

（一）思想德行建设

管实1801班同学始终坚持学习党的先进思想，关心国家大事，心系祖国，坚持正确的政治方向。一方面，班级同学积极响应团组织和党组织的号召，完善班级内团组织的建设并积极向党组织靠拢，通过定期举行团课团会学习先进思想和了解时政要闻，在团会团课的学习中，打破常规的、刻板的学习方式，走出教室，前往红色遗址、红色文化博物馆、胡吉伟像等地实地学习、领会先驱精神，或通过观看相关纪录片、影视作品等方式更加生动地体会和学习相关历史；另一方面，班级成立了党章学习小组，带领一批又一批的入党积极分子和有意向向党组织靠拢的同学定期学习党的先进思想，分享近期的时事热点，并进行发散性的评论和探讨，引导和激发更多的同学参与其中，进一步提高同学们的思想觉悟。

（二）学业学风建设

首先，在日常课程的学习中，为了督促同学们养成良好的学习习惯，避免迟到、旷课情况的出现，班级学习委员负责制定了课前签到制度，以便及时督促没能按时来上课的同学快速到达课堂，同时每月定期对本月的签到情况进行总结，了解同学们的到课情况并及时发现迟到率较高的同学，从而有针对性地采取措施，督促同学们按时到课。课下，通过建立学习小组、邀请老师在考前进行集中答疑等方式，督促同学们进行日常学习，以及帮助同学们解决学习中的困惑。

为了让同学们更方便地汲取相关经验，管实1801班邀请了往届学院的优秀学长学姐分享学习和生活经验，交流经验和感想。学长学姐进行了保研、考研、就业、出国、竞赛等各个方面的优秀经验分享，帮助同学们少走弯路，找到适合自己的成长方式。

另外，在学术科研竞赛等方面，班级委员积极转发相关的竞赛信息，并鼓励同学们踊跃参加，同时在年级的支持下鼓励同学们提早选好导师，尽早参与老师的科研工作，为将来的深造提前学习和积累知识经验。

在最后一门考试结束铃声响起时，大学生涯的所有课程随之告终，班级的学风建设成果也随之尘埃落定。在成绩方面，得益于班级内互帮互助、资料共享的良好学风氛围，即使面临实验班难度较大、综合性较强的课程，管实1801班在大学四年的各门课程中仍然做到了全员"零挂科"，且各门课程教师对班级的课堂效果始终给予较高的评价，管实1801班也连续四年都获评"优良学风班"。此外，通过课前签到、月末总结、建立学习小组、邀请老师答疑等方式，督促和帮助班级同学主动学习，在班级内形成了"先学带动后学"、互帮互助的学习氛围，只要有同学提出需求，其他同学就会立刻伸出援手，管实1801班在学风上的"有召必应"时刻彰显。在良好的学风氛围的包围下，班级同学获得国家奖学金、校"三好学生"10余人次，更有李佳妮、李欣羽、王楷、余鉴四位同学获评华中科技大学本科特优生。

大学四年的学习生涯即将结束，但同学们的学习之旅并未就此停止。随着9月推免的大幕落下，保研同学们的去向也尘埃落定。除了大多数同学留在熟悉的本校继续学习以外，管实1801班两名同学已顺利保研至清华大学继续深造，也有同学前往中国科学技术大学等院校继续他们热爱的学术科研，将"学在华中大"的精神一直延续下去。

（三）组织集体建设

为了增强班级凝聚力，打造良好的班级氛围，一方面，管实1801班每学期开展班级活动，通过集体性的娱乐活动加强同学们之间的联络，拉近同学们之间的距离；另一方面，在年级和老师的支持下，班级开展了"1+4畅语人生"活动，以及班主任座谈会活动，与同学们分组谈心交流，在促进同学们之间的了解的同时为同学们答疑解惑，助力同学们更好地成长进步。此外，为了加强同学们的锻炼，让大家在课余时间走出教室和寝室、放下手机和电脑，在班级委员的共同商议下，由体育委员带头发起了每星期五的东湖骑行活动，力求在强身健体的同时，加强同学们之间的感情交流。

（四）坚持服务师生

2020 年的 9 月，正值疫情过后的第一个开学季，彼时的 2020 级新生入学推迟，老生们普遍正在忙于补课，开学季面临了严重的志愿者短缺情况。管实 1801 班知晓这一情况后，全班集体出动，安排值班表和工作地点，在暴雨中的清晨六点搭建好了两个迎新点，并轮值帮助新生办理入学、搬运行李、答疑解惑，全力完成了入学迎新工作，实地践行了"胡吉伟班"的"有召必应"。

作为一名团学干部应如何做好广大青年学生的思想引领工作？在管实 1801 班，许多优秀的学生骨干成为青年中的"头雁"。副班长王楷同学担任管理学院学生会执行主席，带领管理学院青年学生深化团学改革，凝聚青年力量，从思想引领、学业发展、校园文化、权益服务和队伍建设几个方面入手，始终服务学生切实需求，开展多个有商科特色的学科、文体活动，在任期间院学生会获得了校"十佳院会"的荣誉称号；学习委员邓园圆同学担任本科第二支部党支书，梳理入党流程，讲授主题微党课，带领党支部进行党史专题学习；李远征同学担任 2018 级学生会主席，扎根学生切实需要，热心服务身边同学，开展多个有特色的活动，营造了团结、奋进、向上的气氛，获得同学们一致好评。

志愿服务活动方面，管实 1801 班所有同学均突破了"零工时"，9 名同学的义工工时达到 40 个小时以上，工时最多的同学甚至达到 101 个小时。疫情期间，管实 1801 班多名同学家乡在湖北，身处疫情之中的他们对青年的责任有更深刻的感受和体会。在家乡十堰市，担任社区志愿者参与卡口值班工作的党员韩旭鹏同学与大家分享了工作体会。他说，作为一名青年大学生要积极响应国家的号召，为疫情防控贡献自己的力量，只要用心把政策落到实处，就能上下一心，得到群众的理解和支持。

这三年来，管实1801班的同学们收获了许多，也成长了许多。在这个优秀的班级里，同学们体会到了团结的力量，秉持着奉献的精神。有这样一句话：我是一粒沙，集体就是广阔的沙漠；我是一滴水，集体就是浩瀚的海洋。相信管实1801班的同学们一定能够在未来的道路上继续心怀"有召必应"的精神，激流勇进，勇攀高峰，在祖国的各个角落为中华民族的伟大复兴事业添砖加瓦！

四、班级建设规划

大多数同学的未来去向都已确定下来。接下来需要对考研和就业的同学进行持续的跟进关注，及时了解同学们的需求，帮助同学们解决问题。对于考研的同学，在充分了解其考研意向后，在不耽误同学们太多复习时间的前提下，以及在辅导员的支持下，有针对性地开展一些谈话、讲座、经验分享交流会等活动，帮助考研的同学们汲取经验，有重点、有针对性地复习；对于就业的同学，在班级范围内设置就业专员，及时了解跟进就业同学找工作的进度，鼓励同学们参加合适的招聘宣讲，并为同学们推荐就业岗位，帮助同学们顺利就业。

此外，督促同学们按照时间节点和要求联系导师完成毕业论文，了解同学们大学生活中的期望和心愿，在能力范围内帮助大家实现未完成的心愿，希望同学们都能有不留遗憾的大学生活。

五、院系党委副书记点评

管理学院创新实验1801班是2018级的实验班，也是管理学院第一个获得"胡吉伟班"荣誉称号的班集体。管实1801班的建设主要从三个维度开展。一是形成学院、班主任、学工队伍三级联动机制，学院每学期针对管实班级开展教学交流和书记座谈会，解决学生的科研发展问题；班主任与每名同学进行谈心谈话，充分了解每名学生的情况；学工队伍抓住学生发展的重要节点，为全面成长成才提供平台。二是发挥"头雁"带动作用，根据班级同学的不同特点，"五育"并举鼓励学生全面发展，班级中有年级专业第一名、院学生会执行主席、年级学生会主席、新闻媒体中心副主任等，使管实1801班成为2018级中的突出班级。三是形成朋辈互动效果，管实1801班同学通过"管理留声"、专业座谈、学生组织例会等多种方式，从理想新年、科研学业、学生工作、班级风貌等多个方面和低年级同学交流个人经验，以榜样力量带动了低年级班级继续争创"荣誉班级"的氛围。

——管理学院　谭静

党旗领航人才培养，德育成就追日英才
——土木与水利工程学院土卓1801班成长纪实

一、班级建设基本情况

土卓1801班是一个奋发进取、凝聚力强的班集体，26名来自五湖四海的同学互帮互助、各有所长。从大一开始，在班主任与辅导员的带领下，班级在班团建设、学风建设、文体活动开展等方面均取得了可喜的成绩。

班级建设方面，土卓1801班26名同学积极向党组织靠拢，现在已经发展了17名党员及预备党员。班级在学校每年学风考核中都获得"优良学风班"荣誉称号，在学院每届追日文化节中都获评土木与水利工程学院"追日班级"荣誉称号。三年来班级获得的系列荣誉是对土卓1801班的最大肯定。

支部建设方面，支部扎实推进思政建设、认真组织团课团会，多次获得校"十佳团会"荣誉，支部在五四评优中获评"五四红旗团支部"，多名支部成员获评"优秀共青团员"与"优秀共青团干部"。

班级学习方面，本班秉承严己律学的治学思想与"学在华中大"的优良学风，营造了良好的学习氛围，维持了较好的学习纪律。班级每学期加权平均成绩都位居年级前列，且近半数同学取得推免保研资格，学科竞赛全面开花。

同时，班级通过定时团建、运动打卡等方式鼓励同学们积极参与文体活动，在班级内部营造了参与文体活动的浓厚氛围，班级在学院集体项目比赛中收获颇丰，获得乒乓球团体、篮球团体季军，气排球团体冠军。同时，班级成员也在学校舞台上展示着自己的风采，帮助学院获得了"华工杯"篮球赛冠军、"华工杯"乒乓球赛季军、校运动会立定跳远金牌等荣誉。

二、班级建设思路

土卓 1801 班在班级总体建设思路上坚持"立德为先、求真务实、集体互助、理想照耀"的建设道路，紧紧围绕"胡吉伟班"所蕴含的无私为人、崇德求真的高尚精神与中国特色社会主义迈向新时代的时代内涵，重点结合时事新闻，大力加强品德教育，提升思政素质，以求培养道德崇高、无私奉献、关心时事、求知报国的新一代有为青年与胡吉伟精神的践行者与传承者。同时，班级以班级委员管理为有力抓手，大力推进班级学风建设，注重科创竞赛思维，结合丰富的学科实践与专业讲座，实现学习态度—学习成绩—科创竞赛—学科前沿的多层次、深内涵学风氛围建设，助力培养德才兼备、视野广阔的新一代"土木人"。同时，班级也重点强调了班级精神的培养与凝练，通过举办多种多样的团建与文体活动，使得班集体在工作学习任务繁重的同时，仍能保持高度的团结，班级成员相互了解，打成一片，实现乐观活泼、严肃认真的班级气氛的养成。

在班级总体建设思路下，班级委员将其细化并贯彻落实于班团建设、党建工作、学风建设、文体活动四个主要领域，分别开展相关组织工作。

在班团建设方面，主要涉及以下三点。

（1）持续推进班级团支部思想建设，创新活动形式，提高思想素质水平。在班内继续定期开展思想学习活动，组织开展班会、团会等活动，采用"翻转团会"、团课的形式，让团支部成员也参与思想学习活动的组织。

（2）组织开展班级团建活动，提高班级凝聚力。带领班级同学外出参观爱国主义红色教育基地、组织聚餐等活动，创造班级同学集体活动的机会，增进同学们之间的交流，提高凝聚力。

（3）班级委员、支部委员起到模范带头先锋作用。定期召开会议，从班级委员、支部委员处更深层次地了解班级同学发展的近况，从而制定出更适合班级下阶段发展的工作计划。

在党建工作方面，目前土卓 1801 班共有正式党员 4 名，预备党员 11 名，发展对象 2 名，党员（含预备党员）人数占全班总人数约 57.7%，党支部成员占全班总人数约 65.4%。4 名正式党员虞诗婕、朱永强、郭彦彤、戎凌分别担任土木与水利工程学院本科土木第二党支部书记、副书记、组织委员、宣传委员。在建设思路上，采取逐步深入开展工作的方法。

低年级时，多数班级同学为非党员，通过鼓励班级成员主动报名参与党支部举办的各类活动的形式，比如党史知识竞赛、军训服务岗、体验党支部组织生活会等，加强与党支部的联系，增进自己的党性。

高年级时，通过确立正式党员带动预备党员、预备党员带动发展对象和积极分子的模式，加强团支部和党支部联系沟通，邀请支部优秀党员同志来团会进行微党课教学以及经验分享。与2019级到2021级学弟学妹班级进行对接，保证支部薪火相传，让好的传统能够延续下去。采用党员"1+1"模式、党员下寝室、党小组对接相应团支部的方式加强党团联系，土卓1801班党员均参与其中且担任主要负责人。

在学风建设方面，土卓1801班选择以"注重细节，养成态度"的宏观思路主持学习工作，采用发展学习小组制度、发展学习"结对"的模式，同时通过制定上课签到制度、开展集体自习以及学习答疑活动等方式进行班级学风建设。学习精神一旦蔚然成风，就会形成具有一定群体性、一贯性和稳定性的良好学习风气，从而产生良好的学习效果，同学们就能学有所得，得有所用，用有所获。同时，也应该立足专业实际，以班级委员的集体组织与鼓励引导为主要方法，鼓励同学们到专业实际中去，到专业前沿中去，以实现新土木人才的培养。

在文体活动方面，班级认为文体建设应当着力于体育活动以及文艺活动，以此提升学生的身体素质，陶冶学生的艺术情操，进一步满足当前教育发展的需求和促进学生学习效率及综合素质的提高。在实际的工作当中主要体现为引导学生学习身体健康等有关知识，鼓励学生进行科学的课外体育锻炼，引导学生积极培养兴趣爱好，举办专场才艺展示活动以及文化活动等。

三、班级建设典型举措

（一）在班团建设方面

以班会、团会与集体学习为主要活动形式，通过线下的集体交流学习将活动的参与度提升到最大，同时，线下的集体学习也能够更直观地向同学们传递知识的丰富内涵，使活动得以更高效地完成。以下三个典型举措能够体现本班在班团建设方面思路与规划的落实。

（1）2020年9月，班级组织开展疫情复学后第一次班会活动，回顾、感恩疫情期间一线工作者的辛勤付出，邀请班级成长导师、学院党委书记莅临指导。在班会上，班级同学回顾了武汉市疫情大规模暴发的时间线，看到了国难之下整个中华民族迸发出的庞大精神伟力，也看到了在整个抗疫过程中，那些忘我奋斗在第一线的工作者们。随着疫情曲线缓缓下落，透过一幕幕真实的镜头，我们看到了一个民族的不屈与伤痕，有的同学不禁潸然泪下。同时，班级还邀请到了参与雷神山医院建设的华中科技大学土木与水利工程学院的校友们，通过采访，了解到了雷神山医院这个奇迹的背后，是一大批土木工作者彻夜奋斗的身影，也让正在大学学习的同学们真正明白了自己所学的专业对国家和社会的发展是多么的重要，让同学们得以用全新的视角来看待自己的专业。在2021年数次团会、团课活动中，团支部以寝室为单位给支部成员独立组织活动的机会，开展"翻转团会"活动，会上同学们踊跃发言，积极参与活动，台下掌声不断，效果颇好。此类团会提升了同学们在支部活动中的参与感，支部思想教育活动也收效甚佳。

（2）2020年6月，团支部组织班级同学前往武汉革命博物馆、中央农民运动讲习所进行参观学习。透过博物馆的透明橱窗，一件件斑驳的文物映入同学们的眼帘，身处和平年代的同学们或许很难体会那个年代风云激荡、战争四起的紧张氛围，但是，那一批批有识之士的宏伟壮志依然能穿过百年的时光在同学们的心中激起一阵阵波澜。这正是革命崇高理想的感召，是时间也不能磨灭的光辉。一件件武器，也使同学们看到了那个年代的动荡与危险，看到了革命英雄的果敢顽强和坚定信仰。新中国升起的红旗是用无数烈士的鲜血染成的。这次活动使每一名同学都感受到了当下生活的来之不易，更让同学们记住了那一批为了中华民族的存亡赴汤蹈火、前赴后继的革命烈士，同学们由衷地对革命英雄表达了崇高的敬意。

（3）充分利用课间时间开展班级委员会、团支部支委员会。由班长、团支书向各委员汇报班级、团支部近期工作情况，反思上一阶段工作的不足之处，做好下一阶段的工作规划；由班级委员、团支部委员提出会前收集汇总的班级同学最近遇到的困难或出现的状况，由所有会议成员一同商讨解决方案。接着进行班团委员思想学习活动，积极用理论武装支部，从而发挥模范带头先锋作用。

（二）在党建工作方面

支部深入基层，充分贴近组成成员与群众，展开了许多形式多样，内容丰富的组织工作。

（1）在组织生活会中，采取各种形式，讲述微党课，分享先进思想。为帮助每名党员养成关心国家大事的习惯，提高支部成员的党性素养和政治意识，在组织生活中还设有时事热点分享的版块，并通过收集感想的方式引发同学们思考。班级党员还通过观看《厉害了，我的国》影片、打扫施洋烈士陵园、参观辛亥革命纪念馆，了解了革命先辈的光辉事迹，体会了革命精神，力求做到走出去、学进去。定期组织集体学习，学党章党规，学系列讲话，学习重要会议精神，并在支部内进行分享和交流。

（2）在党员发展方面，强化过程管理，坚持成熟一个，发展一个，规范入党积极分子和发展对象的选拔制度，团支部严格做好推优工作，如实向党支部反映每名同志的具体情况。

（3）本科土木第二党支部2018级党员共有22名，其中土卓1801班有15名。大三学年，三位支委朱永强、郭彦彤、戎凌作为党团联络员对应一个团支部，通过参与团会、走访寝室和个别约谈等方式了解支部团员的学习生活情况并给予相应建议与帮助。坚持党建带团建，团建促党建，努力形成党团互促互进共同发展的良好局面。同时，充分发挥学生党员的模范带头作用，在专业学习与思想建设上进行双重引领。虞诗婕作为党支部书记，在2021级年级大会进行"早日站在党旗下"入党流程介绍；陆敏铖在2021级阳光励志演讲中介绍自己科创经验。组织优秀党员分享学习和工作经验。积极开展党员下寝室活动，组织支部党员走访寝室，面对面与学弟学妹交流，切实解答学弟学妹的疑问，给他们提供学习和生活上的帮助。发挥榜样力量，支部成员积极参与志愿服务，践行为人民服务的宗旨。潘欣宇、谢欣慧等10余名同学报名参加军训服务岗，为2021级军训学生和医护人员带去力所能及的帮助。

（三）在学风建设方面

（1）学习结对模式的建立。在提出建设学习结对模式的提议后，本班以自主选择与随机配对相结合的方式组成了13个学习"对子"，并设立了专门的学风督察人员负责收集每个学习"对子"的学习情况，对表现优秀的学习"对子"进行表彰，对表现欠佳的学习"对子"进行督促。

（2）学习小组制度的完善。在原有的学习小组职能上，对小组的作用进行了进一步强化。首先，不再以个人的形式进行作业的收发，这样做不但提高了收发作业的效率，也提高了同学们的集体意识，得到了老师与助教的肯定与表扬；其次，学习小组成员一同参与了学科竞赛，并取得了优秀的成绩。

（3）集体自习制度的建立。在建设集体自习制度的构想被提出后，班级委员马上就集体自习制度的建设展开了讨论，在经过反复的思考斟酌后，班级委员制定了《土卓1801班集体自习制度草案》，使集体自习制度形成了成文的规范并落于实处，大大促进了班级学习氛围的营造。

（四）在文体活动方面

（1）文艺活动。班级同学积极参加各种文化型社团，如夏雨诗社、书画协会、篆刻协会等，积极参加各种文艺活动和比赛，如院"十大歌手"、迎新晚会、元旦晚会等。班上有很多同学选修了一些文艺方面的公共选修课程，如音乐鉴赏、钢琴等。还有许多同学在学习声乐方面的知识和技能。有的同学则参加了院辩论队，参加辩论比赛，锻炼自己的语言表达能力。

(2) 体育活动。鼓励班级同学积极参加每年的校级运动会以及积极参与学院每年举办的"追日杯"运动会及球赛；在大三、大四没有体育课的情况下，班长和体育委员组织进行了"运动达人"活动，并对每一期活动的优胜者进行了一定的奖励。课余时间，同学们经常约上好朋友一起去操场进行跑步等体育活动，同学们还会去健身房锻炼，提高自身的身体素质。

四、班级建设成果

（一）成熟的育人模式

就目前班集体所取得的一系列成果与成就来看，班级切实贯彻了建班之初与申请"胡吉伟班"之时确立的班级建设思路，严格落实了各项制度设计与奖惩措施，为班级不断进取提升提供了坚实的根基与有力的抓手。同时，在班级集体荣誉与共同目标的感召下，班级同学为了争取集体荣誉与实现班级共同目标，持之以恒地严格要求自己，不断提升自己的个人素养与思想道德水平，以严于律己、刻苦勤奋的态度对待学习，以热情无私、支持理解的态度对待班级集体活动，积极响应班级委员的号召，积极践行班级制定的共同目标，始终以胡吉伟精神传承者的身份要求自己，在学院各部门都有班级同学带头引领的身影。这为班集体的不断前行提供了最根本、最持久的动力，这也证明了班级已经建成一种行之有效的育人模式。经过班集体的讨论凝练，将育人模式分为"立德树人、理想引领、扎实学习、全面发展"四个育人维度。

在"立德树人"上，班级始终将胡吉伟校友无私奉献、舍己为人的精神作为引领同学们看齐的精神标杆，以"集体活动为范，个人志愿为主"的形式感召同学们积极参与志愿活动，培养高尚道德。自获评"胡吉伟班"以来，班集体多次开展相关活动，组织班级同学前往青年园胡吉伟像处默哀并献花，也曾多次组织班级同学集体学习胡吉伟校友在校期间的种种榜样行为。在班会、团会上，班级也会借热门时事对同学们进行思想品德教育，力求将班级中的每名同学培养成乐行善事、热心为人的青年，班级同学也对此做出热烈积极的响应。许多同学纷纷参与了"大手拉小手"支教活动、施洋烈士陵园祭扫、校内义工等志愿活动，以实际行动践行了"胡吉伟班"的奉献精神，将胡吉伟校友感人肺腑的精神带到校园、社会以及偏远山区的孩子们心中。

在"理想引领"上，班级始终重视班级成员思想政治教育工作的开展，在基层支部工作上做了充分的准备，旨在使每一名同学充分把握新时代中国特色社会主义的内涵，响应时代感召。在充分总结工作经验，结合班级成员反馈后，班级与团支部提出了"班级委员带头学习，回顾红色历史，结合时代内涵，关注热点时事"的思政教育理念。其中，"班级委员带头学习"是效果保障，班级委员只有自身养成自我学习的好习惯，锻炼出过硬的思政素质，才能充分感召班级同学积极参与，深入交流；"回顾红色历史，结合时代内涵"是思想厚度，前者是方法，后者是目的，班团委的工作经验证明，同学们对于纯理论的吸收不够，而对红色历史有着充分的兴趣，通过回顾历史，把现在的道理结合过往的党史发展一起剖析，能够大大提高同学们对理论知识的兴趣，并且能够使同学们在那段浴血奋战的革命历史中汲取浓厚的爱国主义精神与艰苦奋斗精神。

在"扎实学习"上，班级坚持以"注重细节，养成态度"的工作方针组织班级学习方面的工作。将工作重心放在与学习态度有关的细节上，在具体的学习方法与学习时间规划上不予过多干涉，让同学们充分发挥自己的主观能动性，使用自己擅长和熟悉的学习方法。例如，班级制定了详细规范的课前点到制度，在每堂课上课前的10分钟由学习委员在讲台前点到，登记迟到的同学。这样一个小小的制度，在同学们长时间的坚持下，完全消除了迟到现象。同学们养成了提前到课的好习惯，不仅被众多老师表扬称赞，也为班级踏实严谨的学风建设打下了基础。目前班级在学习方面取得了近半数保研、10余人次获得省级学科竞赛奖项的优秀成绩。

在"全面发展"上，本班一直重视班级同学全方位发展，并且提出在传统的德智体美劳"五维度"基础上新增"交"的维度。"交"指交流，交流不仅指自身的表达的能力，也指组织沟通的能力，对班级气氛的活跃与集体活动的顺利开展起到了决定性的作用。在文体方面，班级充分发挥在某一领域内有突出能力的班级同学的带头作用。比如，让加入院篮球队的同学带头组织爱好者参与锻炼。在这种带头作用下，班级内部的文体气氛得到了长足的发展，班级在文体活动领域斩获了诸多团体与个人奖项。在培养班级同学沟通与组织能力方面，班级委员时常将月度班会交给某一组同学筹办，班级委员提供建议，从结果来看，这样的形式不仅提高了班级同学的积极性，也为班会带来了更丰富的形式与更有趣味的体验。

（二）杰出的育人效果

优秀的班集体必定由优秀的个人组成，而优秀的个人也一定来自优秀的班集体。在上文所提到的育人模式之下，土卓1801班涌现出许许多多优秀的个人，他们始终保持着对大学生活的热爱与专注，在自己喜爱的领域畅然遨游，取得了令人瞩目的成绩，站在了学院优秀大学生的前列，为学院众人所熟知，成为大家的榜样，也成为土卓1801班"胡吉伟班"优秀集体的证明。由于篇幅限制，此处在每个领域只列举1名同学作为代表人物。

1. 学生工作先进个人：郭彦彤

郭彦彤曾任院团支部委员会组织部副部长、院学生会主席团成员，现任班级团支部书记、本科土木第二党支部委员。在担任学生会主席团成员期间，搭建"校—院—班"三级联动桥梁，对内统筹学院大小活动，对外沟通各院系学生会。在担任班级团支书期间，致力于支部思想建设工作，增强支部凝聚力。曾带领班级获评校"胡吉伟班"、校"优秀团支部"、校"十佳主题团会"等荣誉。曾多次获校"优秀学生干部"奖学金、自强奖学金、科创奖学金、新生学习优秀奖学金等。

2. 学习先进个人：万英乐

大一时，万英乐同学本来缺乏目标与斗志，但当万英乐从大一的迷惘中清醒过来后，他及时调整了学习方法和心态。他上课会提前落座，在课前复习上节课所学的内容，听课时认真求索，紧跟老师的教学步伐，下课后在图书馆自习，严谨求实地完成各类课程作业。学习成绩因此稳步上升，大二、大三学年成绩排名均为班级第一。与此同时，他积极参加科研竞赛。在大学生创业项目的研究过程中逐渐确定了自己以后的研究方向，在暑假顺利通过面试直博到浙江大学岩土工程研究所。本科期间曾两度获得校三好学生奖学金与国家奖学金。

3. 科创先进个人：陆敏铖

陆敏铖曾任校科学技术协会成员，对科学研究与学科竞赛有着浓厚的兴趣。大一开始专注科创项目的研究，曾独自研发人脑电动风扇等科创作品，经过三年的学习，已经熟练掌握了多种软件工具与科研工具的应用。与此同时，他积极参加学科竞赛，尤其对数学建模竞赛有着独特的兴趣，在大学期间曾多次获得省级与国家级奖项。除此之外，他也多次独立完成大学生创业项目的优秀结项，展现出极强的科研实力与极高的创新水平。本科期间曾三次获得各类数学建模竞赛省级一等奖，多次获得交通科技大赛、结构模型大赛等校级学科竞赛奖项，两次完成大学生创业项目省级优秀结项。

4. 志愿活动先进个人：潘欣宇

潘欣宇大一时加入土木与水利工程学院"大手拉小手"公益团队，为山区孩子贡献自己的一份力量。暑假时到湖南湘西开展乡村夏令营活动，进行美术与手工课程的教学，获得该年暑期社会实践"优秀个人"荣誉。同期加入"我为人人"电脑服务队，和队员们一起为校内师生提供电脑软硬件免费维修服务。大二时参与"大手拉小手"组织的月捐活动并持续至今。曾参与华中科技大学附属幼儿园义工和艺教中心义工活动。曾获2018—2019年度社会公益奖学金。

5. 文体活动先进个人：郭开宇

郭开宇大一入选新生队，作为首发队员参加"新生杯"篮球赛，队伍进入八强，随后被吸纳进入土木与水利工程学院篮球队。他从加入院队起就积极参加球队训练，一个星期四次练习从不缺席，打磨自身球技，提高技术、战术水平。2019年"追日杯"篮球赛中带领班级队伍获得季军。大二开始成为球队重要轮换队员，并随队获得2019年"华工杯"篮球联赛男子甲组冠军。2020年作为主力队员参加"华工杯"篮球联赛，队伍获得四强佳绩。

（三）班级集体荣誉

班级同学通过不懈的坚持与努力，为这个集体带来了许多的荣誉与奖项，使得土卓1801班一跃成为全院最优秀的班集体之一。

从获评"胡吉伟班"至今，本班取得的荣誉与奖励主要有：

（1）2018—2019、2019—2020、2020—2021学年度校"优良学风班"；

（2）2018—2019、2019—2020、2020—2021学年度校"优秀团支部"；

（3）2018—2019学年度院"追日班级"；

（4）2019年6月、2019年12月、2020年4月获华中科技大学"优秀主题团日（团会）"荣誉；

（5）26人中11人获得保研名额，保研率近50%，为学院同年级第一；

（6）2019年"追日杯"篮球赛季军；

（7）2019年"追日杯"乒乓球赛季军；

（8）2019年"追日杯"趣味运动会第二名；

（9）2020年度"青梧成林"成长工程卓越团支部等级优秀；

（10）2021年"追日杯"气排球赛冠军。

五、班级建设总结

通过打造专业精神内核，围绕"卓越、团结"的班级精神，传承赓续"爱党爱国、勤学笃行、矢志卓越"的追日精神，在当前"中国建造2035"的大背景下，坚定专业理想。通过营造向上的文化氛围，传递成长正能量，加强班级所在党支部建设及班团建设，厚植家国情怀，胸怀使命担当。通过坚持互助成长模式，以班级委员为龙头，以全班同学为凝聚，相互帮助、共同发展，实现全体同学的充分成长。

六、院系党委副书记点评

土卓1801班的26名学生从初入大学的青春懵懂到大四的成熟稳重，能够见证他们和这个集体共奋进、同成长，我倍感荣幸。从大二时成功争创校"胡吉伟班"，到连续三年获评校"优良学风班"、校"优秀团支部"、学院样板模范班级"追日班级"，可以看出这是一个团结的、不断追求卓越的班级。26名来自祖国各地的学子传承"爱党爱国、勤学笃行、矢志卓越"的追日精神，刻苦学习、热心公益、互助友爱、全面发展。他们紧紧抓牢"打造专业精神内核、营造向上文化氛围、坚持互助成长模式"的班级建设思路，班级委员各司其职，所有同学齐心协力，在思想学习、科创竞赛、公益活动、体育运动、文艺表演上获得了一项项荣誉。相信土卓1801班的同学们定将在中国建造高质量发展的新浪潮中，不负韶华、追求卓越，未来可期！

——土木与水利工程学院　何春

初心不改，砥砺前行
——光学与电子信息学院光实1801班成长纪实

一、班级建设基本情况

光学与电子信息学院光实1801班目前共有25名同学，其中12名同学保研至各高校科研院所，5名同学正在为出国做准备，8名同学参加考研。班级建设致力于打造一个有凝聚力的整体，在思想、科研、学习、日常生活等各方面追求卓越。班级成员积极参与志愿服务，累计工时居于学院前列；积极参与科研活动，全班同学均参与了大学生创业等科研项目的训练，取得了相当优秀的成果。在生活中，班级与党支部联合进行查寝工作，每月1次，保证了班级所有成员的寝室都是相对优秀的生活环境。在每个重要的节点，班级组织相应的活动让大家齐聚一堂，增强班级凝聚力。

二、班级建设典型举措

（一）学习方面

1. 班级学习小讲堂

要求班级内学习成绩较为优秀的同学每隔一段时间进行一次小讲堂形式的讲课。将学习重点、难点为班级同学进行讲解。这种方式是一种双赢的学习模式：一方面，讲解的同学通过备课，对该课程的内容会有一个更加深刻的认识；另一方面，听课的同学聆听对该课程的讲解也能够有所收获。

2. 班级学习讨论会

在很多时候，同学们都是一个人自习，有的人学习出现了问题也不愿意去问老师和同学。这个活动旨在为同学们营造一个讨论的氛围，鼓励同学们讨论自己在课程上和科研活动中遇到的问题。有很多问题在讨论中都会迎刃而解。在这个活动的推动下，大家的学习成绩都有了长足的进步。

3. 教师班主任指导

刚入校时，同学们对未来都会比较迷茫，教师班主任是在行业里有一定建树的学者，对刚入校的同学们有一个风向标的作用。班级联系教师班主任，在刚入学的时候举行了数次活动。教师班主任或请外校科研"牛人"为同学们做科研讲座，或亲自为同学们答疑解惑。总体上来说，教师班主任的指导对班级同学的发展起到了非常积极的作用。

4. 大学生创新创业项目

这个项目应该是很多同学都会参与的一个科研项目，学院几乎所有的老师都会出大学生创新创业的题目给同学们进行选择。这也是在本科期间接触科研的一个非常好的机会。对此，班级大力宣传，号召全班同学参与。最终，在最后的校级大学生创新创业答辩会上，有两个项目获得校级"优秀项目"的称号。

（二）生活方面

1. 查寝制度

为了保证同学们的生活环境，每个月会进行 1 次查寝，查寝的过程中，不要求同学们的寝室有非常美观的布置，但要求桌面整洁，卫生间干净。这也是督促同学们在本科时期就养成良好的生活和卫生习惯。

2. "小仙女生日"制度

为了让班级内部有一个更加活泼的氛围，每当班级中有女生过生日的时候，班级内部就会举行一次派对，为过生日的女生庆生。同时也会有各种各样的活动，比如一起玩游戏等。这项活动也大大促进了班级的团结。

（三）社会实践方面

1. 光博会参观活动

光博会是光学领域的学者、公司等展示自己的科研成果、产品技术的盛会。班级组织参加过两次光博会，第一次去的时候是大一，当时同学们对行业情况可以说是一无所知，但是依旧震撼于光学如此之多的应用途径，在后续的学习过程中，同学们发现有很多应用在光博会上都有所了解。第二次去光博会的时候，同学们已经学习了相当一部分的专业课，对光博会中很多仪器的原理已经有了相应的了解，在看到这些成果后，也有了更深的触动。

2. 企业文化参观活动

在研究生班主任、教师班主任、班长的共同努力下，班级同学在大一学年参观了华为技术有限公司、烽火通信科技股份有限公司、长飞光纤光缆股份有限公司等数家公司，参观了他们的生产车间。这让同学们提前接触了优秀企业的企业文化。从专业人士的口中同学们第一次知道了企业的经营业务、面对的客户、大致的工作流程、企业文化等。未来同学们大多数都会在类似的企业工作，这几次的参观不仅让班级同学有了学习知识的机会，也让班级同学对自己未来的选择有了更清晰的认识。

3. 校史馆参观活动

通过参观学习学校的历史，同学们看到前辈们筚路蓝缕，在当时一无所有的荒地上一点点建设华中科技大学，在科研道路上不断攻关，最终建成一所一流学校。如果说参观企业是为了了解企业文化，那么校史馆参观活动就是为了了解学校的文化。参观企业是为了给想到企业工作的同学做铺垫，参观校史馆则是为了给想在科研领域工作的同学做铺垫。这两个活动都让同学们有很深的触动。

4. 胡吉伟校友扫墓活动

胡吉伟校友是我们的优秀学长，他为了救人而失去了自己年轻的生命。为他扫墓，可以激发同学们去思考自己应该成为什么样的人以及什么样的人是最值得人们纪念的。通过这个活动，班级的思想水平有了很大的提升。

三、班级建设成果

（一）班级建设效果

经过三年多的发展建设，光实1801班已经形成了有特色的育人模式，即"学习和科研为导向，凝聚力量、激发信心，为培养能力更加全面的领军人才而努力"。

具体而言，光实1801班紧密关注同学们学习的根本使命，在确保每名同学顺利完成学业的前提下，鼓励科研创新活动，激发追求卓越的意识，班级中涌现出一批表现优秀、能力突出的同学，班级也保持了专业前列的平均学业成绩。同时，班级凝聚众人的力量，在思想德行等方面提出了高要求，成功获得"优良学风班""胡吉伟班"等荣誉称号。

（二）育人效果

1. 突出个人

周鸿玮，启明特优生、校"三好学生"，加权成绩93.66分，位列光实1801班第一名。积极参加科研和竞赛项目，在钙钛矿光电池领域获批专利一项，在 *Optics Letters* 上以第一作者身份投稿论文 *Design of Achromatic Optical Polarization-Insensitive Zoom Metalens* 被接受。获得美国大学生数学建模竞赛 H 奖。在校运动会上获得 4×100 米接力赛男子甲组冠军。目前被清华大学精密仪器系拟录取。

陈伟，获评校"三好学生"、国家励志奖学金，加权成绩 89.60 分。曾任光实 1801 班班长、光学与电子信息学院新闻宣传中心网宣部部长，现任本科生光实光卓联合党支部书记、光实 1801 班资助委员。参与大学生创新创业项目获得省级推荐，获得美国大学生数学建模竞赛 H 奖。参加校运动会 800 米、1000 米等项目并取得优异成绩。目前被华中科技大学光学与电子信息学院研究生院拟录取。

2. 集体层面

班级目前共计有党员 3 名、预备党员 6 名；连续三年获评"优良学风班"；至少有 3 名同学在本科期间以第一作者的身份发表论文，专利产出 3 项以上；在全国大学生数学竞赛、全国大学生光电设计竞赛、全国大学生电子设计竞赛中有多名同学获得省级一等奖及以上奖励，并有多名同学获得美国大学生数学竞赛 H 奖及以上奖励。

3. 社会评价

2019 年 6 月 22 日，光实 1801 班获评光学与电子信息学院史上第一个"胡吉伟班"的事迹被学院官网、学院官方微信报道；

2019 年 10 月 14 日，光实 1801 班分享社会实践成果的主题团会被学院官方微信公众号报道；

2020 年 2 月 25 日，光实 1801 班在抗击新型冠状病毒肺炎疫情期间的突出表现被学院官方微信公众号报道。

四、院系党委副书记点评

班级建设思路明确,从学习、生活、社会实践三个方面入手,每一方面都有相应可落地的具体举措。像班级学习小讲堂、班级学习讨论会、教师班主任指导、查寝制度、各项聚会活动、参观光学领域知名企业、参观校史馆、开展胡吉伟校友扫墓等举措和活动,切实落地,在服务了同学,增强了班级凝聚力的同时,又对班级同学起到了很好的教育作用,有助于班级成员增强爱校情怀、传承优良校风、坚定理想信念。

该班级的班级建设的特点是实事求是、落到实处、服务同学、共同成长。班级像一个小社会,在建设的过程中不仅要有理论思想的指导,更要有有温度的、可落地的具体举措,光实1801班在这方面做了很好榜样。

——光学与电子信息学院　李玲

绘就班级成长航线
——电气与电子工程学院中英 1802 班成长纪实

一、班级建设基本情况

电气与电子工程学院中英 1802 班由来自各学院的 30 名同学组成。班级中有篮球队的体育"达人",有"风里雨里西十二晚十点半等你"的"学霸",有言思敏捷的辩论队主力,还有热心公益的爱心天使。同学们各有特点又兼容互补,班级氛围积极向上、团结和谐。在教师班主任、"新世纪优秀人才支持计划"入选者丁洪发教授的指导下,积极践行"班级成长工程",制定班规,确定班级口号为"沉梦昂志,'电'亮喻园",通过主题班会明确班级成长目标和个人成长规划。

坚持党旗领航,班级全员递交入党申请书,现有中共党员 8 人、中共预备党员 4 人。在日常组织生活学习中互帮互助,党员主动请缨帮扶学习生活困难的同学;建立学习小组,一对一帮扶,班级答疑等环节保证了良好的学风;寝室内集体学习最新的党内思想动态,党章学习小组和团支部的微团课、微党课有序开展。强化"四个自信",明确青年责任,强化时代担当,积极向党组织靠拢的思想在班级范围内蔚然成风,基层团组织发挥了传播党建知识,引领思想的重要作用。

班级 7 人达到保研条件,升学率 40%。班级组织语言考试模拟考,最终大学英语四级考试全员通过,大学英语六级考试通过人数 26 人,通过率近 87%,许多同学成绩位列年级前列。班级连续三年获评"优良学风班""活力团支部"等校级荣誉。

班级文化建设卓有成效,确定了班级口号,完善了班级评优打分制度。传统节日时,班级同学群策群力开展特色活动,为每个瞬间留下美好回忆。多名同学在校级、院级组织担任学生干部,为班级打造校级影响力。

中英1802班脚踏实地，奋发向上，用青春的热血面对时代的朝阳，以无畏的勇气迎接祖国的考题，不断奋进，向着成为电气行业的栋梁而努力。

二、班级建设思路

（一）党旗领航，富有理想

班级建设坚持"党旗所指就是团旗所向，团旗所向就有班旗飘扬"，主要班干部均为中共党员，发挥团支部在班级建设中的核心作用。在教师班主任的指导下，创新学习形式，树立胡吉伟校友优秀典型，引导正式党员和预备党员争做同学们的模范代表，在班级内部树立榜样，让模范力量规范班级前行的方向。班级同学自发了解胡吉伟校友的优秀事迹，领会他奉献自己照亮他人的精神，在实际行动中以胡吉伟校友为思想的领航者，争做华中大精神的传承者，自觉将胡吉伟精神落实到日常的每一件小事上面。

具体举措如下。

（1）把团支部建立在班级上。组织成立党章学习小组，号召班级同学积极向党组织靠拢。班级结合时事热点开展多次主题团会，追踪党建动态，聚焦新政策，学习系列讲话。邀请辅导员、高年级党员或请班级同学轮流上台主讲，培育理想信念，全面理解党的方针政策，自觉紧跟党的路线。号召党员同志在宿舍集体观看重要讲话，发挥基层团组织的堡垒作用。

（2）走出宿舍开展党建活动。班级结合学院"荣誉学位课程"，不断组织新的党建活动，参加五四演讲大赛、党史知识竞赛、"庆祝百年诞辰，传承红船精神"主题创作大赛、"传承华工精神，讲好电气故事"、"电气学院院史编撰"等一系列的主题活动；前往八七会议旧址、辛亥革命武昌起义纪念馆等地实地参观学习，前往武汉客厅参观"抗击新冠肺炎疫情专题展览"，将团会所学与实地所观联合起来加深思想体会，提升思想高度。

（3）走向院系科研系所前沿。组织班级同学深入教师班主任所在的脉冲强磁场实验室参观，开展相关实践教学。教师班主任依据习近平总书记提出的"三个面向"，针对科研项目中亟待解决的国家重大战略需求痛点进行讲解教育，引导班级同学明确专业方向，树立专业理想，正确认识中国和世界的发展大势，将中国特色和国际比较，形成正确认知。

（4）走进低年级班级团支部。优秀党员加入"E路同行"马克思主义原理学讲团，以马克思主义原理为指导思想，结合专业特色，参与低年级团课、团会、主题班会的主题宣讲和胡吉伟精神的系统学习，指导低年级班级申报"胡吉伟班",引导低年级同学自觉向胡吉伟校友看齐并在生活实践中自觉践行胡吉伟精神。

(二)专业导航,勤奋学习

班级坚持不放弃任何一名同学,以优异的专业成绩作为班级评判的基本标准,以专业、职业发展为导航,在教师班主任和研究生班主任的带领下,培养学习习惯,认知未来发展方向,向胡吉伟校友看齐,引领学习优秀的同学带动基础薄弱的同学,班级同学积极践行"班级成长工程",自觉将学习作为本职工作去对待。

具体举措如下。

(1)召开学风建设主题班会。教师班主任讲述亲身经历,帮助班级同学制定学习目标,研究生班主任讲述具体学习方法、经验。班级同学撰写大学生涯规划,并定期召开班级中期会诊主题班会,修正努力的方向。

(2)班级自发组建学习小组。组织集体自习,激发同学们的学习热情,现场解决疑难问题,小组组长定期出题并组织成员讨论,及时巩固所学知识,开阔同学们的思路,考前组织串讲,同学们互相划重点,从全书的角度思考本门课的开设目的以及学科内涵。这种不注重应试更注重思考模式和解决问题的做法,让同学们都有收获。

(3)班级制定"多对一"的学习制度。针对自制力较差和学习基础不太牢固的同学,班主任坚持一对一谈话交流,发挥党员同志的带动作用,带自习,指导作业,梳理课堂知识,保证了每名同学都不掉队,形成优良学风。认真学习的过程中,班级同学自发认识到,胡吉伟精神应该落实到日常的专业学习中,只有锻炼过硬本领,才能响应国家号召,更好地为人民服务。

(4)开展专业认知主题研讨课。辅导员、班主任带队前往湖北省电力博物馆、武汉新能源研究院等地开展理想信念教育,对班级同学进行职业生涯规划指导和专业实践认知指导,让班级同学拓宽视野,聚焦于专业未来的发展,让同学们充分意识到自己是未来中国的"主战力",自觉将国家重大需求融入自身发展。

(5)院友培训研讨职业能力。通过学院邀请优秀院友,开展"职业能力提升"理论课和相关主题研讨,教育学生将自身发展自觉服务于党的治国理政,服务于国家重大发展战略,服务于重点国有企业,服务于国防现代化建设。帮助同学们了解行业领域基层单位、重点单位,强化"四个服务"意识,引导学生脚踏实地,树立把个人发展与国家需求相统一的理想与信念。

(三)班风助航,乐于奉献

班级氛围健康活泼,团结向上,班级同学为班级建设出谋划策、贡献力量。

班级制定各项班规、设计班徽和班级口号,通过主题班会明确班级成长目标和个人成长规划,并在班主任和辅导员的指导下及时修正。将班级这一共同学习、生活的基本组织,打造成团支部、党支部发挥引领作用和战斗堡垒作用的阵地,坚持"党旗所指就是团旗所向,团旗所向就有班旗飘扬"。辅导员、班主任、党支部对班级成长方案进行审核优化,在方案实施过程中监督管理,帮助分析具体问题,总结经验并提供保障、支持、全程引导、支持班级建设,营造良好的班风学风,在全班营造浓厚的学习氛围和生动活泼、健康向上的良好风气,达到"又红又专、团结和谐、健康向上、学风浓厚、人人成才"的目标,促进班级同学德智体美劳全面发展。

具体举措如下。

(1) 兴趣小组凝聚班级韧性。在紧张的专业学习之余,班级成立兴趣小组,以特长凝聚班级韧性;组织休闲活动,在紧张学习之余让同学们放松身心,建立信任,消除隔阂,为班级活动的开展奠定基础。班级组建篮球队,督促同学们参与体育锻炼,班级队伍参加学院"电之魂"篮球赛,获得2018级年级赛冠军。

(2) 节日活动缓解压力,调整心态。冬至日大家聚在一起集体包饺子;中秋一起吃月饼,在操场开展摄影课,教同学们如何用相机拍摄月亮,拓展同学们的知识面;端午发粽子话历史,观看龙舟队的训练比赛……此外还有心理主题班会,帮助同学们缓解压力,调整学习状态和生活状态。

(3) 集体修正评优打分细则。有同学反映投票评优过于看人缘,班级委员组织起草新的评优细则,班会讨论修正,以不同奖项辅以额外加分与投票分数相结合,让评优反映真实情况,落到实处。

(4) 党支部全过程全方位指导。班长、团支书每两个星期上交"班级、团支部建设双星期报表",党支部、辅导员、班主任实时跟进实施情况,并针对痛点、难点问题给出相应指导,每学期期中开展建设方案中期检查,期末开展建设情况总结,以问题为导向分析不足,总结经验。

(5) 全员推进班风学风建设。推行班级课堂考勤制度,每星期上交课堂考勤记录表,同时推行晚自习检查制度,学习委员进行监督检查,提升学生的自我管理能力;推行晚自习熄灯制度,帮助学生养成良好的学习习惯;组织宿舍卫生检查,引导学生养成良好的卫生习惯,培养学生的公共责任意识;在宿舍公共区域进行班级建设风采展示,引导学生装饰、美化寝室,形成个性鲜明的寝室文化氛围。

(四) 追梦启航,实践报国

班级同学自觉将胡吉伟精神落实到生活中,纷纷利用空闲时间投身义工活动,做新时代胡吉伟精神的践行者。同学们在校内积极参与、组织义工活动，在校外积极参与志愿服务，在祖国大地上实地调研，为未来承担更艰巨的工作做准备，以实际行动为周围人带来改变，以期在更大的平台上做更有意义的事情。

（1）将评奖与义工工时相结合。引导同学投身服务实践，不仅将其当作一次体验，更要在服务他人的过程中明确目标，升华自我。同学们在实践中认识到了义工活动的意义所在，认识到需要在实践中奉献自己，践行新时代胡吉伟精神的新含义。

（2）暑期组队开展社会实践。班内共组建17支社会实践队伍，覆盖全国20个省、市、自治区，主题与7项十九大主题内容相关，其中"情深阿坝、筑梦小金"实践队获评"全国百强社会实践队"。各社会实践队伍结合专业特色，前往基层，在实践中感悟民生，明确自身认知，服务当地社会，宣讲胡吉伟精神，将"胡吉伟班"的影响力从校内扩展到中国辽阔的土地上。他们踏上全国各地，了解中国发展中的问题，实地理解党中央政策各方面的重大意义，了解各地的复杂情况，坚定为人民服务的信念，同时明白如何才能更好地为人民服务。实践当奋斗，青年当自强，为祖国奉献的青春最美丽，努力在未来把胡吉伟精神写在祖国大地上。

（3）院系联系企业参观学习。以电气与电子工程学院学科改革为引导，统筹开展到电气相关企业进行参观实习实践、工业实习实践和技术实习实践，将平时所学专业知识应用在具体的生产领域，了解未来的工作岗位需要什么样的人才。体会胡吉伟精神不仅存在于校园中，而且是人生中的一样宝贵精神财富。在实践中将所学应用于国家重大需求，应用于国际创新前沿，应用在国民经济的主战场上，体会胡吉伟精神的深刻内涵。

（4）联系学科理论与就业实践。由学院统一举办相应的学科训练营，立足于电气科研就业的几大主要技术方向——电力系统自动化、电力电子学、高电压技术等，打造训练营，提高同学们的专业水平，锻炼同学们的专业技术能力，帮助同学们将课本理论学习与就业实践相结合。由学院统筹组织相应的挂职锻炼，让同学们深入基层开展工作，在选调生、国有企业和军工单位等一系列岗位上自觉践行新时代的胡吉伟精神，用大学所学的专业知识奉献社会。

三、班级建设规划

（一）做好毕业前的就业指导工作

班级进入本科阶段最后一年，如何让班级同学将胡吉伟精神在未来的工作岗位上继续发扬光大、展现华中大"胡吉伟班"的风采，这是当前班级建设规划的一个重要关注点。班级选出班级就业助理，配合学院对每名同学的就业状态、心理状态和就业意向及需求进行摸底，提供有针对性的职业介绍、职业指导等就业服务。据了解，班级目前7人保送升学，9人在秋招中与单位达成明确就业意向，就业行业主要为电气设备制造、电网公司，还有电力电子半导体、通信、互联网等领域，14人准备2022年全国硕士研究生统一招生考试，报考志愿包括华中科技大学、上海交通大学、西安交通大学等国内知名"双一流"高校。

班级持续关注考研同学的心理状态，做好压力疏导工作。大四下学期，请学长学姐为通过初试的同学们传授复试备考经验，同时针对初试未取得良好结果的同学，让已经签约心仪单位的同学对应开展朋辈就业指导工作，助其在春招中大放异彩。

（二）做好毕业后的校友联系工作

强化精神纽带，传承精神谱系，发挥荣誉班级的引领作用。良好的校友工作能促进胡吉伟精神的终身指导作用。优秀校友们在工作岗位上找到胡吉伟精神更深层的内涵，他们以实际行动言传身教，为后来的荣誉班级阐释胡吉伟精神从学校到工作岗位的终身意义。

（1）服务校友，持续培养爱校情怀。校友活动的最小团体是班级。班级校友活动是强化校友之间联络的一个重要形式。电子服务和网络服务已经变得越来越完善和便捷，QQ群、微信公众平台、微博、留言板等虚拟空间为班级同学提供了全方位的沟通交流平台。

以联络型的校友活动给予同学与母校积极沟通的桥梁。通过各种有形或者无形的载体确保同学与班级委员、母校沟通无阻。编辑印发书籍、刊物等与校友有关的有形传播载体，如《校报》《校友风采》《校友故事分享》等，邮寄给班级同学，通过文字和图片传达学校的各种信息，持续吸引班级同学对学校的教育发展、科研水平、改革大事件以及师生的个人信息的关注。给有需求的班级提供母校新文创专属纪念品的定制服务，如印制带有华中科技大学标志的戒指、书签、钥匙扣以及徽章等方便随身携带的小物件，让校友感到一直和母校在一起，鼓励他们在微信、微博等公众平台上传播母校给自己的这份礼物。送去的不仅是小小的纪念品，更是班级的问候和牵挂，唤起校友的爱校情怀。

（2）充分发挥辐射、示范作用。由本班的班级校友活动为核心，起到一定的辐射、示范作用，吸引同年级其他班级比较和效仿。班级校友活动的活跃，会促进各种形式的校友活动更加频繁和有效地开展。与此同时，依托当地校友会，融入当地校友生活圈，在当地校友事业圈发扬宣讲胡吉伟精神，同所在地区的同学定期举办班级座谈会，在校庆、院庆活动的时候组织回访母校，拉近母校与同学之间的关系。以班级为单位的校友活动，也会提升校友参与院系或学校校友会组织的其他活动的积极性，使更多的校友关注和关心学校的发展和校友工作的开展。充分发挥班级校友活动的辐射、示范作用，鼓励和推动班级校友活动的开展，加强宣传，树立品牌，总结经验，从而营造良好的校友工作氛围。

四、班级建设成果

（一）形成"四点发力，绘好班级成长航线"的育人模式

班级从党旗领航、专业导航、班风助航、追梦起航这四点抓起，将班级建设工作落实到每一名同学身上。

教师班主任、研究生班主任组织学期初生涯指导班会，使班级同学树立正确的价值观，有信心树立理想、实现理想；开展班级中期会诊班会，用一对一帮扶、学习小组等措施引导同学们勤奋学习；结合电气与电子工程学院荣誉课程，组织实践活动、党建活动，制定班级制度，让班级同学自发为班级同学服务、为学院分忧、为学校添光彩；结合电气与电子工程学院"新工科"改革，带领同学们了解工业企业的发展状况并开展实地实践，了解学科科研的前沿动态，引导同学们未来在科研岗位、工作岗位上牢记、实践报国的初心使命。

（二）形成良好的育人成效

1. 个体层面

陈兴震，华中科技大学电气与电子工程学院电气工程及其自动化专业2018级学生，中共预备党员，班级文艺委员。作为队长，带领队伍获评全国三十佳实践团队及湖北省优秀大学生创新创业项目。获得泰豪十佳奖学金。积极乐观，关心同学。目前在DMIN实验室担任科研助理。

何振远，华中科技大学电气与电子工程学院电气工程及其自动化专业2018级学生，中共预备党员，担任班级班长、副团支书，现保研本校电力系，以第一作者的身份发表SCI一区论文1篇。获得"三好学生"、"优秀学生干部"、思源电气奖学金、特高压奖学金、"回访母校优秀个人"等多项荣誉，在华中科技大学资助中心担任行政部助理。

张俊钊，华中科技大学电气与电子工程学院电气工程及其自动化专业2018级学生，中共党员，担任班级团支书，分别主持省级和国家级大学生创新创业项目各1项，其中省级项目已获优秀结项，以共第一作者身份发表SCI索引期刊论文2

篇（均已见刊）。获"优秀共产党员""优秀共青团干部"等荣誉称号，且多次参加科创竞赛取得奖项，热心科研，带动周围同学投身科研。

2. 集体层面

班级 6 人保研，1 人放弃保研出国深造，保送升学率逾 23%；班级组织语言考试模拟考，最终大学英语四级考试全员通过，大学英语六级考试通过人数 26 人，通过率近 87%。

班级连续三年获评"优良学风班""活力团支部"等校级荣誉，每年获评奖学金的同学也不在少数。

班级同学获得美国大学生数学建模竞赛 H 奖 12 人，M 奖 3 人，第二届"启亦电子杯"创客竞赛二等奖 6 人；全班 30 名同学参与大学生创新创业训练项目；班级同学以第一作者身份累计发表 SCI 一区论文 3 篇；湖北省大学生数学竞赛一等奖 1 人；湖北省"挑战杯"大学生课外学术科技作品竞赛铜奖 1 人。

如此多的优秀荣誉离不开班级成功的育人模式，更离不开班级同学的自身努力，而正如教师指导时所言："荣誉只是你成长路上的一个奖励，并不是你的最终目标。"这也激励了班级同学不断努力探索、前进。

五、班级建设总结

在班级建设中，统一思想永远是一切工作的根本。只有以目标定信念，才能统一最根本的思想问题，在此基础上才能更好地解决专业问题。凝结共同的认识，有了统一的认识再建立良好的班风就是顺水推舟的事情了。打好信念基础，强化使命担当，以负责任的态度做好自己的主人，打牢班级的根基。

班级做好的最后一个工作关系到同学们将来的发展，帮助同学们明确自身职业规划，将自我发展与祖国发展相结合，辅以职业培训，让同学们更好地发展成长。

中英1802班从大一到大四坚持做好以上工作，每个部分的工作方法都有可推广性和可借鉴意义。

六、院系党委副书记点评

中英1802班从党旗领航、专业导航、班风助航、追梦起航这四点发力，用班级层面的具体举措带动每名同学主动参与班级建设和大学生涯规划。班级重视文化培育，不仅让平时的事务传达更有效率，而且能确定班集体的共性发展目标，让班级同学在多样化发展中找到思想引领的基准点，有效发挥了班级这个载体的育人作用。

——电气与电子工程学院　罗珺

发扬"胡吉伟班"精神，永攀生物科学高峰
——生命科学与技术学院贝时璋菁英班 1801 班成长纪实

一、班级建设基本情况

贝时璋菁英班由 19 名经过选拔的热爱生命科学的同学组成，班级以中国生物物理学奠基人贝时璋老先生的名字命名，以贝老座右铭"学问要看胜似我的，生活要看不如我的"为班训。坚持"牢记贝时璋班使命，发扬'胡吉伟班'精神，永攀生命科学高峰"的建班思想，与中国科学院大学开展科教结合协同育人，共同培养具有家国情怀的生命科学未来领军人才。

班级设有以院发文件落实的贝时璋班管理条例文件，成立了分工明确的班级委员会和团支部委员会，齐心协力为做好班级建设而奋斗。学院为班级配备了一流的班级管理与指导团队：从班级管理办公室主任到教师班主任，从辅导员到学生班主任，全部是学院师生党员中的骨干力量，学院党委委员也作为班级联系人参与班级建设。此外，班级已有中共正式党员 6 名，并一直积极引导同学们向党组织靠拢。

学习氛围浓厚，同学们之间互相学习、互相监督，班级平均成绩超过 85 分。施行"京汉两地 2+2"培养模式，享受两所"双一流"大学的丰富资源。班级同学 100% 确定了个性化导师，并参与一线科研实践。经过三年多的不懈努力，除 3 名志愿出国深造的同学外，其余 16 名同学全部保研，去向包括清华大学、北京大学、中国科学院生物物理所等顶级高校及研究所。

在学习之余，同学们心系社会，积极投身志愿活动。积极参加学生组织，在丰富多彩的学生活动中展现德智体美劳全面发展的良好班风。班级连续三年获评"优良学风班"，班级团支部获评校特色团日三十佳、校"优秀团支部"和"青梧成林"卓越团支部。

二、班级建设思路

（一）以德立班，在思想上争做新时代青年

班级在思想方面争做学院本科生班级先锋。班级组织架构完善，拥有扎实稳定的班级管理制度文件，成立了班级委员会、团支部委员会、党支部委员会，定期开展班会、团会、党会及党日活动等。旨在培养具有远大志向和宽广的国际视野以及扎实的理论基础和优秀的科学素质，有创新能力和创新精神，为祖国科研做出贡献的人才。

（二）探幽入微，在实验室里坚持科研初心

班级施行"京汉两地2＋2"的特殊培养模式，能够享受本校及中国科学院大学两所一流大学的丰富学习资源，为班级学生在国际交流、社会实践、学术发展方面提供广泛的机会。大一期间全班同学自主联系导师，进入实验室实习，在实验室氛围影响之下，同学们对科研的热情日益高涨。

（三）传承经典，在传统佳节共赏一轮明月

大型节假日期间，同学们根据节假日的性质特色，组织新年茶话会、元旦联欢晚会、"五四青年节"参观活动等。在丰富多彩的活动期间，每个人都能够感受到强烈的归属感，都能体会到身为贝时璋菁英班一分子的骄傲，也都愿意为这个集体贡献自己的一份力。个人对班级的热爱汇聚成了强大的班级文化。

（四）志愿服务，在平凡岗位奉献点滴力量

贝时璋菁英班的同学们在学习之余心系社会，定期组织班级志愿服务活动。除集体活动外，班级同学关心学校，热爱社会，积极参加学生组织活动、义工志愿者服务等，展现了德智体美劳全面发展的良好班级风貌。

（五）文体兼优，这是贝时璋菁英班最闪亮的代名词

作为拔尖实验班，学习成绩是班级最闪亮的名片。班级同学在学业上位列全年级第一名，连续三年荣获"优良学风班"称号，班级同学自发成立互助小组，互相补习弱势科目。同时，在"新生杯""华工杯"篮球、足球友谊赛等活动中，均有贝时璋菁英班同学矫健的身影。

贝时璋菁英班 1801 班十分重视学生的家国情怀和思想素质建设，作为生命学院生物科学专业拔尖人才培养体系实验班，班级以"以德立班，责任以行"为班级建设指导思想，在生命科学与技术学院团委、党委的领导下，开展各项工作。牢记贝时璋菁英班使命，发扬胡吉伟精神，永攀生物科学高峰。

三、班级建设典型举措

（一）思想德行建设

1. 党团相关建设

全班 19 人，正式党员 6 名，预备党员 1 名，发展对象 2 名。班级每月开展班会、网上"青年大学习"。党支部每月定期开展主题党日活动，利用在北京学习的宝贵经历，参观抗美援朝 70 周年展、中国共产党历史展览馆等相关展览，认真学习党的相关知识，增强政治意识。班级积极组织同学们学习前辈先烈的英勇事迹，先后学习胡吉伟校友的英勇奉献精神、黄群同志国家利益高于一切的奋斗精神、崔崑院士一件衬衣穿 30 年的朴素精神、罗俊团队几十年如一日测出最精确引力常数的坚守精神等等。号召大家敢于担当，积极奉献。

贝时璋菁英班还与生实 1801 班联合开展特色团日活动。以"致敬奥运，用运动律动荣耀"为主题，贴合学院本年度学生培养宗旨。从破冰到路演，从参观植物园到答辩展示，同学们将本专业知识融入其中，并取得了校三十佳的好成绩。

2. 班级组织建设

班级在开学初就建立了班级委员会。班长：梁元浩。副班长：张夏雯。团支书：孔语菲（后由张铭聪接任）。资助委员：李雅琦。学习委员：朱康凌。

班级在团支部成立初期也建立了团支部委员会。团支书：孔语菲（后由张铭聪接任）。副团支书：梁元浩。组织委员：陈晗。宣传委员：廖康。形成班团一体化。

3. 班级制度建立

贝时璋菁英班有一套独有的管理制度，形成了非常扎实稳定的班级管理制度文件。在学校层面，与中国科学院大学合作联合培养，旨在培养具有远大志向和宽广的国际视野，兼具扎实的理论基础和优秀的科学素质，有创新能力、创新精神，为祖国科研做出贡献的人才。

学院党组织高度重视本班学生的党性教育，以每个星期1次的频率参与贝时璋菁英班的建设工作。班级配备有1名辅导员、2名党员教师班主任和1名党员学生班主任，通过多渠道共同开展党支部指导班级工作。

（二）学风建设

1. 全班加权成绩平均分

班级平均成绩超过85分，班内全部19名同学加权成绩全部过优秀线。考风考纪良好，无作弊现象。综合英语、无机化学、微积分、C++每门课都有90分以上的高分，其中C++最高分高达98分。在完成第一课堂学习的基础上，同学们也积极参加学院组织的各种讲座及学术论坛，与诺贝尔奖得主及知名院士近距离接触，交流相关学术知识。

2. 竞赛、大学生创新创业项目、科研

出于对生物的热爱及钻研精神，班内35%的同学加入了竞赛团队（杨弘博宇、文靖凯、梁元浩和杨莹莹4名同学加入iGEM HUST-China，廖康和文可欣两名同学加入BIOMOD HUST-China等），100%的同学进入实验室参与课题研究。其中杨弘博宇带领班级另外4名同学在第一学期就开始了大学生创业项目的研究。可见班级同学在本科阶段就有很强的科研意识。

大三在中国科学院大学的学习经历更加激发了同学们对生物领域的热情，6名同学自主联系校外导师，提前进行科研实习。

（三）资源保障

1. 党委对口联系

学院领导班子成员全部作为2018级新生班级联系人，参与新生班级管理和指导。贝时璋菁英班1801班由院长进行联系指导，每个星期定期接收辅导员、教师班主任、班级委员的班级建设工作汇报，并进行班级建设指导。

2. 资源服务

作为拔尖实验班，贝时璋菁英班的同学们拥有丰富的教学科研资源。这拓展了同学们的视野，为同学们明确日后的发展方向打下了良好的基础。

学期初，贝时璋菁英1801班的同学参观了华中科技大学生命科学与技术学院毕业生在光谷生物城开设的公司，与其进行近距离交流。

学院特意为贝时璋菁英班在大一上学期安排了认知实习课，与老师们的接触让同学们对生物这门学科有了进一步的认识。

学院为同学们建立了大学生综合发展档案册，这会成为同学们对大学生活的美好回忆，真正做到学习、生活管理细化到个人。

学院为贝时璋菁英班的同学们提供了个性化学业导师选择，让同学们有更多提前进入实验室动手的机会。

学院在大一下学期组织新年茶话会，邀请中国科学院生物物理研究所所长许瑞明老师、徐涛院士与大家交流。

3. 师资配备

学院党委为贝时璋菁英1801班配置了2名教师班主任，其中张蓉颖老师负责学业指导，谢红萍老师负责学习生活管理。两名老师都是党员，张蓉颖老师曾任教师党支部书记，谢红萍老师作为贝时璋菁英班管理办公室主任，在武汉与北京之间奔波，确保同学们生活学习的需要得到满足。两名老师积极鼓励同学们认真学习、热情生活，引导同学们向党组织靠拢。

两名班主任老师高度重视班级建设，每月1次定期进行班级指导，询问学生生活学业状态；经常在班级QQ群上关注同学们，积极热情地解答同学们在学习和生活中的困惑。班里也经常邀请老师参加各种班级集会，如复盘会、活动筹办会等。辅导员高度重视贝时璋菁英班的思想教育，定期参与班会、团会，每学期初参加班级复盘会，为同学们的生活学习提出了许多建设性的意见。

（四）班级文化建设

1. 文体双优秀

开学之前，为了增强新同学们的班级认同感和班级凝聚力，学院组织大一新生设计班徽。同学们把诺贝尔生理学或医学奖评奖地点卡罗琳斯卡学院印在班旗上。自那时起，同学们就确立了在生物科学领域有所建树的远大理想，这也正是同学们选择贝时璋菁英班的初心。

一个优秀的班级绝不只看成绩。多才多艺、全面发展的贝时璋菁英班同学们在各种文体活动中也大放异彩。"生而为你"迎新晚会、元旦联谊晚会、寒假线上诗词接龙、新年茶话会等，同学们以组织者、亲历者等不同的身份参与其中，留下了独有的印记。

"新生杯""华工杯"篮球、足球友谊赛等赛场上，均有贝时璋菁英班同学矫健的身影。班级有55%的女生加入了院女足队伍，占球队人数的1/3；2人加入院乒乓球队；1人加入院男足队伍。他们均代表学院取得了优异的成绩。

一个优秀的团队不仅要做得好，还要积极宣传。班级新媒体公众号"生煎包子铺"由此而来，"生煎"谐音"生尖"，取名活泼可爱又能体现班级特色。"生煎包子铺"组织了生日祝福、"守护天使"、"觅光"摄影、寒假年级活动,已然成为贝时璋菁英班的代名词,也凝聚了班级19个人的心。

2. 投身科创,我们在行动

全班40%的同学加入竞赛团队;30%的同学加入大学生创新创业团队;100%的同学联系好了自己本科阶段的学业导师。投身科创,逐渐成为班级文化。班级同学有信心坚持自己对生物科学的满腔热爱,有毅力将这条路走到底。

3. 班级集体活动

从开学开始,每个星期1次丰富多彩的班级集体活动便成为贝时璋菁英班的招牌。入学时的破冰BBQ,消融了同学们之间的陌生感;元宵节包汤圆,让远离家乡的同学们感受到家的温暖;"打印"巧克力,实验课不能更精彩;每天的英语打卡,进步大家都看得见……

4. 社会实践、义工服务

贝时璋菁英班90%的同学积极参与社会实践与义工服务,其中7人工时超过40个小时,2人工时超过100个小时,范围涉及校内校外。同学们将自己的课余时间奉献给社会和需要的人们。

四、班级建设成果

(一)建设"以德立班,集体成才"的优秀班集体

形成育人模式,具体是为了增强班级的凝聚力,形成团结向上的班级氛围,学院为贝时璋菁英班提供了完备的条件保障。班级配备了生活班主任、教师班主任,博士辅导员,三好生标兵作为学生班主任,学院院长作为新生联系人等,全员全方位参与,做好班级建设引导工作。贝时璋菁英班元旦联欢会等丰富多彩的活动,让班级的每一分子都全身心地热爱这个集体,让每名同学都能感受到强烈的归属感,体会到身为贝时璋菁英班一分子的骄傲,也都愿意为这个集体贡献自己的一份力。

贝时璋菁英班同学在浓郁的班级氛围的影响之下,形成了一个强大且富有凝聚力的班集体。在自主组织新年茶话会、元旦联欢晚会等班级活动之余,同学们在学习上相互鼓励,相互督促,相互帮助,班级加权成绩平均分超过85分,无人挂科,除出国同学外全部保研。班级同学在大三课程之余,自主联系导师,前往中国科学院生物物理研究所实习,增强自己的科研能力。在思想政治层面上,班级已发展6名正式党员,与2019级贝时璋菁英班联合成立贝时璋菁英班党支部,

每月积极开展党会及党日活动，学习党史，增强党性。总体来讲，在生命科学与技术学院成熟的育人模式以及强有力的资源保障之下，贝时璋菁英班以"以德立班，集体成才"为班级建设导向，平衡课业学习及课余生活，和雄鹰一样在广阔的蓝天中自由翱翔，成为生命科学与技术学院2018级闪亮的标志。

（二）个性化成长育人效果显著

陈晗积极参与勤工俭学及志愿服务活动，大学三年期间共完成439个小时的义工工时，在图书馆、食堂等地流下了辛勤的汗水。新冠肺炎疫情刚刚流行之际，他不畏风险，回家隔离期满之后主动向社区申请成为志愿者，帮忙给社区中隔离的人及行动不便的老人送餐，他成为生命科学与技术学院评出的"抗疫之星"。

梁元浩在疫情期间作为生命科学与技术学院团委理论学习部部长，邀请同济医院方则民医生，为2019级全体医科学生进行主题为"五四精神传薪火，激荡青春展风采"的生命科学与技术学院主题团会。方则民医生亲身讲述一线的抗疫经历，为同学们展现了一线医生抗击新冠肺炎疫情的不易。他积极参加科研训练，作为iGEM HUST-China队员获国际金奖1项。

廖康作为班级宣传委员，是贝时璋菁英班公众号"生煎包子铺"的主要负责人，她用照片和视频认真记录班级团会、党会，并且在公众号中设置了"班级之星"栏目，增强班级凝聚力。同时她也积极投身科研工作，以第一作者身份发表中文核心期刊论文《食药两用植物地梢瓜的研究进展及应用讨论》。

（三）班级建设成效卓越

班级获评2018—2019、2019—2020、2020—2021年度"优良学风班"，特色团日校三十佳，2018—2019、2019—2020年度校"优秀团支部"，2018—2019年度"青梧成林"卓越团支部及2019年华中科技大学"胡吉伟班"荣誉称号。班内文靖凯、梁元浩、杨莹莹及杨弘博宇4名同学加入iGEM HUST-China团队，随队获得iGEM 2019金奖，其中文靖凯和梁元浩是团队的核心队员。

班级19人中除3人申请出国深造外，其余16人全部保研，去向包括清华大学、北京大学等名校及中国科学院生物物理研究所等顶尖研究机构。

五、班级建设总结

华中科技大学"胡吉伟班"旨在将胡吉伟校友舍己为人、甘于奉献的精神融入班级建设之中，通过思想政治工作优势，将优秀榜样力量转化为培养集体成才的养分。贝时璋菁英班1801班的"胡吉伟班"创建和成长离不开每一名成员的努力，在学校、学院党委的坚强领导下，杰出的老师是班级的一片天，优秀的班干部是班级的顶梁柱，班级同学是踏实的土地，正是这三方的协调合作让班级各方面建设有序开展，培养出具有集体主义精神，富有家国情怀，有志气、有骨气、有底气的新时代大学生。他们的宝贵经验值得广大师生在班级建设中参考。

六、院系党委副书记点评

贝时璋菁英班是生命科学与技术学院与中国科学院大学在《科教结合协同育人行动计划》指引下，结合双方在人才培养和科研实践上的优势共同建设的一个特殊实验班级。经过近10年的建设，这一班级在生物科学拔尖创新人才培养上取得了丰硕成果，培养了一批理想信念坚定、能力素质出众的生命科学未来领军人才，并在2020年获评教育部基础学科拔尖学生培养计划2.0基地。

经过多年班级建设和人才培养经验的积累，贝时璋菁英班1801班在贝时璋菁英班的各班级序列中也令人瞩目。贝时璋菁英班1801班的同学积极向党组织靠拢，学业成绩优异，创新创业氛围活跃，该班在"胡吉伟班"荣誉争创过程中，进一步发挥了科教结合、协同育人机制在拔尖创新人才培养方面的巨大优势，同时也充分体现了党领导下的高等教育在拔尖创新人才培养中的强大力量，成为学校"为党育人，为国育才"工作中的一颗闪亮明珠。

——生命科学与技术学院　占艺

勤学奋斗，集体成长
——能源与动力工程学院能动 1901 班成长纪实

一、班级建设基本情况

能源与动力工程学院能动 1901 班现有本科生 23 人，其中中共党员 3 人、中共预备党员 6 人、共青团员 23 人。班级有教师班主任 1 人，研究生班主任 2 人。在进入大学的两年多以来，能动 1901 班始终坚持"以德立班，勤学奋斗，集体成长，追求卓越"的班级建设理念，班级同学团结一心，求真务实，勤奋努力，获 2019 年"优良学风班"荣誉称号、2019 年"四方光电奖学金"、2019—2020 年华中科技大学"青梧成林"卓越团支部、2020 年院"优秀主题团日"等荣誉，并于 2020 年荣获校"胡吉伟班"荣誉班级称号。

（一）班级注重思想建设，坚持培养同学们的家国情怀

班级定时开展红色教育活动，开展党团理论知识学习，实时跟进党的政策，以培养同学们爱党爱国精神作为班级思想建设的核心目标，保证同学们将爱党爱国作为一切行动的最高指导思想。

（二）班级注重学风建设，坚持营造浓厚的学习氛围

班级定时组织集体自习，组建"一帮一"学习小组，每逢期中、期末考试前夕，邀请各科老师为同学们答疑，立竿见影地提高同学们的学习成绩。同时，班级定时邀请优秀的学长学姐分享学习、科创等经验，从根本上唤醒同学们的学习动力，激励同学们力争上游。班级组建了数个学习小组，在提高日常工作效率的同时定期自发组织自习、答疑等活动，不仅提高了班级同学的成绩，也拉近了班级同学间的距离，加深了同学们之间的友情，班级凝聚力不断提升。

此外，班级每年定期开展班级同学集体生日活动，并邀请其他院系班级开展活动，联合"黄群班"能卓1901班开展"月行一善"志愿服务活动，力求班级的每名同学都能德智体美劳全面发展，争做有理想、有本领、有担当的时代好青年。

二、班级建设思路

作为华中科技大学"胡吉伟班"，班级始终坚持"思想上重德行，学风上重勤奋，组织上重团结，总体上求全面"的班级建设总体思路，力争让班里的每名同学都能全面成长与成才。

（一）思想上重德行

"爱人者，人恒爱之；敬人者，人恒敬之"，班级一直深刻了解"人无德不立"的道理，通过社会实践活动、"月行一善"活动、主题班会等活动，教育同学们心怀善念、善待他人、注重德行、坚守本心，向胡吉伟校友舍己救人的大无畏精神看齐，愿意并时刻准备着为人民、为社会、为国家奉献自己的一生。

（二）学风上重勤奋

"好好学习，天天向上"，这是毛主席留给年轻人最朴素、最真挚的叮咛，也是每个大学生都应为之努力的目标。班级建设中，在学院团委、党委的领导下，在教师班主任、研究生班主任以及班级同学的努力下，班级始终坚持勤奋务实的学风建设，通过定时组织的集体自习、集体答疑等活动，勉励同学们努力学习。班级同学勤奋学习，班级学习风气始终良好，学习氛围日益浓厚。

（三）组织上重团结

"一箭易断，十箭难折"，作为一个班集体，最重要的就是保持班级同学之间的团结，"胡吉伟班"更应当如此。所谓班级建设，就是要将这个集体建设成一个全面发展、各方面优秀、牢不可破的团结集体，因此班级应始终为促成班级团结而努力。班级定期组织集体生日活动，在其乐融融的氛围下，将温暖送到每个人的心间，让同学们感受到关怀的同时，进一步增强班级凝聚力。此外，班级定期组织集体建设、团建联谊等活动，丰富大家课余生活，使得班集体愈发团结。

（四）总体上求全面

除了学习生活之外，班级也非常注重每名同学的德智体美劳全面发展。为鼓励同学们参与志愿活动、积极服务社会，班级联合能卓1901班开展了"月行一善"活动，以培养同学们的"德"；为了鼓励同学们参加科研活动，班级邀请节能减排特等奖获得团队为班内同学们分享科研经历，打开科研大门，以激活同学们的"智"；班级委员带领班级同学积极参加荧光夜跑、趣味运动会、春季秋季长跑等集体体育活动，锻炼同学们的"体"；班级积极参加学院举办的合唱比赛等文艺活动，陶冶同学们的"美"；班级积极参加各项义务劳动与社会实践，锻炼同学们的"劳"。班级秉承德智体美劳全面发展的理念，立志将同学们培养成全面发展的中国特色社会主义的合格建设者和可靠接班人。

三、班级建设典型举措

（一）思想政治建设

步入大学以来，班级始终坚持爱国爱党的基本思想方针，始终注重同学们的思想政治建设情况，确保每名同学均拥有爱党爱国的思想。

（1）通过班内组织建成的学习小组，班级委员与班主任监督每个学习小组每个星期打卡落实"青年大学习"，并督促同学们积极、认真完成大学习课后作业，及时接受团中央的思想信息，了解政治前沿，传承红色基因。

（2）按照我校团支部要求，班级每月按时开展团会、团课，并安排各个学习小组轮流准备，让所有人都参与团会、团课，进一步地体会党和国家的政策与思想。各学习小组在准备团会、团课的过程中，不仅会按照本次团会、团课提纲要求准备核心内容，而且会融入当前时事，结合时事政治来向同学们传播优秀的思想品质。

（3）每逢党和国家的重要会议召开，班级均积极组织集体学习会议精神，实时跟进党和国家的各项举措，心系国家发展与人民未来。在学习党的精神的过程中，同学们也深刻体会到了党的重要性，以"中国共产党为人民"的思想理念为自我规范。在我党优秀思想的引领下，班级同学坚守本心，发愤图强，立志努力学习，许党报国。

（二）学风建设

作为"胡吉伟班"，班级的重要任务之一是鼓励同学们努力学习科学文化知识，取得更好的成绩，提升自身素质，以求将来为国家做出贡献。为建班级学风，班级采取了一系列行之有效的措施。

(1) 在大一建班初期，班级就依照同学们的能力、性格等差异组建了若干学习小组。

学习小组中的同学们互帮互助，集合大家的力量，互相查缺补漏。班内良好的互帮互助风气也在这种举措下形成，班级同学无不以学习为任，大家集合一心，为了自己的未来而努力奋斗。

(2) 除了学习小组，班级也经常组织全班性的集体自习。

为防止极少部分同学自觉性不够，班级为集体自习制定了签到制度，要求每名同学每个星期至少5天参与每日晚上持续两小时的集体自习，在自习室肃静的氛围中，同学们能够自然而然地沉下心来，将注意力放在书本与题目上。长此以往，班级养成了勤学好问、踏实肯干的优秀学风，同学们也越来越清楚学习的重要性。

(3) 每逢考试前夕，班级都主动邀请对应科目的老师为同学们进行专项答疑。

答疑并不仅针对班级内的同学，也同样欢迎年级内所有希望参与的同学，以期让全体同学都能取得更好的成绩。此外，班级内部还开展考前课程辅导，邀请班级内学习优秀的同学为其他同学进行知识体系串讲、考试题型解析，以求同学们取得更好的成绩。同学们的反馈显示，班级安排的答疑活动和考前课程辅导效果明显，用处极大。通过老师们和同学们认真细心的答疑解惑，班级同学可以进一步梳理清楚重点、难点，从而有针对性、有目的性地高效复习，以提高自己的成绩。

（三）组织建设

在组织建设方面，班级教师班主任、研究生班主任与班级委员一直致力于打造一个团结一心、齐心协力的班集体，让同学们团结成一块"钢板"，让能动1901班成为华中科技大学班级的光辉代表。

班级于大一开学伊始便组建了数个学习小组，平时各种活动以小组为单位进行，分小组的制度极大地提高了班级的工作效率，也拉近了班级同学之间的距离。平日里，各个学习小组的同学也会在闲暇时光里约定去附近春游或者团建，丰富多样的活动能极其有效地加强同学们之间的交流，让同学们之间的友情升温，提升班级的整体凝聚力。

除了班级同学，教师班主任与研究生班主任也积极参与班级组织建设。他们经常参与班级内的各种团建活动，也经常到宿舍内与同学们交流，关心同学们的学习、生活与心理健康情况。在班主任们无微不至的关怀下，同学们能够切实在学校体会到家一般的温暖。

（四）文体建设

在文体活动上，班级注重同学们的多项能力全面发展，既要丰富同学们学习之外的课余生活，为同学们缓解学习压力，又要在课余活动中锻炼同学们的各项能力，培养同学们的品德与思想。

在2020年新冠肺炎疫情期间，班级同学积极投身当地的防疫志愿活动，帮助当地各机构协调疏导群众、测量体温、派发防疫物资、定时全面消毒等。同学们勤恳务实、严肃认真的工作态度受到了当地群众的一致好评，为当地群众的生命健康安全尽到了自己一份力。

同年洪灾，班级同学身处灾区，积极成为当地的抗洪志愿者，参与抗洪抢险、物资分发、民众安置等抗洪志愿活动，在天灾面前展现了自己的力量。同时，班级同学也自发组织捐款，为远在灾区的同胞们尽一份自己的力量，展现出了同学们众志成城、团结一心的精神。

在科研科创活动方面，班级通过开展创新导论课，邀请一流专家、青年学者等到班级开展科普讲座，鼓励同学们积极参与科研活动。目前，班级共有6个大学生创新创业项目课题组，超八成同学加入了各老师的课题组进行第二课堂科研项目的研究，形成了班级全员科研的良好风气。

为使同学们能够更好地规划自己的未来，认识更多的道路，班级组织开展经验分享会，邀请国家奖学金获得者分享学习经验，特别是各科学习方法以及一些学习技巧；邀请西部计划优秀学生干部讲述西部计划相关事宜以及自身相关经历。对于这些活动、讲座等，同学们反响热烈，一致认为这些活动为自己开阔了眼界，同时让未来的道路变得更加明晰。

四、班级建设规划

目前，班级并不仅满足于曾经取得的成果，而是一直在展望未来的建设。在未来建设方面，班级将继续围绕以下几点进行努力，以更好传承并发扬胡吉伟精神。

（1）始终坚持永不松懈的思想政治教育，确保爱党爱国的班级思想建设核心目标深入每名同学的心中。

作为我国的新一代大学生，班级将永远保持思想政治上的高度觉悟，始终坚持以我党精神领航每名同学的精神。班级建设过程中，班级将保持现在的思想教育工作并坚定不移地继续推行下去，将"胡吉伟班"的胡吉伟精神发扬光大。

（2）持续关注同学们的心理健康情况。

随着学习与生活压力的增大，班级将提高对同学们心理问题的关注度，对压力过大的同学及时给予帮助与关心，让同学们健康安全地过好大学生活。发挥寝室长制度和班级委员的作用，及时发现同学们的心理问题，并进行及时沟通与上报。

（3）进一步加强班级学风建设。

在大一上学期，班级取得了全员无挂科的良好学习成果，在此后的大学生活中，班级继续朝着这个目标努力，在保持现有举措的前提下，进一步组织其他形式的学习活动，旨在鼓励同学们认真努力学习，培养同学们的良好学习习惯，提高同学们的整体加权成绩，进一步促进班级的良好学习风气的形成。

（4）为班级同学做好未来规划。

时至今日，大学时光已经过去一半有余，同学们已经开始认真考虑自己的未来规划，但由于同学们能够获得的信息有限，很多同学不知道将来应该选择怎样的道路，如何筹划自己的未来。为此，班级将在后续的时间里，积极联系有经验的老师和学长学姐，采取讲座、分享会等方法，让同学们从"过来人"处得到宝贵的经验，帮助同学们更好地规划自己的未来。

五、班级建设成果

（一）个人层面

1. 汤浩

汤浩，华中科技大学能源与动力工程学院能动2019级学生，曾担任班级班长。曾获2020年国家奖学金、2020年社会实践"优秀个人"、2021年"优秀共青团干部"等荣誉。

汤浩热爱计算机科学、球类体育运动、朗诵、主持等，知识面广泛，在多个领域潜心钻研，取得了优秀的成绩。在专业课学习过程中，加权成绩始终名列前茅。在科研领域，该同学参加学校杨应举老师的课题组，并参与"第二课堂"活动，曾获2021年第四届中国可再生能源学会大学生优秀科技作品竞赛一等奖。汤浩作为班长认真负责，踏实肯干，在任职期间带领班级取得校"胡吉伟班"荣誉。汤浩热情助人，积极向上，努力进取，是全班同学的榜样。

2. 杨溟博

杨溟博，华中科技大学能源与动力工程学院能动2019级学生。能源学院众创空间成员，曾获华中科技大学本科特优生、国家奖学金、"优秀共青团员"、校"三好学生"、校"优秀实践队伍队长"等奖项及荣誉。

杨淏博具有数学、科学、乒乓球运动等多个爱好，同时立志科研，注重实践，参加多个比赛并取得一定成绩，加权成绩排名专业第三，有 1 项国家级大学生创新创业项目在研，参与全国大学生节能减排社会实践与科技竞赛并获国家级二等奖，参与大学生数学竞赛并获一等奖，此外多次参加数学建模竞赛并取得奖项。杨淏博在班级中，踏实肯干且成绩优异，待人和善、乐于助人，积极投身科研项目，积极参加体育运动，为身边的同学做出表率。

3. 郭欣杰

郭欣杰，华中科技大学能源与动力工程学院能动 2019 级学生，曾担任班级团支书，大学生科学技术协会公关部部长团成员。曾获"优秀军训本科生"、"优秀共青团员"、学习优秀新生奖学金、校"优秀学生干部"奖学金、社会公益奖学金、校级"优秀志愿者"等奖项及荣誉。

郭欣杰兴趣爱好广泛，喜爱球类运动、乐高、旅游、自然科学，涉猎多个领域，知识储量丰富。在专业课学习方面，他始终努力学习，踏实肯干；在科研方面，郭欣杰参加学校多名老师课题组，并曾申报大学生创新创业项目、参加"第二课堂"活动，其吃苦耐劳的精神受到老师们的一致赞扬。郭欣杰在任职团支书期间，积极投身班级建设，作为班级负责人带领班集体获得"四方光电奖学金"、校"胡吉伟班"、"优良学风班"多项奖项及荣誉。郭欣杰为班级的建设做出了不可替代的贡献，其开朗乐观的性格、勤奋拼搏的精神、积极进取的态度，也都是班里同学们的良好榜样。

两年多以来，班级同学收获满满。2020 年班级 2 人获国家奖学金，2021 年班级 1 人获国家奖学金，2021 年班级 1 人获校"三好学生"，2021 年班级 2 支队伍获节能减排国赛奖，2019、2020、2021 年 3 年内超半数同学获新生奖学金、"优秀共青团员"等荣誉称号，2019、2020、2021 年 3 年内众多同学以及所在队伍参与社会实践，获院级荣誉称号。

（二）集体层面

2019—2020 年，华中科技大学"青梧成林"卓越团支部。
2019—2020 年，"优良学风班"。
2020 年，"四方光电奖学金"。
2020 年 4 月，院"优秀主题团日"。
2020 年，校"胡吉伟班"荣誉称号。

六、班级建设总结

华中科技大学"胡吉伟班"十几年的创建工作，充分体现了学校始终贯彻落实立德树人的根本任务，积极引导在校大学生坚定理想信念、形成良好班风学风。"胡吉伟班"及其党支部的创建模式，是高校立德树人的新探索，为高校思想政治工作提供新思路，也是对社会主义核心价值观的新诠释，为高校思政工作起到了典型示范作用。能源与动力工程学院能动 1901 班认真学习并发扬胡吉伟精神，在思想品行、学风建设、科创竞赛、班级文化等多方面以实际行动争做新时代卓越华中大学子，其做法值得肯定与借鉴。

七、院系党委副书记点评

能源与动力工程学院能动 1901 班自建班以来始终秉承"以德立班，勤学奋斗，集体成长，追求卓越"的班级建设理念，在学院党委和团委的领导下，在班级班主任的带领下，全班同学团结奋进，筑牢理想信念，培养扎实学风，积极参与科技创新和社会公益服务，敢为人先，奋勇拼搏，真正实现了集体的成长和成才。该班级对胡吉伟精神进行了良好的传承，生动展现了华中大学子的卓越风采。下一步，学院将持续加强对全院荣誉班级的教育，并在学院全体班级中开展胡吉伟精神学习的活动，引导全体学生学习胡吉伟精神，将学生们培养成富有理想、勤奋学习、乐于奉献、实践报国的卓越"华中大人"。

——能源与动力工程学院　孙禄

"六个一"工程,助力集体成才
——新闻与信息传播学院播音主持1901班成长纪实

一、班级建设基本情况

新闻与信息传播学院播音主持1901班(简称"播主1901班")共25人,其中,党员(含预备党员)12名,入党积极分子11名,班级递交入党申请书比例达100%。班级积极向上、团结友爱,同学们互帮互助,齐心促进班级发展。班级委员尽职尽责,带领同学们不断进步。播主1901班努力进取,追求卓越,向着优秀班集体的目标不断迈进。

班级学习氛围浓厚,到课率100%。班级同学积极参加各种专业活动,平均每人参加两个学生组织,并在其中承担主要学生工作。此外,播主1901班还定期开展特色主题团会活动。党章学习小组每月组织两次学习活动,轮流讲授和学习党章内容,确保思政素养不掉线。

班级文化建设卓有成效,班会、班规、班训等文化符号增强班级同学认同感。班主任指导创立班级公众号"喻声Yours",分享同学们学习生活的点滴,成为班级回忆录。

二、班级建设思路

播主1901班以"以德立班,责任以行"为班级建设指导思想,稳步推进"六个一"工程。坚持党旗领航一面旗、学风优良创一流、学生工作一股绳、内部建设一盘棋、社会公益一团火、班级文化一条心。

(一)党旗领航一面旗

班级成立党章学习小组,定期开展思政学习。每月开展班团会,将团支部建设与党支部建设对标。班级同学积极参加学院党建活动，制定班级全面发展计划，严格恪守党旗领航原则。

（二）学风优良创一流

班级严抓课堂考勤，到课率达 100%；班级内部形成一对一帮扶小组及学习兴趣小组若干，定期开展课程辅导与特色活动。班级学习氛围浓厚，连续两年获评"优良学风班"。

（三）学生工作一股绳

班级同学积极参加各级学生组织、社团，全班有 22 名同学在学生组织内任主要职务。

（四）内部建设一盘棋

班级多次开展主题活动，丰富班级同学的日常生活，提升班级凝聚力，并邀请教师班主任、辅导员参加，促进师生沟通。

（五）社会公益一团火

班级同学积极投身社会公益与志愿服务，在校期间参与校医院、地铁站等的义工工作，寒暑假参与社区联防联控、河南暴雨报道等工作，为社会公益贡献华中大力量。

（六）班级文化一条心

从班徽、班训到班级口号，班级文化深入人心，播主 1901 班逐渐形成了有自身特色的班级文化体系。注重建设班级集体文化，稳步推进班级公众号"喻声 Yours"的建设，记录班级日常。

三、班级建设典型举措

（一）班团建设案例

（1）播主 1901 团支部在 2021 年华中科技大学大学生寒假"返家乡"社会实践活动中，获得"优秀团队"荣誉称号。

团支部以"青春心向党，建功新时代"为主题，组建寒假社会实践队，献礼建党 100 周年。成员们就近、就便深入革命遗址、革命纪念馆等地进行学习考察，深入学习建党100年来的艰苦历程，感受中国共产党人及革命先辈追求真理、坚守信仰的生动事迹。在考察活动后，成员们阅读马列原著、党史和国史等相关书籍，形成人物口述史、读书报告、实践报告等各项成果。

同时，部分成员在基层融媒体中心实习，将所学的理论知识实际运用在工作中，在社区中深入社会、了解社会，在实践中成才、在服务中成长，锻炼才干、增长见识、培养韧性。部分成员在防疫防控第一线担当志愿者，积极配合社区安排，完成核酸检测、疫苗接种等工作。部分成员积极践行勤俭节约的中华民族传统美德，记录日常生活中的"光盘行动"，争做榜样。

（2）播主1901班团支部在2021年"'学党史，强信念，跟党走'华中科技大学纪念五四运动102周年"主题活动上，获得共青团华中科技大学委员会颁发的"五四红旗团支部"荣誉称号。

团支部以李元元书记所讲的"弘扬民族精神，铸就爱国爱民的大德；弘扬创新精神，成就勇攀高峰的大才；弘扬实干精神，担当民族复兴的大任"为目标，传承五四精神，发扬优秀品质。

在日常生活中，同学们集中学习党的理论知识、习近平总书记讲话精神、全国两会精神等内容。班级同学积极参加共青团组织生活，定期召开班级主题团会，并组织了一系列特殊主题团日活动。班级同学积极向党组织靠拢，学习党的历史与精神，并积极向组织递交入党申请书。班级组织健全度高，班级委员会和团支部委员会成员积极履职，班级内部运行状况良好。

入学以来，多次开展各种形式、各种主题的班级活动，极大地丰富了班内同学的日常生活，也促进了班级同学间的沟通与交流，提升了班级的凝聚力。不少活动还邀请了班主任、辅导员参加，进一步拉近同学们与班主任、辅导员的关系，班级氛围积极向上。

（3）播主1901班团支部在2020年"百生讲坛"华中科技大学活力团支部评选活动上，获得共青团华中科技大学委员会颁发的"金牌团支部"荣誉称号。

在新时代的路口，播主1901班守望时代的发展方向，坚持做新时代优秀传媒人。牢记"明德厚学，求是创新"的校训和"秉中持正，求新博闻"的院训，树立新时代传媒视野，把践行胡吉伟精神和做优秀传媒人的目标结合起来，立足校园，关怀社会，助力社会主义现代化发展。

生活中，同学们做起而行之的行动者，当攻坚克难的奋斗者，在教室、宿舍里热切讨论总书记的谆谆教诲，持续回味温暖人心的时刻，深入学习讨论重要讲话精神。

（二）文体活动案例

播主1901班积极地参与学校举办的各项文体活动，并在其中取得佳绩。班级同学曾受龚超老师邀请，参与筹备纪念胡吉伟学长的朗诵剧《十八年，一盏不灭的灯》，该剧在湖北省高校戏剧艺术展演中荣获优秀剧（节）目奖，在"讲好华中大故事"主题活动中荣获三等奖，还受邀参加了华中科技大学庆祝新中国成立70周年红歌合唱晚会，获得了校长的鼓励。

另外，播主1901班的同学还参演了华中科技大学70周年校庆晚会、华中科技大学建党100周年晚会中的多个节目。不仅如此，播主1901班同学积极参与各类文艺组织与活动，在学校运动会、院系趣味运动会等体育活动中取得个人佳绩，积极参与学校马拉松比赛，加入多种学校文艺组织，如华中大戏剧团，并成为组织的中流砥柱，参与校园"十大歌手"比赛，举办班级文艺活动等。班级同学在"爱我国防"演讲比赛中，取得了1个一等奖、2个二等奖、2个三等奖的佳绩，5名参赛同学均获奖；在"华工杯"演讲比赛中，取得了1个一等奖、1个二等奖的佳绩。

播主1901班通过开展文体活动，加深了同学们之间的了解，增进了同学们之间的友谊，提高了同学们的集体责任感和荣誉感，增强了班级的集体凝聚力。培养了学生的团队精神，不断地拓宽学生的视野。提高了同学们的创新能力、管理能力、沟通能力和组织能力等。另外，播主1901班开展的文体活动主动适应当前校园文化多元多样发展的趋势，促进各种文化相互交流，在包容中发挥主流文化的引领作用，突出主旋律，创立特色品牌活动，拓宽文体活动的参与面。

（三）心理健康教育

班级建立"心理晴雨表"，不定期由心理委员组织与班级同学谈心对话，了解其近期的生活、学习及心理状况，观察班级最新动态并填写"晴雨表"，由学院统一管理。心理委员部门联络组整理院系"晴雨表"后，负责与学院组织进行对接（如学院团委、学院新闻中心等），进行针对性调研与热点分析写作。

心理委员负责关心班上同学的心理健康，关注并帮助疏解同学们在大学生活中苦恼、焦虑等情绪；在同学们生日时送上温馨祝福，开展心理健康班会活动，分享学校组织开展的系列心理讲座、团体心理辅导活动、心理小知识等。

班级定期开展心理教育活动月，由心理委员学习了解相关知识后，在班级月度会议上与同学们分享。活动月结束后，班级同学都相应了解了学校关于心理咨询的信息。

(四)资助系列活动

1. "资助月"主题班会

为了加强班级精神文化建设、更好地向同学们普及资助知识,班级与人工智能与自动化学院卓越1班联合开展了"为你'新'动"资助月主题班会。在活动开始后,同学们先以讲故事的形式介绍了相关的资助小知识,然后通过知识竞赛和趣味问答等形式,将资助知识和校园知识融入竞赛。接着,同学们积极参与"击鼓传球"和抽奖活动,获得了两班班级委员为大家准备的丰厚奖品。同学们在轻松愉悦的氛围中掌握了资助知识,为日后班级资助工作的展开奠定了良好基础。

2. 诚信教育主题班会

为了弘扬中华民族优秀的道德文化传统,加强同学们对"诚信"含义的理解,领悟"诚信"对于自身发展以及为人处世的重要意义,班级召开了诚信知识教育主题班会。在"诚信故事分享""学习诚信楷模""互动交流"三个环节中,同学们重温了丰富的榜样事迹并从中感悟到诚信的可贵,也学习了如何将诚实守信融入日常生活。作为当代大学生,同学们时刻铭记自己肩负的责任与使命,立志将诚信这一民族优良传统代代相承。

四、班级建设规划

回首过去,希冀未来。播主1901班特点鲜明,一直在传承"胡吉伟班"的精神,但这还远远不够。为了深入贯彻落实胡吉伟精神,创建更为优秀的"胡吉伟班",班级提出以下目标作为班级建设的未来规划。

(一)加强政治思想理论学习

定期开展"让党旗高高飘扬"系列活动,利用多种形式,加强政治引领,就党的指导思想、各会议精神、党史、新中国史、改革开放史、社会主义发展史等重要内容进行学习交流。扎实开展爱国主义教育,积极弘扬爱国主义精神,增强"四个意识",坚定"四个自信",做到"两个维护"。坚持以党建带动班团建设,使班级成员拥有扎实深厚的思想理论功底,成为以德立班、开拓进取的优秀班集体。

(二)建立学风监督与打卡机制

动员班级内部成立学习小组,积极组织自习和学习研讨活动,使班级的学习氛围始终浓厚。班级加强对已成立的学习互助小组进行学习互助情况跟踪和指导，保证每一名同学都不掉队。学习委员加强对课堂考勤的监管力度，做到"零逃课，零迟到"。对于需要长期积累和学习的课程，建立班级打卡制度，督促每一名同学积极地学习。

（三）建立课外学习兴趣小组和阅读小组

定期开展读书沙龙活动和观影活动，旨在让同学们从自己的兴趣点入手，学习和体味生活。班级内部成立针对不同方向的学习研究小组，定期对发生的热点事件和舆情事件进行讨论和评论，提高同学们的传媒理论素养。在党章学习小组的基础上增加思想理论方面的学习小组，加强班级思想建设。根据班级特色成立新闻播报小组，定期将时事新闻以"文稿＋播音音频"的形式分享至班级。

（四）定期开展文体活动

文体委员组织班级同学定期开展文体活动，如春游、秋游、远足、趣味运动会、小型比赛、才艺展示等，丰富同学们的课余生活。以小队的形式进行外出走访，走进科技馆、博物馆、电视台、企业等，以增强同学们的社会责任感。

（五）加强班级品牌建设

定期更新公众号，加强同学们原创内容的生产，继续做好声音传播和班级日常活动总结的推送，提高宣传力度，让公众号成为班级建设的名片。继续发展其他自媒体平台，通过视频、图片记录等方式展现班级面貌。以班级为单位，班级委员带头号召同学们积极参加社会实践和志愿服务。

（六）积极弘扬集体主义

班级团结一致、积极向上，在一对一帮扶和各个学习小组的基础上增强班级同学的服务精神、奉献精神，使班级团结紧密、互助向上。以寝室为单位，定期开展大扫除，班级内部进行安全卫生评优，构建美好和谐的寝室文化。

五、班级建设成果

（一）形成"六个一"的班级育人模式

在班级建设探索中，播主1901班逐渐形成牢固的"六个一"育人体系，该育人体系已成为实效标杆。在学院团委、党委指导下，班级将思想政治教育贯彻到班级建设的各个方面，将团支部建设对标党支部建设，发挥支部战斗堡垒作用、党员先锋模范作用、团员积极带头作用，努力培养有理想、有本领、有担当的时代青年。同时，牢记当前同学们作为学生的基本任务，努力营造良好的学习环境、学习氛围，建设学业一对一帮扶互助项目，争取每一名同学都能发展，每一名同学都能进步。此外，依托专业优势和学院平台，打造班级特色文化，突出以"播音主持"和"有声语言"为核心的专业特色，树立班级品牌，以微信公众号为核心，打造播主1901班传播矩阵。最后，班级尊重个体差异，鼓励班级同学全面发展，特别是在某些方面例如编程、算法、主持、朗诵等上有志向的同学，班级全力支持他们的学习和工作，并在他们需要的时候给予帮助。

（二）形成良好育人成效

1. 班级优秀个人

（1）殷小曼。

殷小曼，华中科技大学新闻与信息传播学院播主2019级学生，担任班级心理委员、院党务中心品牌活动部成员、校电视台台长。荣获华中科技大学本科特优生、校"优秀共青团干部"、"优秀共青团员"、"百生讲坛"主讲人、校社会实践"优秀个人"等称号和荣誉。

殷小曼爱好广泛，在多个领域取得一定成绩。加权成绩排名专业第一，2项省级大学生创新创业项目在研，带队参与中国大学生计算机设计大赛获得国家三等奖，参与表演并获得中国创意传播大赛团队二等奖、湖北省大学生艺术节一等奖，朗诵项目曾多次获国家级、省级比赛奖项。

（2）梁书鑫。

梁书鑫，班级班长、副团支书，现为学院团委副书记，曾任学院组织部部长、校新媒体中心干事等职务，多次获得"优秀学生干部""优秀共青团干部""优秀共青团员"等荣誉称号。

梁书鑫成绩优异，专业排名靠前，积极参加学科竞赛和科研项目，曾参与全国大学生广告艺术大赛、金犊奖广告大赛、中国大学生计算机设计大赛等比赛，并在2021年度中国大学生计算机设计大赛中获得全国二等奖的优异成绩。他还利用暑假时间参与了新闻与信息传播学院鲍立泉老师主持的《2019—2020年度中国百强城市品牌引领发展指数研究报告》的数据收集和材料撰写的工作。

（3）郑孜谦。

郑孜谦是班级的团支书。在过去的两年多中，她始终坚持"踏实稳定＋积极进取"的学习生活方式，处理好学习、工作、生活之间的关系，努力成为一个全面发展的大学生。

她积极向党组织靠拢,成为班级第一批入党的党员,并且以校"青马班"学员、班级团支书的身份积极参与并组织共青团组织生活、学习党的理论知识,努力成为引领班级思想的先锋。连续两年获得校"三好学生"的称号,主持国家级大学生创新创业项目1项,还获得了中国第六届数据新闻大赛一等奖。除担任班级团支书外,她还是学院学生会的主席团成员、校大学生社会实践中心主任团成员,并在这些学生工作中不断打磨自己,不断成长。

2. 集体层面

播主1901班积极参加各类活动。班级同学受龚超老师邀请,参与筹备纪念胡吉伟校友的朗诵剧《十八年,一盏不灭的灯》,在湖北省高校戏剧艺术展演中荣获优秀剧(节)目奖,在"讲好华中大故事"主题活动中荣获三等奖,还受邀参加了华中科技大学庆祝新中国成立70周年红歌合唱晚会,获得了校长的鼓励。

除此之外,播主1901班的同学还参演了华中科技大学70周年校庆晚会、华中科技大学建党100周年晚会中的多个节目,部分同学作为代表参加了华中科技大学2021年毕业生"最后一节党课"、华中科技大学建党百年七一升旗仪式等活动。

2020年,播主1901班先后被评为华中科技大学"胡吉伟班""金牌团支部"。

2021年,播主1901班在寒假"返家乡"社会实践活动中被评为"优秀团队"。

同年,播主1901班获评"五四红旗团支部"。

连续两年获评"优良学风班"。在"学在华中大"的影响下,好的班风学风已经成为同学们学习成长的重要推动力。多年来,"胡吉伟班"已涌现出一批批优秀个人,他们在各个领域大放光彩。20余人次参加大学生创新创业项目,部分项目已申请为国家级、省级立项项目;8人参加了2021年全国大学生计算机设计大赛,并且均获奖项;10余人次参加"齐越节"朗诵比赛;大学生广告艺术大赛、金犊奖等各类学科竞赛都有播主1901班同学的身影。

（三）形成良好社会影响

2019年播主1901班凭借作品《十八年，一盏不灭的灯》在校内、省内脱颖而出，受到包括华中大新闻网等诸多媒体的关注。

六、班级建设总结

"以德立班，责任以行"，播主1901班始终以此为指导思想，砥砺前行。班级始终坚持个人利益与集体利益相统一，培养出有理想、有本领、有担当的时代青年，构筑凝魂聚气的播主1901班。班级建设"六个一"工程具有极强的可参考性与可推广性，为高等学校思政工作研究提供了有力支撑。

七、院系党委副书记点评

播主1901班在班级建设上充分发挥播音主持专业特色，逐步形成成熟的"六个一"育人模式，将思想政治引领、学业学风建设、班级文化建设、制度建设融入该模式，打造积极向上、团结友爱的优良班集体，成为学院班级建设的标杆。

该育人模式也是学院班级建设方案探索的成果，能最大程度将刚入学时的"个人"凝聚成大学里的"集体"。同学们干劲十足，在专业学习、学生工作、校园文化活动中有奔头、有冲劲、有热情。同时，优良班集体与学院学生工作形成双向正反馈，从而营造整个学院的向上氛围。

荣誉班级建设就是做"人"的工作，只有将各项硬性指标与个人、集体的发展目标结合起来，始终坚持立德树人根本任务，才能最大程度调动学生积极性，持续正向发展。

——新闻与信息传播学院　李彬彬

"五育"齐进,"六有"同长
——生命科学与技术学院登峰计划班1901班成长纪实

一、班级建设基本情况

生命科学与技术学院登峰计划班1901班（简称"登峰1901班"）是学院2019年在全校率先建设的本硕博衔接培养实验班级，立足于从德智体美劳各方面全面培养具有深沉家国情怀和深厚文化底蕴、富有创新精神、专业基础坚实、理工医多学科交叉、实践创新能力突出的生命科学拔尖创新人才。班级大家庭由来自五湖四海的18名同学组成，2020年获评华中科技大学"胡吉伟班"。近年来，在学院党委直接指导、全院老师的全力支持和班级同学团结奋斗下，登峰1901班不断发展成长。

组织健全，管理到位。班级委员覆盖每名班级同学，分工明确，团结协作，每名同学都是班级的建设者。同时根据专业学科设置特色班级委员作为学科代表，带领班级同学在各个专业学科均衡发展。班级设置班规、班训、班级Logo和微信公众号"喻家山高我为峰"，每个寝室签订寝室公约。以德为先，党团共建。学院党委副书记担任教师班主任，本科2017级第二党支部书记担任班级学生班主任，为班团建设提供指导，班级建立党史学习小组，坚持每月开展特色团日和集体理论学习，班级同学100%提交入党申请书，现有预备党员8名，发展对象2名。班级获评2019—2020年度"优秀团支部"，成功申报2020年度"青梧成林"活动。知行合一，创新笃行。班级同学积极参与社会实践。课余赴敬老院探望老人；疫情期间参与志愿服务；70%同学参与回访母校，助力学院招生工作……与此同时，班级同学100%进实验室，进课题，实现大学生创新创业项目班级全覆盖，开展科研实践全覆盖。学院为班级提供国际一流师资一对一全程指导，按照本硕博衔接培养，邀请国内外学术大师进行讲座分享以及交流指导，充分激发学生科研兴趣和创新活力。班级鼓励同学们积极参加文体活动,"一生一技"深入人心。4名同学担任校级、院级文体社团负责人,班级定期举办科学艺术活动,依托"生命小农园"定期开展劳动实践活动。

登峰1901班以"'五育'齐进,学海致知。'六有'同长,书山登峰"为班级口号,18名班级同学团结协作,共同建设登峰1901班温暖大家庭。他们追求卓越,敢担大任,目标面向生命科学技术前沿及国家重大战略需求,立志成为生命科学基础的拔尖人才;他们理想信念坚定,高举"胡吉伟班"旗帜,无惧科研道路艰险,筑牢基础,提升能力,争当新时代生命科学登峰人。

二、班级建设思路

登峰1901班自建班以来就明确树立班级建设和人才培养目标,围绕"'五育'齐进,'六有'同长"育人导向,通过"五个聚焦",汇聚全院育人力量,致力于面向生命科学技术前沿及国家重大战略需求,培养具有深沉家国情怀和深厚文化底蕴、富有创新精神、专业基础坚实、理工医多学科交叉特色鲜明、实践创新能力突出的生命科学基础拔尖人才。

(一)聚焦培养模式,发挥学科特色

按照班级本硕博衔接培养模式,由学院提供国际一流师资一对一全程指导,为学生确定学术导师,引导学生提前进入研究生课题研究。全面实施拔尖人才个性化培养方案:实施"一生一导师、一生一方案、一生一课表"的培养方案,结合德智体美劳全面发展以及"尚人文、厚基础"的理念设置通识教育课程,结合"宽口径、强实践、重交叉"的理念设置学科基础课程、专业核心课程、专业选修课程和实践创新课程。不断夯实学生的学科基础,提升创新意识、创新素质和创新能力。

(二)聚焦育人导向,营造成才氛围

坚持"五育"齐进,"六有"同长,通过德育铸魂、智育强心、体育健体、美育怡情、劳育树荣,深化书院育人模式,完善人格养成生态。倡导"泡菜"理论,营建独特的育人氛围,邀请学术大家、社会名流参与学生人格养成教育,完善学生的知识结构,培养学生开阔的视野和胸怀。通过党旗领航、公德长征、人文徒步、红色寻访等特色实践为学生培根铸魂。通过统一设计的班服、班徽、班旗、班歌、班训,营造具有高度凝聚力的良好班级文化。

（三）聚焦创新教育，培养领军人才

聘请国内外大师进行授课、指导科研、开办学术讲座。强化全程创新教育，实行全程两阶段导师制。一年级全面实行实验室轮转，并为新生配备政治素养高的领航导师，帮助他们顺利适应大学生活，明确研究方向；二年级起根据学生兴趣自由选择进入相关课题组，配备专职研究导师，开展严格系统的创新科研训练。以创新科研项目为纽带，构建从实验训练、团队轮训到科研课题、"双创"竞赛的渐进式创新能力提升体系，引导学生全程投入科研创新实践。

（四）聚焦平台建设，推进国际化培养

充分发挥学院生物医学工程（A+）和生物科学（A－）的学科优势，依托国家生命科学与技术人才培养基地等一系列学科人才培养基地，不断拓宽国际交流渠道，配备外教和高水平教师进行英语听说强化训练，专业核心课程实行全英文或双语教学，提高国际化水平，全面提升学生外语能力。同时加大强基计划学生国际交流资助力度，保障班级学生100%具有半年以上海外交流研修经历。

（五）聚焦资源供给，提供成长保障

为班级配备专用科研学习教室，为优秀学生提供本科阶段全程奖学金，使其能够心无旁骛地开展研究探索。针对学生个性化学习特点，配备一对一课程学习指导，保障学生对课程的学习成效，取得良好学习成绩。

三、班级建设典型举措

（一）师生同创，大师引领登峰行

组织登峰学子与2018年诺贝尔生理学或医学奖获得者、国际知名学术大师本庶佑面对面交流，并鼓励学生踊跃提问，探讨生命科学的未来；教学名师余龙江教授亲自指导班级同学进行科学思维课程学习；"互联网＋"大赛金奖指导老师从赛场赶回武汉跟班级同学交流；班级同学积极参加"生命大讲堂"等学术活动，与饶子和院士、徐涛院士等大师交流互动……2020年秋季学期登峰班同学进入学院各专业不同团队进行实验室轮转学习，确定自己的学业导师，2021年进入课题组开展科研训练，实现大学生创新创业项目全覆盖，开展科研实践全覆盖。通过深入开展"大师引领计划"系列活动将学生发展的需求和教师育人的需求紧密贴合在一起，通过教师言传身教来影响、带动学生成长成才。

与此同时，学院党委领导、专业教师等积极参与班会、团会，通过喜闻乐见的生动形式，结合专业特色和社会发展，引导班级学生树立正确的世界观、人生观和价值观，立志成为担当民族复兴大任的时代新人。院党委副书记、教师班主任在主题班会上带领同学们观看2013年李世默教授在TED大会上的演讲《两种制度的传说》，引导班级同学形成"四个自信"。在线上团会中分享中国科幻里程碑巨著《三体》与生命科学的联系，推荐班级同学观看两弹一星主题经典电影《横空出世》，将科学理想信念与家国情怀紧密结合，引导同学们爱党爱国，为中华民族伟大复兴不懈奋斗。班级还经常在班会、团会上邀请余龙江老师、谢庆国老师等名师大家来为班级同学分享投身边疆山区科技扶贫工作和产业研发、打破"卡脖子"技术垄断的心路历程，让班级同学立下将论文写在祖国大地的决心。

（二）"五育"并进，全面发展育新人

德育铸魂。全班同学与学院党员教师一起赴革命老区学习为国家努力奋斗的革命精神；积极参加党史学习教育、学院与同济医学院附属协和医院心研所"七一"共建活动；积极开展疫情防控志愿服务等。班级建立党史学习小组，坚持每月开展特色团日和集体理论学习，班级同学100%提交入党申请书，现有预备党员8名，发展对象2名。班级获评2019—2020年度"优秀团支部"，成功申报2020年度"青梧成林"活动。

智育强心。班级构建师生之间的育人共同体，以科研实践为纽带让共同体成为创新的主力军。为了培育科学思维，激发创新活力，登峰班组织了许多集体学习活动。登峰班学子坚持每晚在专用教室预习新课程，并凭借一对一帮扶和学长学姐探讨解题的妙招和巧思，及时解决课程困惑，激发学习兴趣。目前已实现大学生创新创业项目班级全覆盖，开展科研实践全覆盖。

体育健身。班级通过组织运动锻炼提升同学们的健康水平，组织丰富的体育赛事拉近师生距离。入校起，班级便组织全体同学一齐晨跑锻炼，努力为祖国强健体魄，健康地学习工作。许多同学加入院篮球队、排球队，并均在校级比赛取得了优异成绩。班级篮球赛上男生女生齐上阵，生龙活虎。登峰学子在校园马拉松、校运动会中都留下了足迹。即使在疫情期间，班里也成立了运动小组，组织大家居家锻炼。

美育怡情。班级通过组建师生艺术团队和开展结合学科的艺术讲座，培养同学们对生活的热爱和追求卓越的品质。在生命科学和技术学院的新生舞会中，同学们穿着得体，一齐舞动；在中华人民共和国70华诞之际，全班同学精心排练，

用心制作，献上自制MV《我和我的祖国》；与同济医学院附属协和医院师生同台演绎情景音乐剧《一场穿越时空的精神对话》，广受好评。

劳育树荣。班级通过师生共同劳动，传承良好习惯，培养强烈的责任意识和奋斗精神。利用每年假期开展劳育与社会实践活动：每个人都学习了烹饪技术并为家人做了丰盛的菜肴；班级同学深入田间，干农活，感受"粒粒皆辛苦"的内涵；班级同学前往武汉抗洪一线，为保障群众的生命和财产安全而奋战到深夜；班级同学志愿在新冠肺炎疫情防控期间帮助社区开展防疫工作，为抗击疫情贡献出自己的力量。2020年超过70%的同学参加了学校招生宣传工作，将华中大精神传递给自己的学弟学妹。与此同时，班级同学定期前往"生命小农园"开展劳动实践，在劳动中学习知识，锻炼能力。

（三）创新笃行，学风建设出实效

作为学校首个本硕博贯通培养班级，班级高度重视班级学风建设和学生创新能力的培养。全班同学平均加权成绩均超过85分，3名同学加权成绩超过90分。班级充分发挥传帮带朋辈促进力量，设立班级学习兴趣小组，开展丰富多彩的课前课后自主学习活动，同学们纷纷走上讲台交流分享，营造出"比学赶帮超"的良好学习氛围，极大地激发了同学们的专业兴趣。

与此同时，持续开展一对一帮扶学风建设活动。每学期针对重点难点课程，邀请高年级优秀党员学长进行课程辅导，答疑解惑。针对成绩落后的同学，班级以一帮一、结对子的形式开展专项帮扶，帮助同学们及时克服学业困难，养成良好的学习习惯。

学院还为登峰计划班开设高阶学术研讨课程：科学思维与研究方法。该课程要求学生独立确定课题，查阅资料，制作幻灯片，最终进行正式学术报告。学院各个专业的老师为同学们提供了丰富的学习资源，并随时解答同学们的疑问。同学们也纷纷走上讲台，交流开展学术研究的进展与心得。

班级同学积极参与学科竞赛与科创研究。全班有9人加入iGEM HUST-China竞赛团队，并随队获得2项国际金奖。全班同学均参加课题研究，实现大学生创新创业项目班级全覆盖，开展科研实践全覆盖。

（四）团结友爱，班级文化入人心

登峰1901班也是个充满爱的班集体。开班典礼上同学们穿着靓丽的夏季班服体验生活中的仪式感；开学后寝室成员聚在一起分享学院送来的大西瓜；班级中有同学过生日，大家一起送出祝福，分享蛋糕；假期结束后互相分享家乡特产……一次次的班级活动大大增强了班级凝聚力。在登峰班这个集体里,同学们个性突出却又和谐相处。班级委员在每个周末都组织各种各样的班级或寝室活动,与同学们共同维护这个温暖的大家庭。

与此同时,班级同学共同设计了班级文化标识,寓意:敢担大任,勇攀高峰,奋力探索生命科学奥秘。为了增强同学们的班级认同感和班级凝聚力,班级集思广益,制定了班训口号:"'五育'齐进,学海致知。'六有'同长,书山登峰。"勉励全班同学不断争先。在生物科学领域勇攀高峰,为人类事业做出贡献的远大理想在班级同学的心底扎根。登峰计划班穿起班服,举起班旗,将班训牢记心中,登峰1901班的班级文化深入人心。

班级还创建微信公众号"喻家山高我为峰",定期发布与记录同学们学习生活中的点点滴滴。星光沙龙、每月庆生、特色团日宣传路演、"我与登峰班的故事"抗疫系列、云上登峰自习活动……微信公众号"喻家山高我为峰"已经成为登峰计划班的亮丽名片,也凝聚着班上每名同学的心血。

四、班级建设规划

总结过去,登峰1901班在学校和学院党委的大力支持和指导下,高举"胡吉伟班"旗帜,高喊"'五育'齐进,学海致知。'六有'同长,书山登峰"的班级口号,充分发挥学院学科特色,以德为先,"五育"齐进,"六有"同长,全面发展。作为本硕博衔接培养的班级,登峰1901班后面还有很长的路要走。为了进一步发扬胡吉伟精神,凝聚班级建设合力,凸显专业特色,培养德智体美劳全面发展的生命科学基础拔尖人才,班级结合"'五育'齐进,'六有'同长"发展目标提出以下建设规划。

德育铸魂,学思践悟树牢思想。登峰1901班将继续通过邀请名师大家、参观走访实践和集体学习研讨等形式组织同学们定期读原著、学原文、悟原理,引导同学们对党的理论和指导思想真学、真信、真用。与此同时结合建校70周年和迎接党的二十大胜利召开等主题,组织同学们参与每日党史分享、校史知识竞赛、班级微党课等各种形式的主题活动,不断提高同学们的政治素养和道德品质,进一步促进登峰班同学向党组织靠拢。同时树立先进典型,发挥榜样力量,充分发挥班级党员同志的模范带头作用。同时依托学院登峰班纵向党支部建设,积极发挥高年级学生的传帮带作用,讲好"登峰班的故事"。

智育强心,师生融合班级共创。目前班级已实现科学研究全覆盖、大学生创新创业项目全覆盖,同学们均加入各个实验室开展各项课题研究,下一步将继续加强专业老师对同学们在基础学习、科研创新等方面的指导，继续深入开展"大师引领计划"系列活动，将学生发展的需求和教师育人的需求紧密结合在一起，在师生之间形成育人共同体，以科研实践为纽带带动班级建设和学生成长成才。未来，班级同学将努力保证每天至少两小时的科研时间，为今后的科研道路打好基础，发扬登峰学子勇于探索、不断创新的精神，在名师大家的点拨和专业导师的指导下，深入参与一线科研实践和科创竞赛团队的活动。

体育健身，全员实现"一生一技"。随着学习和科研压力的不断增强，班级将继续坚持开展和鼓励同学们参与各种体育运动，不断提高健康水平，养成运动习惯。下一步，班级将充分发挥班内多名同学担任体育社团负责人的优势，向同学们普及体育技能，让全体登峰学子加入学校、学院的体育活动中。同时体育委员根据同学们的身体素质制定不同运动方案，争取本学年体测平均成绩超过 85 分。

美育怡情，科研融合艺术之美。在班级文艺委员的带领下，班级成立至今开展了多项文化艺术活动，随着同学们更加深入地参与科研实践，班级计划通过定期组织科学与艺术沙龙、班级音乐分享会、科学之美讲座等活动进一步培养同学们对生活的热爱之情。与此同时，持续开展班级文化建设，通过班级宣传平台记录同学们成长的点滴，保持良好的班级文化氛围。

劳育树荣，知行合一展现特色。在班级建设中，同学们积极参与各项志愿服务和社会实践，班级将努力把胡吉伟精神落实到实际行动中，并与专业特色密切结合。依托生命科学与技术学院科技劳动素养与实践教育实践基地"生命小农园"，班级组织同学们通过动手实践，进一步深化专业知识的掌握，提高劳动素养，并尝试走出去介绍身边的生物科学知识。班级还组织同学们参与学院"生命之光"志愿服务社团活动，将劳动成果转化为爱心传递。

五、班级建设成果

（一）形成特色班级全面发展的"五个聚焦"育人模式

生命科学与技术学院团委、党委高度重视"胡吉伟班"登峰 1901 班的建设发展，坚持以德为先，将思想政治教育和专业能力培养贯穿班级建设始终，结合班级特点和培养目标，通过"五个聚焦"，汇聚全院育人力量，促进班级同学成长为德才兼备、全面发展的生命科学基础拔尖人才。聚焦培养模式，发挥学科特色。按照班级本硕博衔接培养模式，全面实施拔尖人才个性化培养方案。聚焦育人导向，营造成才氛围。以"'五育'齐进，'六有'同长"为导向，通过德育铸魂、智育强心、体育健体、美育怡情、劳育树荣，深化书院育人模式，完善人格养成生态。聚焦创新教育，培养领军人才。以创新科研项目为纽带，构建从实验训练、团队轮训到科研课题、"双创"竞赛的渐进式创新能力提升体系，为学生成长成才赋能。聚焦平台建设，推进国际化培养。充分发挥学科优势，依托人才培养基地，拓宽国际交流渠道，全面拓宽学生国际视野和提升学生综合实力。聚焦资源供给，提供强有力的成长保障。

为班级提供软硬件成长支持，为学生成长和个性化发展提供肥沃土壤。

（二）班级建设成效显著

1. 涌现出多位班级优秀个人

（1）陈新曼。

陈新曼，生命科学与技术学院登峰计划班1901班学生，华中科技大学奔跑者联盟协会会长、校定向越野队队员。陈新曼成绩优异，爱好广泛，全面发展。曾获国家奖学金、本科特优生、学习优秀奖学金、文体奖学金、生命科学与技术学院2021年"新产业生物创新奖学金"一等奖、生命科学与技术学院暑期社会实践"优秀个人"等荣誉。

她热爱科研，参加大学生创新创业项目2项。参加"癌症克星：全球先进靶向抗癌药物"项目，作为核心队员获得第七届中国国际"互联网＋"大学生创新创业大赛湖北省铜奖。参加项目"WYC-209：全球先进靶向抗癌药物"项目，并作为核心成员获得"创青春"中国青年创新创业大赛决赛银奖。

她热爱跑步与越野，始终追求更高、更快、更强。在2021年耐克高校接力跑华中科技大学选拔赛中获得女子第四名的成绩，于2022年代表学校参加决赛。同时作为校奔跑者联盟协会会长，她工作积极负责，有条不紊地组织社团筹建、招新以及赛事开展工作，协办体育嘉年华、荧光夜跑等活动，让越来越多的同学爱上体育锻炼。

（2）刘心敏。

刘心敏，生命科学与技术学院登峰计划班1901班学生，目前担任班级宣传委员，曾任院分团委宣传部工作人员。曾获新生学习优秀奖学金、"优秀学生干部"奖学金和国家奖学金。

刘心敏同学兴趣广泛，热爱手工、剪辑、轮滑等，并积极参与各项活动。学习成绩优异，并积极参与科研工作，共获国际遗传工程机器设计大赛金奖、"生物＋"国际青年科技作品展评大会一等奖、国际基因工程机器大赛中国赛区交流会 Active Participation Award 等多项荣誉，共参与4项大学生创新创业项目，其中包括2项国家级大学生创新创业项目，并任1项项目的负责人。与此同时，德智体美劳全面发展，获学校篮球体育技能竞赛二等奖，并连续两年担任迎新志愿者，积极为同学们提供帮助。

（3）李沁彧。

李沁彧，生命科学与技术学院登峰1901班学生，校武术协会会长，华中科技大学奔跑者联盟协会主力队员，华中科技大学定向越野队队员，多次获得自强奖学金、文体奖学金，在校运动会、高校百英里接力赛、NUEC等相关赛事中取得优异成绩。

李沁彧兴趣爱好广泛，全面发展。目前在张珞颖教授的睡眠与生物节律实验室学习并担任大学生创新创业项目负责人；参加2021年生物节律夏校，且表现突出。作为校武术协会会长，多次参与体育嘉年华的组织工作。组织参与武术协会社团活动，为散打队和双节棍队的发展做出突出贡献，在校园内为宣传搏击运动和中华传统文化而努力，同时加强校外联谊交流，为华中科技大学与中南财经政法大学等武汉高校社团交流贡献力量。坚持参加每次训练，与团队一起在全国范围内与各大高校强队同台竞争。在校运动会中参加中长跑项目均得到前三名的成绩。李沁彧关心集体，敢于挑战，永不言弃，对内严于律己，对外以对生活的热爱鼓舞着周围的人。

（4）吕蔚林。

吕蔚林，登峰1901班副班长。在过去的两年多时间里他践行"敢当大任，勇攀高峰"的登峰班班训，主动关心同学，积极投身科研，勇攀科学高峰。

吕蔚林同学热爱科研，大二学期伊始便进入实验室学习并参与科研项目。曾撰写综述投稿于中文核心期刊《医药导报》，参与发表论文于国际顶尖杂志 *Chemical Engineering Journal*。吕蔚林积极参与各类创新创业项目，负责2项大学生创新创业项目，曾参加"挑战杯"产业命题赛道进入省赛，参加"纳米之星"创新创业大赛进入全国决赛，参与"博士后创新创业大赛"获得银奖，获学院新产业奖学金一等奖。参加全国大学生生命科学竞赛、"求是杯"等竞赛项目。此外，吕蔚林积极帮助同学，投身志愿服务，利用假期参与家乡公益活动，获得辽宁省青年志愿者协会颁发的荣誉称号。

2. 班集体团结发展

以德为先，登峰1901班旗帜鲜明，志向远大。2020年登峰1901班荣获华中科技大学"胡吉伟班"称号；班级同学100%提交入党申请书，现已有预备党员8名，党员发展对象2名；班级团支部获评2019—2020年度"优秀团支部"，成功申报2020年度"青梧成林"活动……

五育并举，登峰1901班全面发展，团结奋进。在祖国70华诞之际，全班同学精心排练,向祖国母亲献上自制 MV《我和我的祖国》;在学院与同济医学院附属协和医院共建活动中,师生同台演绎情景音乐剧《一场穿越时空的精神对话》,广受好评;15人担任学校及学院学生干部,4人担任社团主要负责人;超过70%的学生参与回访母校,助力招生工作……

"双创"赋能,登峰1901班特色鲜明,创新笃行。班级同学100%配备专业指导老师,实现大学生创新创业项目全覆盖,开展科研实践全覆盖;班级同学积极参加各类学术交流活动,与饶子和院士、徐涛院士、诺贝尔奖得主本庶佑等大师交流互动,在剑桥大学优秀外教的指导下开展英语口语强化集训并独立完成个人成果展示,参加2019年国际癌症和衰老研讨会;登峰学子在国际国内各类学科竞赛如国际基因工程机器大赛等竞赛中斩获奖项10余项;参与发表多篇学术论文。

登峰1901班在学校和学院党委的指导支持下,时刻牢记胡吉伟精神,用实际行动践行初心使命,用顽强拼搏锤炼专业本领,用团结协作书写精彩生活,在华中科技大学的沃土中厚植爱国爱校情怀,立志成为德才兼备、全面发展的生命科学基础拔尖人才。

六、班级建设总结

生命科学与技术学院登峰1901班作为华中科技大学"胡吉伟班"建设班级,通过"五个聚焦"将胡吉伟精神和"'五育'齐进,'六有'同长"的育人导向贯穿班级建设全过程,深植每名同学的心田。班级同学在成长中始终践行着"德育铸魂,智育强心,体育健体,美育怡情,劳育树荣"的班级誓言,志向远大,发展全面。其做法可为本硕博贯通培养德才兼备的高素质青年人才提供参考借鉴。

七、院系党委副书记点评

登峰计划班1901班是生命科学与技术学院结合学院人才培养基础和当前实际，以及国家在基础学科拔尖人才培养上的新要求，创新设立的跨专业学科交叉、本硕博贯通培养的实验班级，作为先行先试班级在2019年启动建设，2020年成功进入基础学科高考招生改革试点"强基计划"，成为教育部基础学科拔尖学生培养计划2.0基地。

该班同学以"'五育'齐进，'六有'同长"的班训为要求，推动德智体美劳全面发展。创建"胡吉伟班"以来，该班不断探索拔尖创新人才培养创新模式，培养了一批"敢担大任，勇攀高峰"的生命科学基础研究领域的创新人才。他们积极向党组织靠拢，基础学业扎实，创新创业争先，充分体现了党领导下的高等教育在拔尖人才培养中的创新活力，成为学校本硕博贯通培养探索中的先行者和登峰人。

——生命科学与技术学院　占艺

抚今追昔思先辈，英雄之魂铸班级
——机械科学与工程学院机械设计制造及其自动化1907班成长纪实

一、班级建设基本情况

机械科学与工程学院机械设计制造及其自动化1907班（简称"机械1907班"）荣获2020年度"胡吉伟班"称号，全体29名同学以胡吉伟校友为榜样，将发扬和传承胡吉伟精神作为责任和义务。机械1907班始终秉承华中科技大学"明德厚学，求是创新"的校训和学院"自强不息、团结协作、敏捷响应、尽职尽责"的精神，取得了一系列引以为傲的成绩，得到了同学们和老师们的高度认可。

机械1907班的同学们一直保持着优异的成绩，13名同学大一、大二两学年综合成绩进入年级前25%，2名同学获得国家奖学金。班级同学积极向党组织靠拢，至今已有8名预备党员，11名入党发展对象。在公益活动方面，班级积极践行胡吉伟校友的助人精神，多次开展义工活动。班级组织了华中科技大学附属幼儿园卫生打扫、首义广场清洁等多项义工活动。在集体参观辛亥革命武昌起义纪念馆的活动中，同学们进一步了解、体会革命先烈的精神；在集体参观武汉抗疫纪念馆的活动中，同学们切身体会到了抗疫精神。

二、班级建设思路

（一）思想德行

1. 班级开展政治理论学习

班级坚持每月开展主题团会来学习党和国家的相关政治理论，以提升班级的政治素养。

2. 建立班内党章学习小组并每学期开展学习

在 2020—2021 年间，班级将所有同学分为若干小组来学习党章，各小组依次学习时事、党章制度，并在主题团会上做小组学习成果展示。

3. 班级共青团员参与党支部组织活动、特色党日等活动

班级开展了形式多样的班级活动。

机械 1907 班到青年园的胡吉伟像缅怀胡吉伟烈士。

在疫情期间，机械 1907 班录制了《武汉·加油!》的视频和《我骄傲，我是中国人!》的朗诵视频。

机械 1907 班参观辛亥革命武昌起义纪念馆和首义广场。

机械 1907 班组织参观抗疫展览馆。

4. 德行教育学习和实践

在思想建设方面，班级坚持定期召开团会，学习当期共青团课上的主题与思想。在团会中，同学们积极学习党的先进思想和胡吉伟精神。

（二）组织建设

在胡吉伟精神的感召下，机械 1907 班不断加强班级组织建设，努力将班级建设成一个卓越的班集体。

1. 班级制度建设及实施情况

机械 1907 班在组建后的第一次班级委员会议中便提出了要设立积分奖惩制度。制度对积极的同学实行奖励，对懈怠的同学加以鞭策，其目的在于规范班级同学的行为，以形成一个健康向上、团结互助的集体氛围。

2. 班级组织建设

机械 1907 班努力推动班团一体化建设，在班级委员会、团支部的带领下，成立了寝室长联合会、党章学习小组、学习帮扶小组、班级篮球队、班级辩论队等各类团体。

（三）学风建设

一直以来，班级同学学风优秀、成绩优异，班级平均加权成绩 85.44 分，位列年级第一名。班级年级前十名有 2 人，年级前三十名有 8 人。为了深入学习胡吉伟精神，进一步建设成为一个学风良好的卓越班集体，班级采取了以下措施加强学风建设。

1. 开展集体自习活动

每个星期日到星期四的晚间，机械 1907 班集中组织两小时晚自习并安排签到考勤。

2. 建立学习互助小组

班级内部组建学习互助小组，帮助成绩较差的同学攻克学习难点，掌握解题方法。全班成员一条心，共同进步！

3. 举办经验分享会

自进入大学以来，班主任每季度定期邀请优秀的学长学姐与班级同学交流并答疑解惑，帮助同学们更好地在大学生活中找到属于自己的节奏。

（四）文化建设

1. 班徽标识

核心元素为雄鹰，其中鹰的眼睛由齿轮代替，结合专业特色，展现了机械 1907 班科技报国、装备中国的决心和意志。

2. 班级精神

机械 1907 班秉承机械科学与工程学院的"STAR"精神，努力向学院精神靠近，为尽早成为一名传承着机械科学与工程学院"STAR"精神的优秀"机械人"而奋斗。

3. 文化宣传

班级开通了公众号，记录班级同学成长的点滴。其中有近 30 篇推文，包括历次班会、团会记录总结，军训期间同学发表的科幻小说《武汉折叠》，社会实践小组关于社会问题的调研报告等内容。

4. 宿舍文化

班级积极开展宿舍文化建设，帮助每名同学打造温馨舒适的家。积极进行宿舍文化比拼，在学院宿舍文化节中，523、524 宿舍获得二等奖，524、526 宿舍获得"优秀视频奖"等。

（五）学生工作

1. 学生干部情况

刘楚姮、彭里越、潘之千 3 名同学担任校级学生干部，王松、冉创创、曹嘉鸣、柯自洋、欧阳志远5名同学担任院级学生干部。他们认真负责，发扬着恪尽职守的精神。

2. 班级活动情况

从大一至今，班级组织了超过5次的课外集体活动，比如参观机械大楼活动、户外团建活动、《武汉·加油！》视频创作活动、《我骄傲，我是中国人！》诗歌朗诵视频创作活动等。每次活动的成功举办，都进一步地提高了班级的组织能力，也加深了同学们之间的友谊。

3. 社会实践、志愿服务的情况

入学以来班级积极地开展各类社会实践和志愿服务活动：欧阳志远、李文韬、冉德均等同学参加了图书馆义工活动；刘楚姮参加了盲校支教和中华骨髓库的志愿服务；耿睿参加了自闭症儿童探望活动。新冠肺炎疫情暴发以后，有更多同学加入社会志愿服务：王松等同学响应党的号召，在疫情高峰期加入了小区物业防疫突击队，为社会做出了贡献；其他同学也在班级内积极组织开展了团会活动，在线上关注疫情的情况，为武汉加油。作为"胡吉伟班"，班级同学与学院义工部联系，多次承包义工活动。申报了以"思想引领、团建团务、学风建设、志愿服务"为方向的"青梧成林"计划。开展了"寻访红色景点，体会先烈事迹"系列主题活动。

4. 寝室卫生建设

班级委员会讨论并制定了宿舍卫生评分标准，每星期组织查寝，检查每个宿舍的卫生情况。建立了寝室长QQ群，生活委员与8名寝室长对接，以更有效地管理各个宿舍。

三、班级建设规划

总结班级建设工作，既有收获，也有不足。在此基础上，班级做了进一步的班级建设规划。

（一）工作目标

（1）增强同学们的集体荣誉感，增强集体凝聚力。

（2）学生以学为本，力求班级整体成绩更上一层楼，同时丰富课余文化生活。

（3）调动更多的同学参与班级的管理，争创民主决策的新班级。

（4）创先争优，树立班级形象，争创院级、校级先进班级。

（二）工作安排

1. 班级学风建设

营造一个积极向上的班级氛围，学风建设是关键。树立"学习第一"的观念，培养良好的学习氛围，树立良好的目标，拟定合理的学习计划。进一步加强专业认识和学习，进一步抓好专业知识的应用。建立学习小组，努力在班级内形成良好的学习风气，强调学习的重要性。开展多项有益的学习活动，提高整个班级的学习成绩。根据学习需要，开展学习经验交流会，实现学习互动效应。

2. 班级组织建设

"服务"是班级委员基本也是必备的意识，班级委员一定要进一步明确服务意识，全身心地为整个班级和同学们服务。严格按照学校有关文件进行班级、团支部、党支部的建设。在每学期初，由班级干部讨论班级的建设目标和本学期的建设规划，每次工作活动做好记录，并做好活动后的经验总结，每学期末做好工作总结。

3. 班级文化建设

德育工作方面，发挥班级委员的核心作用，在班级活动中加强班级德育渗透，发挥班级提升同学思想道德水平的作用；将学生的综合素质考评成绩与思想评定工作相结合，激励先进，鞭策后进；组织多次班级活动，让同学们全面发展。

宿舍建设方面，学生宿舍是学生学习生活的主要场所，是对学生进行安全、纪律意识教育的主要阵地。加强宿舍文明建设，确保同学们在清洁、文明、规范、美观、高雅的环境中养成良好的行为习惯，培养严谨的生活作风、高尚的道德情操，引导学生文明修身、健康成长。

从布置个性宿舍开始，可以在适当的时期开展宿舍文化评比等活动，促进同学们个性、艺术、情操等方面的发展。每个人可以将自己的空间布置得新颖别致，不拘一格。同学们还可以订立宿舍内部的小条约、小规矩，培养感情，增强团队精神、团结力量。

四、班级建设成果

（一）集体层面

首先是党建、团建方面，机械1907班认真务实，全面开展党团建设，意在使每一名同学都能在党建、团建的过程中端正思想、发现不足、提升自我。在大一暑假,班级参与了"青梧成林"计划,鼓励同学们参观红色革命文化景点,感悟先辈们的伟大革命精神,珍惜现在来之不易的幸福生活,更重要的是,从先辈们身上传承那种无私奉献、艰苦奋斗的精神,并付诸行动。同学们参观后都撰写了自己的所思所感,有的同学在团会上分享了自己的参观感受。

团课也是班级党建团建的重要组成部分。副校长在2020年12月的团会上给班级同学上了一节精彩的思政课。副校长给同学们讲述了如何学习贯彻党的十九届五中全会精神,并揭示了打赢脱贫攻坚战、全面建成小康社会的历史性意义,还深入解读了到2035年底要实现的九大远景目标的内涵。2021年5月的团课上,同学们学习了习近平总书记考察清华大学时发表的重要讲话的精神,学习发扬劳动人民的劳模精神、劳动精神、工匠精神,并分享了机械科学与工程学院赵学田教授的故事。校团委书记、学院团委书记也参加了这次团会,并作了精彩的总结发言,给了同学们很多启发。

在班风学风方面,机械1907班大一、大二学年都评上了"优良学风班"。班级学习氛围浓厚,大一、大二学年坚持集体晚自习制度,班级平均成绩优秀,并且大一、大二两学年有王松(连续两次获得国家奖学金)、张鹤鸣两名同学获得国家奖学金,彭里越两次获得国家励志奖学金。班级同学除了投身学习外,还积极参与科创活动以及学科竞赛。王松、彭里越获得了全国大学生先进成图技术与产品信息建模创新大赛全国一等奖,美国大学生数学建模竞赛H奖;朱宏盛获得了机器人世界杯中国赛全国三等奖、美国大学生数学建模竞赛H奖。马彬、凌传锦、黄若谷等同学在全国大学生工程训练综合能力竞赛和全国大学生机械创新设计大赛中获奖。除此之外,王松、彭里越、潘之千和李进强同学所在的524寝室还获得了本科生"标兵寝室"的荣誉。

在学习和科创活动之余,同学们还热衷参加各种义工实践活动,比如东区幼儿园义工、动物园义工、爱心宿舍收空瓶子义工等活动。同学们还参观了武汉抗疫博物馆、辛亥革命武昌起义纪念馆。这些活动不仅丰富了同学们的生活,更涵养了同学们的精神品质,让同学们懂得从点滴的实践中学习如何更好地奉献、更好地生活。

(二)优秀个人

1. 学习之星:王松

作为校"胡吉伟班"机械1907班的班长,王松不仅带领全体同学获得包含"胡吉伟班"称号在内的众多班级荣誉,也是全班同学乃至全体华中大学子的学习榜样。3.98 的平均学分绩点和 93.67 的平均加权成绩在年级中傲视群雄。第十三届"高教杯"先进成图技术与产品信息建模创新大赛团体全国一等奖、第十三届"高教杯"先进成图技术与产品信息建模创新大赛图学基础知识全国一等奖、2021年美国大学生数学建模竞赛 H 奖等众多的竞赛获奖经历更加证明王松在全面发展的道路上愈战愈勇。他还获得了校"三好学生标兵"、国家奖学金、"优秀共青团员"、本科特优生等荣誉称号。

2. 公益之星：刘楚姮

刘楚姮担任机械科学与工程学院学生会办公室主任及社会实践部部长。在忙碌的学习生活之余多次组织并参与学生志愿者活动及其他社会实践活动。2021年被评为机械科学与工程学院"优秀青年志愿者"，并组织采访了其他学院的优秀青年志愿者标兵；2020年与2021年连续两年成为全国青少年高校科学营活动志愿者，且表现突出，在两次活动中均获"优秀志愿者"称号；从2019年起长期组织并参与盲校支教活动及"益路华中大"活动，完成总计51个义工工时；积极投身如毕业典礼服务、回访母校等志愿活动，共计志愿时长163个小时。

3. 文体之星：柯自洋

柯自洋是机械科学与工程学院足球队主力队员，担任足球队队长。自2019年入学至今参与"新生杯"足球赛、"华工杯"足球赛等体育赛事，均取得了不俗的成绩。2019年担任院新生足球队队长，带领队伍历史性地闯入半决赛；2020年作为新生队主教练，带领2020级新生们勇夺季军，追平学院在"新生杯"足球赛上的最佳历史战绩。凭借出色的防守意识和技术，柯自洋自大一起便确立了在机械科学与工程学院足球队的主力位置，并随队获得2021年"华工杯"足球赛季军。"重铸机械荣光，我辈义不容辞"，戴上队长袖标后的柯自洋带领学院足球队向"华工杯"冠军锦标发起冲击，力争圆每一个"机械人"的足球冠军梦。

（三）社会评价及老师参与建设指导

刚入大一，班主任就带领同学们一起参观了他的实验室。他带着同学们参观他们正在研究的项目，还记得那是个机器人，刚入大一的同学们都十分好奇，全都争着站在前面，想听到更多的内容。之后，班主任也经常参与班会，了解同学们的学习情况和生活状况，十分负责。

在大一下学期的新冠肺炎疫情居家期间，班级同学在班级委员的组织下，自发拍摄视频，为武汉抗疫行动奉献自己的一份力量。这份力量虽然不大，但是体现了班级同学关心国家大事、关心学校的一片真心。视频中，同学们亲手写下

"武汉加油"几个大字,然后做传递状表明要把这份心传递下去,传递到各个地方。同时校团委也对班级组织的各项活动十分关注且全力支持。班级还创建了班级公众号,发布每次开展活动的照片和活动总结。

大二上学期,班级结对2020级机械本硕博班、2019级机械卓越班,开展了对胡吉伟校友的悼念活动。活动中,同学们了解了胡吉伟校友的相关事迹,同学们都被他见义勇为的英勇事迹深深打动,纷纷表示要向他学习。

学校方面,班级荣幸地邀请到副校长为同学们上思政课。课上,副校长了解了同学们在学习生活中的各种问题,并表示要为同学们解决这些问题。这让同学们感受到了学校真切的关爱。随后,副校长也向同学们讲述了武汉抗疫期间在学校发生的各种各样的感动人心的事件。同学们都十分感慨,在大事面前中国人总能表现出别样的毅力,这种一方有难、八方支援的情怀,总是让人动容。副校长还询问同学们对学校的各种意见和建议,让同学们感受到了温暖。

五、班级建设总结

机械1907班始终坚持铸魂育人,坚定理想信念,坚守初心,以德为先。"胡吉伟班"是因德而生、以德为先的模范青年群体。同学们在与班集体的共同成长中,个个争做有大爱、大德、大情怀的人,班级同学心往一处想、劲往一处使,弘扬集体主义精神,营造集体成才、人人成才的良好氛围。在胡吉伟精神与学院"STAR"精神的引领下,同学们定能勇挑重担,积极投身新时代中国特色社会主义伟大实践,成为可堪大用、能担重任的栋梁之材。

六、院系党委副书记点评

机械1907班在创建"胡吉伟班"的过程中,将机械学院"STAR"文化和胡吉伟精神深度有机结合,以德立班。班级通过制定符合班级实际的规章制度,调动每一名同学的积极性和参与感;通过学习胡吉伟校友的事迹,感悟当代青年学子的责任,并付诸实践,取得了很好的成效。机械1907班通过创建"胡吉伟班",做到了班风纯正、学风优良,初步实现了集体成才的目标,并涌现出了以校"三好学生标兵"王松为代表的一批先进个人,形成了良好示范效应,班级建设经验可复制推广。希望在后续的建设中,进一步结合学科特点,打造班级建设特色项目,增强凝聚力,提升影响力。

——机械科学与工程学院 段政

加强思想引领，成就班级进步
——经济学院金融学 1901 班成长纪实

一、班级建设基本情况

2020 年 10 月，金融学 1901 班参与校级"胡吉伟班"评选活动，以总分第三名的成绩荣获华中科技大学"胡吉伟班"荣誉称号，班级导师为经济学院副教授陈舜老师。接过"胡吉伟班"旗帜，金融学 1901 班积极探索班团一体化建设，以班风建设为根本，以思想、学习、志愿服务、文化四个角度为着力点，扎实推进"胡吉伟班"特色建设方案，逐步形成思想上积极进步、学习上追求卓越、文化上积极创造、志愿服务中积极奉献的班级氛围。

在思想建设上，班级以理论与实践相结合为出发点，成立党团知识学习小组，采用多种形式学习最新思想、党史国史。截至目前，班级已全员递交入党申请书，已有入党积极分子 7 人、中共预备党员 11 人、中共正式党员 3 人。班级团支部多次获得院、校荣誉，如校"标兵团支部"、"青梧成林"卓越团支部等。团会教学效果显著，多次获得院、校"优秀团会"荣誉。团支部多次开展思政实践活动，如团史团知识竞赛，组织参观武汉抗疫展、辛亥革命武昌起义纪念馆等。

在学风建设上，本班制定出一套灵活实用的学风建设方案。班级成立以寝室为单位的互帮互助学习小组、学科专项帮扶小组，并定期组织学习经验交流会。同时，完善知识共享平台，跟进配套资源，营造求知若渴的良好氛围，鼓励同学们积极分享学术知识、学习资料，实现班集体整体提升。目前班级同学共有 9 人进入年级排名前 30%，年级前十名中共有 7 人是班内同学，挂科率为 0。

在班级文化建设上，组织操场夜跑打卡活动，在班级内形成强健体魄、全面发展的锻炼风气。为同学们展现自我搭建平台，积极营造"我是班级主人"的良好氛围，组织同学们设计班徽、班服，激发同学们的主动性与班级归属感。

作为胡吉伟精神的传承者，同学们时刻不忘传承胡吉伟校友的奉献精神，践行社会主义核心价值观，传播社会正能量。班级定期开展义工活动，鼓励同学们参与志愿服务，多样化志愿服务对象，全心全意服务社会。经过近两年的努力，目前班级累计义工工时250余个，多名同学参与义工活动。

作为胡吉伟精神的传承典范，"胡吉伟班"秉持"传承大爱、责任以行"的精神。团结互助是"胡吉伟班"的鲜明组织气质，班级同学齐心协力，共同进步，不断超越。

如今，作为新一届的接班人，金融学1901班更将仰望星空，脚踏实地，不惧磨难，砥砺前行。他们将修炼自身，服务他人，奉献社会，始终如一。以己之微光，耀国之远方。"胡吉伟班"的同学们，一直在路上。

二、班级建设思路

（一）建设目标

（1）学习方面：每名同学都养成良好的学习习惯，终生受益。
（2）习惯方面：养成良好的道德习惯，从生活和课堂做起。
（3）定期召开班团会议，班级委员为班级服务，自主管理能力强。
（4）落实抓好班级整体工作。

（二）建设方向

1. 每名同学都养成良好的读书习惯，终生受益

读一本好书就是和高尚的人对话，鼓励同学们认真读书，并在专业学习上对课本认真研读并进行交流，互相查漏补缺，对知识点有更深一步的见解。

2. 养成良好的道德习惯，从生活到课堂做起

一个优秀的集体，一定要有严明的纪律。制定班级班规，明确什么该做、什么不允许做，在管理的过程逐步使同学们能够理性地考虑问题，学会认识问题、面对问题、解决问题，变得成熟，最终能够克制冲动，冷静地思考和看待问题，理性地处理事情。

3. 定期召开班团会议，班干部为班级服务，自主管理能力强

一个班如果形同散沙，同学们各自为各自的目标奔忙，班级就形同虚设了，班级里的同学也不可能感受到丝毫的温暖，所以需要定期召开班团会议，班干部

自主为班级服务。严格上课考勤，认真展开批评与自我批评，对于旷课的同学要及时上报辅导员。加强班级内外的学习经验交流。

4. 落实抓好班级整体工作

班级是同学们学习的大环境，任何班务活动，都应该以谋求班级整体发展为导向。规划班级活动、进行班级常规管理时，除了应顾及大多数同学的需求之外，还要考虑个别同学的特殊情况，使班级的各项活动都能正常地开展并保持较高的效率。

5. 强调同学们之间的相互合作

班级是同学们共同组成的小型社会。为加强同学们的参与感及增进班级情感，在处理班级各项事务时，班级委员力争让同学们有表达意见和参与活动的机会。相信在同学们彼此合作的情况下，必能形成良好的班级气氛，进而建立良好的学习环境。

6. 强调安全意识教育

班级是同学们生活的大家庭，同学们要在这个大家庭中发扬个性。所以，在进行班级建设时，一定要考虑到各个成员的安全，这里的安全既包括身体上的、财务上的，又包括精神上的，最终在安全的基础上使同学们有一个可以展现自己的舞台。

（三）班级文化建设

（1）制定富有特色的班级口号、班训等，努力营造健康向上、富有成长气息的班级文化氛围。将口号落实到具体行动中，培养班级的凝聚力和同学们的集体荣誉感。

（2）发挥每一名同学的创造力，鼓励同学们积极参与班级活动，让每一名同学的才华得到发挥，形成良好的班级文化氛围。

（3）建立健全的班级制度，包括班级公约、奖惩制度等，以此规范同学们的言行。

（4）建立班级岗位责任制，实行岗位轮换制度，让每一名同学都参与班级管理，培养同学们的责任感，鼓励同学们发挥主人翁精神。

（5）定期组织丰富多彩的班级活动，在活动中培养同学们的合作意识，增强班级凝聚力。

计划再好，落实才是关键。金融学1901班会在未来的日子里更加努力，抓住重点，把班级建设工作提升到一个新的档次。

三、班级建设典型举措

（一）鼓励参与院、校学生工作，实现德智体美劳全面发展

解决班级发展与个人发展的矛盾。班级鼓励同学们自我发展，积极参与校园学生工作。目前班级参与过学生工作的同学达到80%以上，承担过学生会、党建部门主要负责人（部长、队长等）工作的同学共计10人，在职期间均表现出色。班级不僵化要求每名同学参加每次班会、团会，即便如此到会率仍然不低。班级要求每名不能到会的同学一定在开会前提交请假申请书，说明请假原因。若没有提前请假或忘记请假，则以捐助班费或下次主动报名参加活动的形式弥补。从实施情况来看，这样不仅没有约束同学们多元发展的可能，而且保证了大学班集体非常宝贵的强大凝聚力，有效解决了班级发展与个人发展的矛盾。

（二）班级委员团结协作，班级共同奋进

班级委员团结协作，友情深厚，每次任务都顺利完成。班级建设以班级委员为骨节，相互串联结合形成班集体的骨架，带动全体同学共进退，保证了班级内部凝聚力的稳定。班级定期开展班级委员生活会，内容以工作报告、生活分享为主。在会上，每名班级委员依次叙述近期工作内容和工作中遇到的问题以及解决方案等，并提出一些在以后工作中需要注意的地方。工作报告结束后，接着开展生活交流会，就近期学习、生活中的点滴相互讨论，以此加强班级委员间的联系，并加强班级委员团体内部各项工作间的协调。

（三）及时策划，及时分工，步步为营

班级人才济济，团支书是学院文化部负责人，班长是院心援队负责人之一，对于学院下发的任务与活动，每次都会及时完成对活动的再策划。在班级内部策划案中，班长和团支书会将每次的总任务划分为多个部分，并根据实际内容量制定合适的任务提交时间，然后将各个部分派给各名班级委员，并在每次提交时间前几天提前提醒，监督任务完成情况。如此一来，为每名班级委员提供锻炼提升的机会。如"笔'喻'临翔，心'园'梦想"活动，内容为与学校一对一帮扶地区的临翔小学生开展书信交流活动。团支书在知晓活动内容后，立即将任务拆解为对接同学、收集并寄出信件、统一购买物资、活动讲解等多个部分，下发给班级委员。班级委员在领到任务后也如期完成工作，活动稳步推进。

（四）学习党章党史，做合格党员

党章是总章程，是根本行为规范，是总规矩。为了延续胡吉伟校友研读党章的态度，本班始终把学习政治理论知识作为重要的任务。团支部开展团史、党史知识竞赛，学习伟大建党精神等一系列重要红色精神，鼓励同学们递交入党申请书，争取成为入党积极分子。为了将理论与实践相结合，让每名同学更好地理解伟大精神、理论背后的意义，班级积极组织实践活动，带领全班同学去往实地切身体会。比如，辛亥革命110周年纪念期间，为了能在提升班级凝聚力的同时，身临其境地感知武汉这座英雄的城市背后的故事，班级同学一同前往辛亥革命武昌起义纪念馆参观学习。每名同学都表示受益匪浅。岁月匆匆，光阴流逝，辛亥革命武昌起义早已随着历史洪流远远流去，但革命者勇往直前的革命精神深深地扎根在每一名同学的心中，并由同学们继续传承下去。生命虽逝，精神不倒，同学们继承先辈的优秀作风与光荣传统，不断贡献自己的光与热！

（五）积极促进班院交流，为每名同学指点迷津

班级积极邀请院校各领导参加班会、团会，欢迎领导前辈为同学们答疑解惑，为同学们指明未来的方向。在每次实践活动、大型班级活动后，班级都会邀请院校领导莅临本班，参与社会实践后的思想分享和活动分享，评价活动，并指点不足。如参观辛亥革命武昌起义纪念馆班级活动后，班级邀请了学院党委戴书记，戴书记在倾听了同学们的活动内容以及感悟后，给同学们分享了很多建班、建团的宝贵经验，作为经济学院曾经的学长，也为同学们提供了学习上的指导。在2020年前往武汉抗疫展参观学习后，班级邀请学校党委谢书记参加感悟分享班会。谢书记也给同学们分享了宝贵的成长经验。

（六）学习先进精神，做"六有"大学生

每逢重大会议召开、重大庆祝节日活动开展，班级都会组织同学们一同收看相关内容直播，及时学习最新思想和最新时代精神，为同学们构筑思想的铠甲、理论的堡垒。比如在辛亥革命110周年纪念大会期间，2019级"胡吉伟班"与学院2020级"胡吉伟班"开展了庆祝大会直播收看活动，邀请到两个年级的年级辅导员与同学们一同学习。会后，班级同学纷纷写下了自己的学习感悟和对于庆祝大会上习近平总书记讲话的见解。

（七）规范班规班纪，助力班级永续发展

由团支书、班长牵头，全体班级委员参与制定出了适合班级情况的完整班规，

并得到班级全体同学认可。班规为班级委员工作的合理性提供了依据,并为同学们的自我发展提供了权益保障,也为班级未来发展与制度完善提供了基础。在实际班级活动开展中,班规有效化解了班级工作与同学个人发展间的矛盾。班规规定每月需要进行班级委员生活会,讨论下月工作;班规鼓励同学们实现自我价值,但也希望每名同学都有集体意识,将班集体荣誉纳入自己的"效益表"中;班规强调了班级委员的职责范围与使命,强调了班级委员工作的重要性,班级委员是同学们的代表,也为同学们服务,班级委员的工作受到同学们的监督。如此一来,班规的存在实现了班级自动且有效的自我管理、集体监督。

四、班级建设规划

金融学1901班坚持胡吉伟党支部的领导,坚持思想引领,统筹班级委员能动性,调动全班同学的积极性。

(一)团支部建设方面

作为"胡吉伟班",思想建设工作尤为重要。班级团支部计划在未来加大支部团员自我展示的力度。更多地从支部团员自身的思政学习与理解角度出发,更多地从确保稳步提高教学消化率的角度出发,完善并改善主题团会、团课,以及更好地制定与督促完成相关思政学习任务。

计划推出"我是主讲人"活动,为每名团员提供自主学习、主动展示的舞台。主题团会、团课由团小组轮流完成相关准备、讲解工作,由组织委员负责团会组织、记录工作,由团支书负责统筹、增补内容、评价工作。

计划推出"学'习'进行时"团支部日常活动,为班级团员提供团会后思想交流的平台。团支书在每次团会后抽选5名团员撰写本次团会思想感悟,并鼓励班级团员主动报名参加。撰写的感悟将由团支书选出最好的两份,在下次团会进行分享,并给予两名作者一定物质奖励。

(二)班级建设方面

本着服务同学的态度,在今后的学习生活中,有以下几点规划。

1. 统筹协调班级委员,协助班级委员工作

将各名班级委员的价值最大化,团结互助,共同建设班集体。

2. 时刻关心班内动态,了解班内同学毕业去向

感知同学们的情绪状况及心理健康状况,为其进行调节。

3. 加强思想文化建设，多多组织班级团建

主动号召大家学习先进思想，提升班级凝聚力。

（三）组织建设方面

在思想方面有以下举措：

（1）努力配合各名班级委员做好学校和学院交予的各项任务，积极组织班上同学参加班会、团会；

（2）积极组织班级委员会议，团结班级委员找出班级近期发生的问题，并开展讨论，找出有效的解决方法；

（3）积极筹备各项活动，关心同学，深入各个寝室了解同学们的动态，收集同学们的意见。

在举办活动方面有以下举措：

（1）积极筹备团委主办的主题团会、主题团日以及主题班会；

（2）在班级活动中主动承担责任，组织同学们有序完成。

在支部建设方面有以下举措：

（1）配合团支书、宣传委员积极开展各项活动；

（2）完善对团员的日常管理。

（四）日常管理方面

在未来的学校生活中，继续合理地管理班级同学上交的班费和班级获得的奖金，在每个学期末及时向同学们汇报班费支出明细和班费余额。生活委员协助各班级委员开展班级团建、班风建设等活动，绝不铺张浪费，把每一分钱花到最需要的地方，为班级同学的大学生活增添不一样的色彩，让每名同学都能体会到班集体的温暖。

（五）学风建设方面

同学们在决定将来何去何从的大三学年，都需要为保研、留学、考研或就业做准备了。保研的同学在课余进行科研，留学的同学在准备语言考试，考研的同学也开始了考研复习，准备就业的同学可能更注重锻炼其职业规划上需掌握的技能。在这个阶段，同学们在学习方面的需求也开始产生了分化。班级的学习委员在今后组织学习活动时，应当对以上 4 种同学进行区分，将保研同学、留学同学、考研同学和就业同学分成 4 个学习小组，组内同学可以定期分享科研感悟、进行语

言学习打卡、讨论考研题目、分享就业信息等。如果有条件，甚至可以将小组扩大，在整个年级的层面上形成4个队伍，相互交流，互通有无，共同进步。

（六）社会实践方面

班级的实践委员在日常的工作中组织同学进行暑期社会实践、寒假"返家乡"等校外实践活动。与此同时，作为班级团委的一员，也积极组织班会、团会，协助班级团支书进行理论知识的宣传。新一期的"益路华中大"的活动开展前，在班上积极宣传，鼓励更多的同学参加活动，维护学校的道路秩序。

（七）班级资助方面

金融学1901班的资助委员在岗位上两年如一日地顺利完成了资助委员分内的各项工作。在两年的工作时间里，切身体会到了帮助同学、服务社会的成就感与实现自我价值的充实感。

未来，将继续完成班级资助委员的日常工作，继续尽心尽力地为班级内的每一名同学服务：传递义工和勤工岗位信息；组织好每次的义工活动；继续解决同学们生活学习上的问题，特别是及时给班里的困难同学传达资助方面的信息，承担起一个资助委员应尽的责任。

在履行工作职责之外，将依照定期举办的资助大会上宣布的政策方针的变化，结合自己的理解，连同会议精神一起传递给班级同学，号召大家在实践中践行华中大的资助精神，力求提高同学们的自觉能动性，在社会奉献中丰满人生价值。

五、班级建设成果

（一）效果层面

金融学1901班的同学树立远大理想，坚定奉献祖国、服务人民的信念。班级同学立志打造团结一心、矢志报国的班集体，让金融学1901班成为经济学院的班级育人载体，推动集体成才，人人成才。同时，班级同学也一直坚持将学院"胡吉伟班"的优良传统"一二三四"班级建设传家宝发扬光大。在学院"党旗领航工程"的指引下，同学们积极向党组织靠拢，积极递交入党申请书，争取早日站在党旗下。

班级的优秀成绩也离不开学院的谆谆教诲。建设好"胡吉伟班"一直是经济学院学生思政教育工作的重要环节，学院形成了学习、传承胡吉伟精神的良好氛围，学院的莘莘学子也在4年的生活与学习中，逐步成长为心系国家和人民，有党性、有理想、有追求的大学生。

（二）育人层面

1. 个体成绩

（1）优秀学生代表。

郭婧，中共预备党员，总加权成绩96分，专业排名第一，国家奖学金获得者。郭婧曾任班级组织委员，协助团支书组织各类团学活动。该同学在保持自身优秀成绩之外，助力班级学风建设，带领全班同学共同学习，提高成绩。

王艺晓，中共党员，胡吉伟党支部书记，经济学院党建工作领导小组主席团成员，协助党建辅导员组织学院"寻百年风华，延红色基因"系列党建活动。作为胡吉伟党支部书记，继承优良传统，严格落实"三会两制一课"制度，以党支部建设带动班级、团支部建设。

汪思圻，共青团员，藏族，专业排名第四，经济学院女篮队长。该同学学习成绩优异，在文体活动上也表现突出，作为经济学院女篮队长带领全体队员夺得2021—2022年度"华工杯"女篮冠军。

（2）个人获奖情况。

班级个人获奖情况如下表：

项目	获奖时间	奖项	姓名
国家奖学金	2020.9		郭婧
国家奖学金	2020.9		彭楚仪
全国大学生数学竞赛（非数学类）	2020.11	一等奖	刘旭
全国大学生数学竞赛	2020.11	三等奖	廖望
全国大学生数学竞赛（非数学类）	2020.11	二等奖	彭楚仪
美国大学生数学建模竞赛	2021.2	S奖	张亦可
美国大学生数学建模竞赛	2021.2	H奖	郭婧
美国大学生数学建模竞赛	2021.2	H奖	刘旭
美国大学生数学建模竞赛	2021.2	S奖	胡娜
美国大学生数学建模竞赛	2021.2	S奖	彭楚仪
美国大学生数学建模竞赛	2021.2	S奖	廖望
第十七届"挑战杯"全国大学生课外学术科技作品竞赛校赛红色专项	2021.3	二等奖	刘阳

续表

项目	获奖时间	奖项	姓名
第十七届"挑战杯"全国大学生课外学术科技作品竞赛校赛红色专项	2021.3	三等奖	李嘉盛
"正大杯"第十一届全国大学生市场调查与分析大赛	2021.4	三等奖	李嘉盛
"正大杯"第十一届全国大学生市场调查与分析大赛	2021.4	一等奖	张亦可
华中科技大学第八届"求是杯"大学生课外学术科技作品竞赛	2021.4	三等奖	郭婧
华中科技大学第八届"求是杯"大学生课外学术科技作品竞赛	2021.4	三等奖	彭楚仪
第七届中国国际"互联网＋"大学生创新创业大赛	2021.6	三等奖	郭婧
第七届中国国际"互联网＋"大学生创新创业大赛初创组	2021.6	三等奖	李嘉盛
第八届中国大学生公共关系策划创业大赛	2021.6	三等奖	张亦可
经济学院社会实践"如意"奖学金	2021.10	一等奖	王武杰
经济学院社会实践"如意"奖学金	2021.10	一等奖	汪思圻
经济学院社会实践"如意"奖学金	2021.10	一等奖	余传龙
经济学院社会实践"如意"奖学金	2021.10	二等奖	郭婧

2. 集体成绩

班级获奖情况如下表：

时间	荣誉称号
2019—2020	"优良学风班"
2019—2020	特色团会二十佳
2019—2020	"青梧成林"卓越团支部
2019—2020	本科生"优秀寝室"（8栋611寝室）
2020年	"胡吉伟班"荣誉称号
2020—2021	"百生讲坛"铜牌团支部
2020—2021	标兵团支部
2020—2021	本科生"优秀寝室"（8栋611寝室）
2019—2022	6次以上院级"优秀主题团会"
2019—2022	2次校级"优秀主题团会"

在班级全体同学的共同努力下，金融学1901班取得了一系列优秀的成绩，涌现了一批优秀的国家奖学金获得者、国际比赛获奖者、省市级奖项获得者。在校

期间，金融学 1901 班全员递交入党申请书，全班党员比例高于 58%。班级平均加权成绩高于 84 分，专业前十名超过 7 人，连续两年获得"优良学风班"称号。

六、班级建设总结

金融学 1901 班以"以德立班，责任以行"为班级建设指导思想，在经济学院团委、党委的领导下，开展各项工作。班级同学牢记华中科技大学"明德厚学，求是创新"的校训和经济学院"明德厚学，经世济民"的院训，向着"为党育人、为国育才"的班级建设总体目标不断努力。班级坚持遵循"学风严谨屡创新高、班风建设创新领先、班级文化时时新、党旗领航先进团体稳定增新、投身公益焕发社会新活力"的"五新"指南开展班级建设。班级坚持以胡吉伟党支部为龙头，坚持以思想建设为根本任务，全班同学参与党支部学习。班级坚守主责主业，助力班级学风建设。在课业压力大、课程难度高的情况下，每名同学自觉完成学习任务，课后积极参加自习与小组讨论，班级委员会根据同学们的需要，定期视实际情况组织同学们在班级内部开展集体自习，提高同学们的学习效率，解决同学们学习上的困难。班级建立健全的班级制度，包括班级公约、奖惩制度等，以严格的班规规范同学们的言行。班级制定富有特色的班级口号、班训等，努力营造健康向上、富有成长气息的班级文化氛围。

七、院系党委副书记点评

金融学 1901 班设置双导师制度保障班级建设，班级导师定期与班级同学面对面进行学习生活上的沟通交流，助力班级成长建设。学院党委书记定点联系金融学 1901 班，引领班级思想建设。"胡吉伟班"党支部建在金融学 1901 班上，真正做到支部建在班上，以党支部建设带动班级、团支部建设，以思想建设为龙头，铸魂育人。该班级设计了覆盖成长全周期的社会实践工程，帮助班级同学知行合一。在大二暑假，全班同学组成不同的社会实践队，积极投身精准扶贫、旅游扶贫、金融创新、乡村振兴等相关调查研究，感受经济发展脉搏，开阔经济学专业视野，更好地服务祖国建设需要。

金融学 1901 班以胡吉伟党支部为龙头，以班级规章为基础，以双导师制度为保障，以社会实践工程为助力，调动全班同学的积极性与凝聚力，在实践中巩固专业知识，实现德智体美劳全面发展。

——经济学院　崔金涛

"五级"传帮带、育 MSE "STAR"
——机械科学与工程学院工业工程 2001 班成长纪实

一、班级建设基本情况

工业工程 2001 班是一个积极进取，具有高度凝聚力的班级。班级以机械学院"自强不息、团结协作、敏捷响应、尽职尽责"的"STAR"文化精神为桨，以"互助担当、和谐上进"的班级文化为帆，以"中国机械、华中制造，华中机械、装备中国"的远大理想为舵，肩负中国工业制造 4.0 的时代使命，以党建为引领，以团建为基础，扎实推进班团一体化建设。工业工程 2001 班由包括 2 名港澳台学生、1 名国际交流生在内共 27 名学生组成，坚持以德立班，坚持政治引领，密切与上级的四级党组织、党员联络，开展系列党团共建活动。本班已有 15 名预备党员，占比 55.6%；7 名入党积极分子，占比 25.9%，在本年级中位居第一名。

经过大类分流的优中选优，本班凝聚了来自机械科学与工程学院、材料科学与工程学院、船舶与海洋工程学院、航空航天学院、能源与动力工程学院（机械、材料、能源、船海、航天）5 个学院的优秀生源，并将班级模式与特色辐射到这 5 个学院，形成了凝聚 5 个不同院系学生的青春力量。工业工程 2001 班构建了党建带团建的班团一体化、多元包容的样板寝室，分工协作的党团小组，正向引导的积分激励等班级管理制度。班级坚持以人为本，发扬集体主义，在各类活动中，班级成员始终保持 100% 的参与率，来自不同学院的学生、港澳台学生、国际交流生水乳交融、团结紧密。班级学风优秀，平均成绩位列专业第一名，挂科率为 0（不计入港澳台学生及国际交流生），专业加权成绩专业前十名本班占 7 人。形成互助担当、和谐上进的班级氛围，在班团委联席会议的带领下，广泛开展月度生日会、季度联谊团建会、年度寝室文化节等丰富多彩的班级活动。

二、班级建设思路

工业工程2001班基于"学院党委书记—党建辅导员—研究生样板党支部书记—本科党支部书记—班级团支部"的五级架构，充分发挥传帮带作用，团结建设五院"融合"班级；以党建带团建，班团一体，传承与发扬先锋党员精神，将奉献与奋斗化作青春最亮丽的底色。

（一）完善推广"五级传承，多层培育"的系统性思想引领工程，当思想领航员

坚持以德立班，坚持政治引领，密切与上级的四级党组织、党员联络，开展有"聚焦两会现场，学习两会精神"时政学习专题、"'青春向党，党史铭心'沐党恩，跟党走"系列、"党旗领航，工程使命"工业工程专业分享会、"肩负历史使命，坚定理想信念"等系列党团共建品牌活动。班级已有15名预备党员，占比5.6%，7名入党积极分子，总共占比81.5%，在本年级位居第一名。

（二）开展"勇于担当、甘于奉献"的针对性理论实践工程，做青年先锋员

发扬先锋精神，以"奔赴一线为人民""专业学习付实践""疫情防控落实处""脱贫致富铺道路""乡村振兴固成果"五大主题针对性地开展班团理论实践活动，推动开展"忆校史筚路蓝缕，承抗疫命运与共"校史学习、"追先辈舍生取义，悟精神继往开来"清明祭奠胡吉伟校友、"青年下乡，不负韶华"的"三下乡"暑期社会实践等班团主题实践活动。鼓励动员并实现班集体全体同学广泛投身防汛抗疫、助力乡村振兴等各项志愿服务活动。青年志愿，不负韶华！

（三）保持拓展"凝聚数院，辐射大类"的人本性班级文化工程，化风华青梧员

五院凝聚，建立了群英荟萃、多元包容的融合型班集体，确立了多元包容的样板寝室、分工协作的团小组、正向引导的积分激励等班级管理制度。弘扬集体主义，在各项活动中，班级成员始终保持100%的参与率。弘扬人本主义，实行班团重要事务联席会议制度的管理模式，广泛开展月度生日会、季度团建联谊会、年度寝室文化节等丰富多彩的班级特色主题活动。同时依托兴趣小组激励计划，

班级同学共自发建立兴趣小组 8 个，全员覆盖。来自不同学院的学生、少数民族学生、港澳台学生、国际交流生凝聚团结，水乳交融。

（四）落实践行"交叉融合、顶天立地"的时代性人才培养工程，立卓越栋梁员

肩负中国制造 2035、中国工业 4.0 奋进的时代使命，工业工程 2001 班立学者身份，育创新之魂。以到课签到、晚自习打卡、一对一帮扶、班级资源库等制度措施的有效落实，取得了大一学年班级平均加权成绩位列工程年级第一名，挂科率为 0，个人加权成绩前十名占 7 人的好成绩。在各类奖学金评定中，累计 20 人次获评国家奖学金、校"三好学生"、校优秀干部奖学金等。此外，在机械科学与工程学院"运筹与优化""思飞""狼牙"等团队，班级共有 12 人入选参与学习，截至目前，班级同学共获校级奖项 1 项、省级奖项 1 项。依托学院国家级大平台，在敢为人先、追求卓越的学风建设下，班级已经基于"应用推广—工程验证—核心技术—基础研究"的"学—研—产—用"完整链培养，实现多方位、全面化地接受国家级科研平台向普通本科生开放的培养模式。

红星照耀红色血脉，立"融合"班级。以五级架构、五级党员传帮带，牢牢把握思想引领，做到党旗领航入心，红色血脉入魂。推动各项班级建设工作有效落实，团结建设卓越班集体，以德立班，育 MSE "STAR"。薪火传承英雄魂，百年赓续新征程。恰逢建党百年，工业工程 2001 班全体同学传承发扬胡吉伟精神，定以梦为马，不负韶华，奏响"请党放心，强国有我"的时代强音！

三、班级建设典型举措

为让同学们更深入地理解团组织生活，不光要行动上带头，更要注重思想上的引领，为此，班级采取班团一体化措施，形成班级集体意识，定期集体开展班团学习活动。主题团日学习和主题班会学习相结合，以团建带班建，以班建促团建，做到两者兼顾，相辅相成。永远跟党走，第一时间关注党的最新消息，在党的带领下，开展主题活动。与此同时，班级鼓励同学们积极参与相关社会实践和社会公益活动，始于思想，不忘本心，敢于拼搏，甘于奉献。

（一）党团共建：党旗所指、团旗所向

（1）"聚焦两会现场，学习两会精神"时政学习专题党团共建主题活动。

（2）"'青春向党，党史铭心'沐党恩，跟党走"系列党团共建主题活动。

（3）"党旗领航，工程使命"工业工程专业分享会、机硕2004党支部志愿服务活动。

（4）"肩负历史使命，坚定前进信心"党史学习专题党团共建活动。

（二）团日理论实践：政治引领、四史铭心，铭校史筚路蓝缕、承吉伟舍生取义

"纸上得来终觉浅，绝知此事要躬行"，开展主题团日，将理论与实践相结合，真正做到将理论付诸实践，在各个地方献出自己的一份力量。

（1）"听党员先锋说"三月主题团日团课暨主题班会活动。

（2）"我把心里话说给党听"四月主题团日团课暨团员评议大会活动。

（3）"肩负历史使命，坚定前进信心"党史学习专题党团共建活动暨五月主题团日活动。

（4）"同上一堂四史思政大课"网络专题理论学习活动。

（5）"大学生法治及心理健康知识培训"网络专题理论学习活动。

（6）"学七一讲话精神，铭吉伟奉献精神"九月主题团日团课暨主题班会活动。

（7）"忆校史筚路蓝缕，承抗疫命运与共"校史学习、班团实践主题活动。

（8）"'追先辈舍生取义，悟精神继往开来'清明祭吉伟"班团实践主题活动。

（三）日常理论实践：以德立班、时代新人，双肩担道义、觉知要躬行

（1）机械科学与工程学院工业工程2001班"群英首汇聚，整装以待发"第一次班会活动。

（2）机械科学与工程学院工业工程2001班"先辈传道授业，吾等继往开来"三月主题班会活动。

（3）机械科学与工程学院工业工程2001班"小到个人大到国家，安全教育重于泰山"四月主题班会活动。

（4）"学习胡吉伟精神，争创'胡吉伟班'"九月主题班会活动。

在2021年暑期社会实践活动中，班级取得了非常优秀的成绩。班级从学党史、行党建、履专业三个角度出发，旨在为青年、为社会贡献自己的绵薄之力。全班同学组成10余支队伍，用暑期60天的时间马不停蹄奔赴了16个省份、20余个基层组织、43座加油站。在评优答辩中，院系排名前三的队伍均有本班同学。4支队伍预评校"优秀实践队伍"，7人预评校"优秀实践个人"，一支队伍为省优二十佳答辩队伍。

限于篇幅，此处不展开对每支队伍的陈述。仅展示 3 支重点队伍：

机械科学与工程学院赴京、晋、鲁、湘"学百年党史，铸国之铁路"暑期社会实践队，由 17 名同学组成，其中本班同学侯俊清任副队长和南方队伍领队，师嘉璐为北方队伍成员，两人均为核心成员。队伍通过对北京、山西、山东、湖北、湖南五省多市的铁路局、博物馆、铁路相关公司等地的参观走访调查，深入调研了我国铁路发展的历史，并从中发掘了许多感人至深的故事。

机械科学与工程学院赴江西新余铃山镇"互联网赋能乡村振兴"暑期社会实践队，由本班同学郭奇荣（队长）等来自 6 个学院的 7 名同学组成。通过实践开展前对江西、湖南、河南三省近 5 万字线上调研分析，实践队最终确定了以江西省新余市"工小美"城市名片建设及河南省南阳市"千村万塘"综合整治工程为窗口，从产业和生态角度探索"互联网＋"在乡村振兴中的普适性道路。

机械科学与工程学院赴多地"助力优化加油站运营管理"暑期社会实践队由蒋定成（队长）、赵俊博（通讯员）、邱梓宸（安全员）、熊谦、李思扬、高煜、王廷洪、胡玉锋组成。该队伍有 6 名成员来自工业工程专业，旨在将所学专业知识付诸实践、助力加油站运营管理优化。实践活动通过实地统计车流量、实地采访等多方式实质性提高加油站运营与管理效率，并取得良好回馈。本次实践项目重点在于加油站车辆排队机制优化以及零售产品的运营效率提高。

四、班级建设规划

（一）落实履行"敢于竞争、善于转化"的时代性工业人才培养计划

向全校推广本班的"敢于竞争、善于转化"的时代性工业人才培养计划。本班已经基于"应用推广—工程验证—核心技术—基础研究"的"学—研—产—用"完整链培养，多方位、全面化地接受国家级科研平台向普通本科生开放的培养模式。在此基础之上，班级提炼出具有普适性的"敢于竞争、善于转化"的时代性工业人才培养计划：大一通过大工科基础课程学习进行跨学科工程认识实践，大二通过智能制造基础课程学习进行大类专业工程实践，大三通过跨学科课程学习进行企业工程实践，最后大四通过毕业设计进行科研机会计划。

（二）完善推广"五级传承、多层培育"的系统性思想引领工程

向全校推广班级的"五级传承、多层培育"的思想引领工程体系。班级基于"学院党委书记—党建辅导员—研究生样板党支部书记—本科党支部书记—班级团支部"的五级架构，党建带团建，传承与发扬先锋党员精神。在此基础之上，提

炼出具有普适性的"五级传承、多层培育"的思想引领工程体系：由身为党员的教师班主任、辅导员、担任党支部书记的研究生班主任、指定本科党支部书记、本班团支部书记构成的五个层级，组成层层传递党员精神、级级树立正确价值观的班级思想引领体系。

（三）开展保障"交叉融合、顶天立地"的针对性理论实践指南

向全校推广本班的"交叉融合、顶天立地"的理论实践指南。本班是基于"团组织实践—暑期社会实践—志愿服务实践—学生工作实践"四个方面实践，交叉融合各学院、各专业的师生，走出校园和实验室，形成顶天做学问、立地做实事的理论基础。在此基础之上，提炼出具有普适性的"交叉融合、顶天立地"的理论实践指南：由交叉融合的师生组成班级党团组织，安排暑期社会实践、志愿服务实践、学生工作实践，用顶天的理论指导立地的实践。

（四）保持拓展"凝聚数院、辐射大类"的人本性班级文化建设平台

向全校推广班级的"凝聚数院、辐射大类"的班级文化建设平台。班级由来自5个学院，即航空航天学院、材料科学与工程学院、船舶与海洋工程学院、能源与动力工程学院、机械科学与工程学院的优秀人才组成，继而将班级模式与经验扩散至这5个学院，建成了"凝聚自五院、辐射至机械大类"的班级文化大平台，形成了新兴的"大班级"概念。"凝聚数院、辐射大类"的班级文化建设平台的内涵：学科基础与背景相近的若干学院，经过专业分流、转专业等变动之后，凝聚英才、荟萃群英、重整班级，并将优秀班级文化制度与模式，辐射原学院，构建多院联合的"大班级"文化建设平台。

（五）传承发扬"'星火'相传、知行合一"的奉献性胡吉伟精神精品系列项目

向全校推广班级的"'星火'相传、知行合一"的胡吉伟精神精品系列项目。班级基于"思想—理论—学习—文化"四位一体，贯彻胡吉伟精神，大至主题活动，小至一对一帮扶，借助激励机制，知行合一地将胡吉伟精神传承下去。在此基础之上，提炼出具有普适性的"'星火'相传、知行合一"的胡吉伟精神精品系列项目。从"思想—理论—学习—文化"四个方面入手，深入思想引领、理论实践、学风营造、文化建设，采用积分制等激励机制，构建"'星火'相传、知行合一"的胡吉伟精神精品系列项目。

五、班级建设成果

（一）文体活动

班级同学全面发展，在过去的学习生活中，活跃于许多项目的院队甚至校队，踊跃参与各类文体活动，均取得了不错的成绩。丰富的课外文体活动让同学们得以跳出课本，多方面地提升完善自己。

共 9 名同学参加了 2021 年秋季体育嘉年华；举办班级篮球赛并参加机械科学与工程学院篮球赛，获得年级第四名的成绩；罗全宇、江隆梅、李思扬参与校园马拉松；郭奇荣、罗全宇参加"长江百公里毅行"；在校运动会中，朱宇获跳远第六名的成绩，李思扬获三项全能第五名的成绩；王麒玥加入机械科学与工程学院排球队并参加了"华工杯"排球赛；侯俊清组有"极夜"乐队，在校内许多晚会和音乐节上均有演出；罗全宇在院"十佳歌手"大赛上取得第十二名的成绩；罗全宇加入院合唱团，朱宇加入校合唱团。

（二）学术科创氛围营造

班级同学积极进取，在课堂学习之余将对知识的渴求放在了科研工作上，有近一半的同学加入了科研团队。同学们学习不只是为了成绩，更是为了开拓新领域，在吸收新知识的过程中得到精神上的满足。

共有 7 人加入运筹与优化团队，熊谦加入众创空间团队，江隆梅加入机械创新基地"STAR"团队，师嘉璐加入狼牙团队，王佳钰加入机械创新基地思飞团队。

杨宜霖取得机械科学与工程学院机器人竞赛团队亚军、侯俊清取得校创新创业策划大赛团队第二名的成绩、郭奇荣获得第十届全国海洋与航行器设计与制作大赛华中赛区二等奖。

（三）学生工作

郭奇荣：机械科学与工程学院团委副书记，机械科学与工程学院2020级团总支、船舶与海洋工程学院院团委组织部、原机械类2024班团支书，工业工程2001班团支书、海之盾海洋协会会员。

熊谦：能源与动力工程学院团支书学生社团指导中心人力资源部部员。

杨宜霖：机械科学与工程学院实践育人联络中心实践部部员。

李思扬：能源2035体育委员。

蒋定成：承担机械科学与工程学院组织部、能源与动力工程学院党务部、权益心理服务部工作，原能源2031班班长。

杨阔：能源2038宣传委员，特色团日负责人。

罗全宇：承担船舶与海洋工程实践部工作，船舶与海洋工程学院、外国语学院合唱团成员。

余浩铭：校团委组织部——特色团日项目组、校资助管理委员会行政部成员。

侯俊清：大学生创业实践中心项目管理部成员。

师嘉璐：狼牙团队、大学生社会实践中心、志愿者行动指导中心宣传部、机械学院宣传部成员。

六、班级建设总结

工业工程2001班接过"胡吉伟班"荣誉的接力棒，高扬理想主义、革命英雄主义、集体主义旗帜，创新性地提出五个方面的班级建设经验。第一，依据"学—研—产—用"，落实"敢于竞争、善于转化"的时代性工业人才培养计划，将胡吉伟精神与全班专业学习与未来规划相融合。第二，基于"教师班主任—年级辅导员-研究生班主任—本科党支部书记—本班团支部书记"的指导体系，全方位实施"五级传承、多层培育"的系统性思想引领工程，完善"胡吉伟班"思政教育结构体系。第三，贯通"团组织实践—暑期社会实践—志愿服务实践—学生工作实践"的四维实践，保障"交叉融合、顶天立地"的针对性实践模式。第四，建立多院联合的"大班级"文化背景，拓展"凝聚数院、辐射大类"的人本性班级文化建设平台。第五，探索"思想—理论—学习—文化"四位一体，建立"'星火'相传、知行合一"的胡吉伟精神精品系列项目构建方法。

七、院系党委副书记点评

工业工程2001班深刻把握胡吉伟精神，在创建"胡吉伟班"的过程中，与工业工程专业特色有机融合，构建了党建带团建的班团一体化、多元包容的样板寝室、分工协作的党团小组、正向引导的积分激励等班级管理制度，有力保障班级良性健康成长。在大类招生的背景下，班级同学来自5个学院，该班采取系列措施，创建"胡吉伟班"，极大增强了班级凝聚力、向心力，帮助同学们迅速融合。班级学风优良，初步实现集体成才的目标，并涌现了一批先进个人。希望班级在建设过程中，坚持班级制度建设，制定特色更加鲜明的班约、班规，保障班级建设持续推进。

——机械科学与工程学院　段政

红心向党修身立德　海纳百川立志求真
——经济学院国商 2001 班成长纪实

一、班级建设基本情况

国商 2001 班强调个人内在成长、集体共同发展、对外深度汲取，班级现由 22 名个性鲜明、志存高远的优秀学子组成。

从班级成员个人层面来看，受益于双学位联合培养模式，国商学子完美适应了本专业开放包容、多元发展的特色，每个人积极探索自己的职业规划与人生道路：大一学年班级共整理归纳上万字班级同学个人规划互助信息；班级同学皆活跃在各类院、校级学生组织，参加各类竞赛，考取专业证书……开阔视野、深化认知是班级永恒的追求。

从班级整体层面来看，国商 2001 班学风优良——大一学年平均加权成绩较高，曾在年级大会中作为优秀班级代表向全院分享学风建设经验，得到充分认可；爱国爱党——班级建立入党积极分子配对帮扶制度，强化思想引领，班级成员基本都递交了入党申请书；热心公益——班级全员皆注册成为"志愿中国"志愿者，于校内外积极组织并参与义工活动……全面发展、共同进步是班级永恒的原则。

凭借优异的班级表现、爱国向党的青春力量、集体主义的道德追求等核心竞争力，国商 2001 班在华中科技大学经济学院第八届"胡吉伟班"评选、2021 年华中科技大学"胡吉伟班"争创活动中脱颖而出，接过"胡吉伟班"旗帜，并以立德、忠党、树志、求真为原则，知行合一，身体力行，继续精益求精，向前奋进。

二、班级建设思路

（一）思想建设

班级以"党旗领航，党建引领，创新党史学习模式"作为发展思路，将思想建设工作落到实处，并结合班级实际情况，制定如下方案。

1. 每月定期开展党史交流会

定期组织团会与党史交流会，让同学们更深入地了解党的发展历史，增进对党的认识，增强对党的认同感，从党的百年伟大奋斗历程中汲取前进的智慧和力量。

2. 定期邀请留学生开展胡吉伟精神交流活动

依托国际学生交流协会，同在校留学生一起，以小组形式展开胡吉伟精神交流会，既有助于国际学生提高汉语水平，又能发挥国商班专业长处，向国际学生传递胡吉伟精神内涵，促进文化传播。

3. 建立入党积极分子传递制度

通过积极分子内部组织党史党纲学习交流小组，增强党课学习积极性。以"积极分子带团员"的"老带新"形式，以党史党纲学习、思想状态交流等为主题增强入党积极分子与团员的交流。进一步营造班级同学积极向党组织靠拢的氛围，增强"思想入党"意识和自觉性，增强"行为入党"能力和积极性。

4. 组织参观红色景点、校史馆

组织同学们一起参观红色景点、校史馆等，并在活动结束后邀请同学们分享感受，增进同学们的友谊的同时，也让同学们接受红色思想教育。缅怀先烈、感悟革命精神，坚定树立共产主义远大理想与中国特色社会主义共同理想。

（二）学风建设

学风是班级全体学生学习态度、精神面貌、综合素质等诸多方面的重要体现。进入大学以来，班级积极好学的学风得到了诸多老师的认可与表扬。两个学位繁重的课程并未影响同学们的学习热情。大一学年中，全体同学合理安排时间、提高学习效率、认真对待作业与考试，取得了优异的成绩。

在大一上学期，国商 2001 班全体同学成绩均在 80 分以上；85 分以上 20 人，占比 77%；90 分以上 6 人，占比 23%，班级均分高达 87.68。班级同学无一人挂科，是学院 2020 级 9 个班级中独有的挂科率为 0 的班级。在大一下学期，班级同学成绩均在75分以上，80分以上19人，占比86%，85分以上11人，占比50%，班级均分高达84.70。国商2001班是学院2020级9个班级中挂科率最低的班级。

整个大一全年，班级成绩总体保持优异水平，平均加权成绩高达85.59分，排名位于年级前列。

（三）社会公益

国商2001班的每名成员都有一颗热爱公益的心，同学们始终秉持"奉献、友爱、互助、进步"的志愿服务精神。为了更好地从事志愿服务活动，班级22人全员注册了"志愿中国"志愿者身份。

在校内，班级同学积极组织并参与各种义工活动，班级总工时达441个小时。班级同学活跃在各个义工点——主校区图书馆、东校区图书馆、爱心义卖、爱心宿舍、东校区幼儿园、档案馆、地铁站、国际学生汉语辅导、校勤工助学岗、爱心义捐、阳光暖星……在志愿服务方面，国商2001班也绝不落后，同学们的志愿活动覆盖面广、种类多样，其中包括第五届学生代表大会志愿者、大学生年文化宣传志愿者、"见字如晤"对接山区小朋友、献血、温暖夕阳行等志愿服务。同学们的义工活动包括但绝不仅限于校内开展。在校外，同学们积极投身家乡的各种志愿服务活动，例如，疫情期间，有同学主动成为志愿者并投身当地社区的疫情防控工作，为社区贡献自己的力量。

国商2001班一直将志愿服务精神铭记于心，以胡吉伟校友为榜样，不断传承胡吉伟精神。

三、班级建设典型举措

（一）思想德行建设与组织建设

同学们一心向党，坚决跟党走，班级22人中22名同学全部提交了入党申请书，占比高达100%，其中已有15人成为入党积极分子，占班级人数68.1%。

其余同学也努力为成为入党积极分子而锻炼和提升自我。班级全体成员一同认真学习党的知识和理论。同学们按时开展每一期学院通知的主题团会，并不定期额外自发组织团课，传递新理论。同学们积极参与时事热点话题的讨论，交流看法；注重团会中与同学们的互动，创新团会开展模式，调动同学们学习的积极性、优化学习效果；对班内团员进行分组，组织各组完成团会召开和记录工作，增强团员的主人翁意识。

同时班级也始终定期开展党章学习小组的学习活动，共开展过5次学习活动。在学习过程中，同学们将理论与实际相结合，积极探索党章在新时代背景下的应用。同学们先后学习了党的十九大、习近平新时代中国特色社会主义思想，还开展了以"不忘初心，砥砺前行"为主题的系列学习，探索中国当代大学生应当如何践行"四个正确认识"，为国家的发展贡献自己的一份力量。在党的光辉照耀和理论指引下，在5次班级党章学习小组的活动中，班级同学参与率均为100%，无一人在思想上掉队。

在班级建设过程中，班级代表还与胡吉伟党支部学长学姐开展了交流会，一同探讨了关于践行胡吉伟精神和促进落实班团建设一体化等问题，并在班会上与同学们进行了交流分享。班级还开展过以"践行五四精神，做社会新青年"等为主题的班会、团会，为同学们提供思想引领。班级还两次自发组织前往青年园祭扫胡吉伟像，并前往施洋烈士陵园祭拜。

认真组织特色团日活动，以路演、问卷调研、参观工程实训中心等活动宣传红船精神和首创精神。答辩时同学们积极参与以红船精神为主题的诗朗诵，加深自身对红船精神的认识与思考。

为了传承好经济学院"明德厚学，经世济民"的精神，班级同学在刻苦学习之余，也非常重视对自身品德的培养。班级时常组织班级义工，前往东校区图书馆、东校区幼儿园等地点做志愿服务，号召同学们奉献自我、帮助他人、回馈社会。同时，班级内部团结统一，同学们互帮互助，尊敬师长，实现自身的全面发展。

班级刚成立时，同学们便选出了班长、团支书等班级委员及团支部委员共9人，每月开展一次班级委员会进行工作汇报并讨论下个月的工作规划。班级制度建设方面，同学们形成了以投票表决的方式通过班级工作方案的班级委员管理机制。为了促进班级同学积极参与班级活动，还设立严格的考勤记录制度，由班级委员会表决通过一系列奖惩措施并公示执行结果，将班级活动出勤率纳入评奖评优考核范围。班级还派班级代表与胡吉伟党支部成员进行了交流，讨论了班级建设和班团共建等问题。班级每个星期开展一次班会，同学们积极参与，认真学习，取得了较好的成果。

寝室是班级建设的最小单元，国商2001班各寝室内也迅速建立了寝室长制度并不断完善，形成了以宿舍为单位的学习互助小组，室友们相互促进，共同进步。将班级治理的最小单位缩小至寝室。寝室长除了负责寝室卫生管理工作，也肩负着关心寝室成员学习情况与心理状态的责任。寝室长制度使班级管理工作更加细致入微，同时也促进了班风良好发展。

班级同学多次与党员学长学姐交流沟通，虚心求教，深入了解党员的责任与担当，坚定自身理想信念，加强理论学习，用科学的知识武装头脑。经济学院辅导员及本科2020级党支部书记也时常参加班级班会，了解班级建设和组织现状，指导班级的各项工作。同学们在大学生活和学习上会遇到一些问题，他定期与班级同学谈心，解决同学们的各种困难，保障同学们身心的健康发展。同时，他也积极动员同学们递交入党申请书，做好入党积极分子的思想教育工作，鼓励同学们为成为光荣的党员而奋斗。

（二）学风建设

学习，是学生的天职。进入大学以来，班级积极好学的学风迅速得到诸多科任老师的认可与表扬。国商2001班的学风充分地展现着一个班级未来的发展前景与进步空间，深刻影响着班级所有人的成长路线。

"勤学如春之苗，不见其长，日有所增。惰学如磨刀之石，不见其减，日有所损。"双学位繁重的课程并未影响同学们的学习热情，国商2001班在大一上学期的学风建设过程中，全体同学合理安排时间、提高学习效率、认真对待作业与考试，取得的成绩与成就全院有目共睹。

整个大一学年，班级成绩总体保持优异水平，平均加权成绩高达85.59分，排名位于年级前列。班级到课率为100%。

在大一上学期，班级就确定了每个星期二晚上和星期四晚上集体在教室晚自习，营造班级良好的学习氛围，充分调动班级所有同学的学习积极性。由学习委员约好教室并记录好每个人的出勤情况，严格把关出勤率。根据大一学年班级同学整体学习情况，班级在大二一开学时就在班级内组成了"1+1结对帮扶"小组，小组同学相互学习，取长补短，同时，小组之间可以相互进行交流学习。

因取得了良好的学习成果，班级班长作为代表，在大一下学期首次年级大会上进行了班级建设经验分享，向学院2020级全体同学汇报班级学习成果与学风建设心得，赢得2020级全体本科生的充分认可。

（三）文化建设

班级同学兴趣爱好广泛，文化素养深厚，兴趣范围涵盖：辩论、小语种、乐器、绘画、摄影等。同时，班级以红色文化为导向，每月举行红色电影观影会及党史交流会，每次交流会上的党史知识问答活动更是让同学们在进一步学习党的知识和党的历史的过程中，深入了解党的优良传统和作风，不断增强对党的认识，更加坚定自觉地为党的事业而奋斗的决心。

除此之外，班级同学团结友爱，班级凝聚力强。班级同学共同开展并参与多种多样的班级活动，如和光学与电子信息学院电信班联谊，开展资助月资助知识竞赛活动，让同学们更好地了解学校相关的奖助学金政策；共同参与特色团日破冰活动及风采展示活动，让同学们在小游戏和排练过程中增进对彼此的感情与信任；共同参观校史馆，更好地了解在党旗领导下的华中科技大学的发展历程；班级同学还积极参加经济学院拔河比赛活动，并获得了院第二名的好成绩。与此同时，班级内部会定期开展团建活动，如团建聚餐、为班内同学举办生日派对等，同学们之间的感情也变得更加深厚。

班级充分尊重和鼓励文化多样性，紧跟世界全球化的潮流。班级开放包容，鼓励同学们用多样的思想碰撞出多样的火花。同学们通过自由设计和民主投票的方式定制班服。班级自主设计的班徽与班级专业发展目标相契合，采用彩虹图案与地球图案相结合，在表现美感的同时也蕴含着班级同学对未来的憧憬与期待，表现出国商2001班同学们开放包容、追求多元化思想的同时，不忘初心、牢记使命，在坚定理想信念、砥砺自我的过程中不断成长，期待着未来为党和国家贡献出自己的一份力量。

寝室卫生状况优秀，同学们均保持着良好的室内卫生情况，营造良好的寝室环境。在基础设施建设状况良好的同时，各寝室的文化建设也在有序进行。同学们积极参与经济学院"同寝共志，一室一家"寝室文化节活动，其中一个宿舍还获得了一等奖的好成绩。在展示寝室文化的过程中，同学们不断增强寝室凝聚力，更好地构建优良的寝室文化，为构建标兵寝室而不懈努力。各寝室的寝室长也积极关注国家反诈中心动态，积极并及时地向同学们科普相关反诈知识。与此同时，寝室以党和国家为导向，以红色文化为基因，组织同学们定期收看并学习国家政策与制度，时刻关注社会动态，培养自己的社会责任感。寝室内部也会开展各种团建活动，如爬喻家山、喻家湖夜跑活动等，同寝室室友之间的感情也越来越好。

（四）班风建设

国商2001班班风优良，学生勇于在各个领域不断开拓、尝试。班级同学注重综合素质培养与能力提升，在院、校级组织积极担任各项职务，班级学生工作参与率100%。院级部门任职数达到24人次，校级部门任职数达到26人次。班集体共举办过班级活动10余次，如欢乐谷同游、班级"轰趴"、喻家湖夜跑、时见鹿"悦"读、"力拔山兮杯"拔河比赛、春季长跑、聚餐、线上剧本杀等，班级氛围和凝聚力有了较大提升。同学们积极参与义工活动，上个学期班级资助委员共组织过两次班级义工，参与率逾95%，截至目前义工工时高达441个小时。除校内义工外，班级同学同样积极参与校外义工项目，如在流浪犬救助中心、医院、地铁站等地无工时自发参与志愿活动。寝室卫生状况优秀，每个月安排负责人定期检查并进行班内评比，同学们均保持室内卫生，营造良好寝室环境。同学们还积极参加社会实践活动，参与率高达100%。例如，黄莉茜寒假自发到社区报道，参与新冠肺炎抗疫工作；王柯雅、师明威主动参与河南省抗洪工作。除此之外，黄莉茜和马兆峰所在寝室还积极参与寝室文化节活动，向经济学院学生展现极好的寝室卫生及浓厚的寝室文化。

四、班级建设规划

（一）端正思想，树立理想

短期目标：以班级团会、团课活动为载体，通过理论学习、文体活动、志愿服务等活动，提高自身的思想素质，培养奉献精神。

中期目标：每学期收集班级成员个人规划，一人一档，实时跟进完成情况，彼此督促。确保每一名同学在本科就读期间都有明晰的规划，向既定的方向努力；确保每个人都在为自己的梦想而奋斗，同时立下目标，互相监督和帮扶。最终目标是在本科毕业后，每一名班级成员都能实现自己的未来愿景，达成班级整体的圆满。

帮助同学们明确个人目标和理想，发现自己的长处和优势，找准每名同学的方向和定位，并建立班级个人发展规划和档案，互相监督。

长期目标：在多元化的社会环境中，坚定地接受爱国主义教育，并将其作为思想学习的主旋律。爱国主义学习能使同学们在接触开放的文化环境时，自觉抵制民族虚无主义和崇洋媚外的思想，把爱国主义精神时刻牢记在心。

（二）努力学习，勤奋刻苦

短期目标：首先保持课内已有成绩，在零挂科率的基础上，把加权成绩提高到88分及以上，实现成绩的新跨越。

中期目标：不断完善学习激励制度，不断激发学习热情，并做好老师和同学们之间的对接。督促同学们的互助小组更高效地发挥作用，保证每名同学学好专业课，打好基础。

长期目标：课内外学习相结合。保证课内学习的同时，鼓励同学们积极参与竞赛和与本专业相关的项目，在年级内起带头作用，形成良好的课内课外学习氛围。

（三）热爱劳动，乐于奉献

短期目标：在保证义工参与率与总工时的同时，坚持每学期举办1次社会公益活动，每学期组织4次班级集体义工；设立班级学期最低义工工时；定期记录工时，在评奖评优时进行量化考核。

中期目标：形成义工激励及监督制度。建立工时奖励制度，每月评选义工"优秀个人"、向月工时前三名发放小奖品，推动树立劳动光荣之风。建立义工活动负责制，每次义工保质保量。

长期目标：统筹规划义工基地时间安排与班级课余时间安排，将义工活动与社会实践相结合。设立"公益社会实践月"，每月组织公益社会实践，关注环保、养老、助残等主题。完善义工基地体系，创新义工形式，让班级义工符合社会需求，切实提升同学们的实践能力、劳动意愿、社会责任感。

（四）投身实践，矢志报国

短期目标：确立班级同学清晰的职业规划。建立商业竞赛合作小组，运用知识及外语优势积极参与国际大型比赛，积累实践经验。关注大学生职业规划问题，实现全班职业规划、简历撰写全覆盖，保证每名同学建立清晰的职业规划，确定自身职业发展方向，培育核心竞争力。

长期目标：形成目标监督、合作、反馈循环体系。将志同道合的学生分为小组，形成监督打卡、合作互勉、经验分享的良性循环，以规划指导实践，实现个人与集体能力的最大化提升。

五、班级建设成果

（一）效果层面

一个班级就像一颗种子，希望在四年时间里，国商2001班这颗种子能够在"明史向党修身立德，海纳百川立志求真"的指引下成长为一棵参天大树，待到毕业时开花结果，再将更多种子撒播到祖国各个地方，继续发芽成长。

十分有幸，国商2001班这颗种子生长在经济学院这片沃土中，作为教育部首批"三全育人"试点单位，学院始终将"为党育人，为国育才"作为初心使命。这里有厚德励志、勤学致远的学生和笃志学问、潜心育人的老师，放眼望去，每一个人都在为"经世济民"的梦想而努力奋斗。这里还有第二批全国党建工作样板支部——胡吉伟党支部，党旗领航是班级鲜明的底色。

独具特色的"国际商务＋英语"双学位培养模式使得22名班级同学学贯中西，以多视角感受中国发展宏图。近10年来，本专业始终坚持"小而精"的培养原则，一届一班，培养出许多具有国际化视野与开放格局的新时代青年人才。

（二）育人效果

选取了4名优秀的班级同学作为班级的代表。

何渝凡，女，共青团员，入党积极分子。她执着地追求心之所向，在生活的波涛汹涌中乘风破浪。

少年的书桌上，没有虚度的光阴。她大一学年加权成绩平均分为89.51分，绩点为3.98（4分制），排名为专业第二；全国大学生英语四级考试（CET4）以645分的高分通过；已通过ACCA（国际注册会计师）Business and Technology科目；普通话考试以89分（二级甲等）通过。

少年的肩上，应担起草长莺飞与清风明月。她现任华中科技大学经济学院学生会主席团成员、经济学院学生会心理服务部部长、班级资助委员兼心理委员，担任华中科技大学韵苑公寓岗协管员、爱心联盟负责人、主校区图书馆长期义工组长；曾担任经济学院二课实践部部员、报账专员、华中科技大学广播站主播；曾获国兰奖学金、新生文体活动奖学金、"返家乡"社会实践"优秀实践个人"等荣誉；荣获第四届中华之星国学大赛全国一等奖、第三届"英语周报杯"英语读写能力提升行动全国一等奖；2020年秋季运动会本科女甲400米亚军、800米第四名，2021年秋季运动会本科女甲400米第四名、1500米第八名，第二十一届"华中大杯"演讲口才比赛十八强、华中科技大学英语协会英文"三行情书"优胜；也获得了围棋二段、拉丁舞九级的证书。

当遵从一心，踏浪而往；纵千山万水，也要抵达。今后她也将不忘初心，执着追求，砥砺前行！

刘思婷，来自国商2001班。因为对方向确定性的执着，刘思婷从大一开始就不断探索着自己的职业规划：求职模拟、商业策划、案例分析、市场营销……她参加了各种各样的比赛。后来她意识到，尽管很多决定现在是没办法做出的，但她能不断提升自己的各项能力。

大二伊始，因为"点石创校"的机会，她认识了一群来自不同学校、有着不同优秀之处的同学。她惊叹于其他同学的优秀，并被他们所影响，逐渐学着在忙碌的生活中沉淀自己，找寻自己的坐标。

保持对世界的好奇，不断学习新知识，认真做好每件事，是她对自己的期待。个人荣誉有北京大学光华管理学院案例大赛全国前九强；2021年度经济学院

"自强大学生标兵"、"优秀共青团员"、"优秀协管员"、新生社会公益奖学金、自强奖学金。

王萌萌，以"我不知将去何方，但我已在路上"为座右铭。

跨入大学是她人生中一个重要转折点，由于各种原因，她时不时会感到迷茫与无力。但是，她学会了通过不断努力，活在当下，慢慢进步，一步一步地往前走，回望来时路也会为自己感到自豪。

她的大学生活分为三大板块：学习、学生工作与课外活动、兼职。她投入了大部分的精力学习，刻苦钻研，最后取得了专业第一名的成绩，这背后承载了她日日夜夜的努力。课外她也会参加比赛，加深对专业知识的理解，获得 WPS 营销策划比赛校区优秀奖。学生工作方面，她目前任经济学院二课实践部负责人，主要服务同学们的社会实践工作。虽然双学位课业压力大，但由于家庭经济原因，她仍然分出时间去做各类兼职来承担自己的学杂费。

一路走来，她收获了许多认可：新生学习优秀奖学金、自强奖学金、学习优秀奖学金、国家励志奖学金。

她坚信，走好自己选择的路，她的篇章仍待她去书写。

黄莉茜，以家国情怀树远大志向，关心社会，关注现实，乐于服务，勇于突破，积极在实践中锻炼成长，在实践中深化认识，在实践中明确方向。在校内，她参加"星火计划"学生骨干培训班，在"党旗领航工程"下不断深化对党的认识；加入校团委青年发展中心，服务于校"第二课堂成绩单"制度实施；加入校本科生党建工作联席会，组织参与各类学生党建工作；热心班级事务，积极参加班级"胡吉伟班"争创等各项活动。在校外，她围绕"脱贫攻坚""乡村振兴""基层治理""建党百年""就业发展"等主题，先后前往湖北、上海、内蒙古、山西、广州等地参加实践调研项目，共参与1个国家级项目、4个校级项目和1个院级项目，所在团队及个人2次获校"优秀实践队"与"优秀实践个人"称号。

六、班级建设总结

作为经济学院第八届"胡吉伟班",国商2001班始终将"以德立班"作为班级建设的核心,以党建为龙头,用理想信念铸灵魂品格。在思想建设方面,班级定期召开党史学习交流会,实地走访参观红色景点;在学风建设方面,班级合理安排时间,组织学习小组,成绩位列年级前列;在社会公益方面,班级全员注册"志愿中国"志愿者,积极参加各种义工活动,疫情期间班级同学主动担任志愿者,投身当地社区新冠肺炎疫情防控工作,为社区贡献自己的力量;在文化建设方面,班级积极开展形式多样的班级活动,班级凝聚力不断提升。在胡吉伟精神的指引下,班级在各个方面都得到了良好的发展,班级的每名同学使命感、责任感越来越强。"胡吉伟班"不仅仅是一个荣誉,更是一份责任,一种传承。国商2001班会继续在胡吉伟精神的指引下前行。

七、院系党委副书记点评

国商2001班作为院、校两级的"胡吉伟班",在思想、学风、文化建设等方面取得了优异的成绩,不仅获得了一些集体的荣誉,如"优良学风班",还涌现出一大批综合素质高、德智体美劳全面发展的优秀个人,是全院学习的榜样。班级是大学生的基本组织形式,是大学生自我教育、自我管理、自我服务的主要组织载体,也是大学生情感交流、相互学习和能力培养的重要平台。因为大学中学生发展的个体化差异较大和缺少固定的班级活动场地等原因,班级建设存在一定的难度,而荣誉班级制度能更好地发挥全员育人实效,激发班级所有同学的积极性,为班集体发展提供一个共性的发展目标,增强班集体的荣誉感和归属感,从而更好地促进班级凝聚力的提升和全体同学的进步。

——经济学院 崔金涛

传承红色精神，担当绿色使命
——能源与动力工程学院能动 2004 班成长纪实

一、班级建设基本情况

能动 2004 班由 21 名同学组成，全体同学均为共青团员，其中有 14 名入党积极分子和 2 名预备党员。班内设置党章学习小组，强化对班级同学的思想引领。班团组织架构齐全，有组织、有纪律，切实为班级同学的成长服务。班级师资力量强大，班级由 2 名教师班主任、1 名研究生班主任以及 1 名校友导师共同指导，此外，21 名同学分别各配备一名"5211 育人计划"导师，25 名导师为每一名同学提供多角度、全方位、深层次的指导。

能动 2004 班一直在用实际行动争做"以德立班、集体成长、勤学自强、无私奉献"的典范。在"党旗领航工程"的指引下，党章学习小组和团支部每月开展相关学习活动，二者相辅相成，既大大提升了有入党意愿的同学的思想觉悟，又让这部分同学带动了其他同学，确保班级整体用理论武装头脑，筑牢信仰之基。各班级委员则秉承服务同学成长的精神，通力合作，从生活、学习、文化素养提升和身心健康等方面为同学们保驾护航，获得同学们信任的同时，也取得了良好成效，班级风采多次被能源与动力工程学院官网和"动力 1953"公众号报道。

班级同学找准定位，认清学生本职，严抓学风建设。大一学年成绩居年级第一名，班内有 1 人获得国家奖学金，3 人获得国家励志奖学金，3 人入选启明学院本科特优生，3 个寝室获评"优秀寝室"。在做好本职工作的基础上，围绕能源专业，挖掘专业特色，扛起绿色使命，大一学年班内共有 16 名同学参加科创活动，并收获了全国大学生节能减排社会实践与科技竞赛成长组一等奖、二等奖，全国大学生节能减排社会实践与科技交流赛一等奖，1 个大学生创新创业项目获省级立项，3 个大学生创新创业项目获院级立项。

赓续红色基因，铸就担当精神，班级在每月的理论学习中，不断提升思想觉悟，并将为群众办实事融入学习生活的每一分每一秒。班级同学积极展现服务精神，班内13名同学担任班、院、校的负责人，12名同学积极投身各类社会志愿服务活动，在不同的社会志愿服务活动中，他们成为基层新冠肺炎抗疫志愿者、校史馆讲解员、关爱留守儿童的"通信大使"、公益宣传片拍摄的"封面人物"等。

在25名导师的指导下，在班团组织和党章学习小组的带领下，以及21名同学的努力下，能动2004班成功地将他们的班级口号"德才兼备铸就卓越华中大学子，砥砺奋进争做大中华栋梁"印在了教室里、宿舍里、同学们的心里。

二、班级建设思路

能动2004班始终铭记"志存高远，勤学自强，无私奉献，敢为人先"的班级精神，全班上下团结一致，在能源与动力工程学院团委、党委的领导下开展各项工作。班级坚持传承红色精神，担当绿色使命，以党的红色精神为引领，以能源专业的火红为底色，让青春力量传递社会正能量，让"能源人"向世界输送绿色理念。

（一）以党的红色精神为引领，提高政治觉悟，深化德行教育

通过翻转团课、党章学习和讲座分享等方式强化对习近平新时代中国特色社会主义思想、伟大抗疫精神、党史的学习；通过班级活动、社会实践和志愿服务等途径引导班级同学在实践中切实提高思想觉悟、道德水准和文明素养；通过建立和完善班级制度，畅通导师、班团组织、学生三者之间的沟通渠道，扩大班级工作的覆盖面和提高其影响力，提高解决问题的效率，强化意见反馈的调节作用，为同学们的全面成长提供土壤；通过建设好寝室文化，依托每个星期寝室谈心，掌握同学们学习、生活和科研等多方面的成长。

班级积极践行我校"党旗领航工程"，组织开展新生第一堂思政课暨集体递交入党申请书活动，学院党委副书记、两名辅导员进班级为同学们讲授第一堂思政课，同时举办"早日站在党旗下"集体递交入党申请书仪式。辅导员李励向新生们介绍了大学生活的各项事宜，包括辅导员的工作、各种学生组织与活动、同学们的学习与生活态度以及遇到问题的处理方法等，帮助同学们更好地适应大学新生活。

组织班级同学多次参观校史馆。由班长、团支书学习校史后为同学们进行讲解。在回顾学校发展的历史中学习前辈的优秀思想，增强班级的凝聚力。此外，

在抗疫展览馆的参观中，学习到了伟大的抗疫精神，体会到了中国共产党是始终把人民群众生命安全和身体健康放到第一位的，领悟到了中国共产党领导和中国特色社会主义制度的显著优势。

班级内共青团员占比100%，14名入党积极分子参加年级党支部党组织生活会。班级成立了党章学习小组，姚懿航担任组长，每学期至少开展5次党章学习活动。班级团支部委员会每月依主题召开主题团会、团课，先后进行了致敬革命英烈、中国文化专题学习、两篇人民日报文章专题学习等。

以"忆中华往昔，追华中新梦"为主题，与机械类2038班、计科2007班联合举办特色团日活动，特色团日活动中组织班级同学观看电影《八佰》，激发同学们的爱国之情。组织清明祭扫英雄胡吉伟像活动，重温胡吉伟校友事迹，传承胡吉伟精神。同时，班级同学分为若干队伍在符合疫情防控要求的前提下展开暑期社会实践活动，收获颇丰。

班级内投票选举产生了班级委员会、团支部委员会，各寝室选举产生寝室长，制定了详尽的宿舍文明规范。班级委员会建立以后，征求班级同学、研究生班主任、教师班主任以及辅导员意见制定了本班的班规以及班级委员轮换制度，积极配合学院和班级规定，并结合班级实际，有序推进班级建设和管理；积极听取班级同学的意见和建议，帮助同学；班级委员与同学们共同监督实施班级制度，班级委员向班主任及时反馈实施情况，班级制度实施状况良好。

班会每个星期1次，遇到特殊情况会举行多次；团课、团会保证一月1次，并结合时事政治选择主题。创新团课形式，在其中一期以宿舍为单位分享杨靖宇、孙立人、谢晋元等英雄的事迹，提高同学们的参与度和积极性。班级每个月定期开展2次团会，班级委员、团支部委员和入党积极分子会另外开展政治理论学习。

（二）以能源专业的火红为底色，强调学习本职，培养专业兴趣

学习委员帮助加强班级同学和专业老师的联系，每个星期按时记录作业、学习任务和课程笔记，确保稳步推动班级同学的学习进程；举办学习交流会，邀请老师、优秀学长学姐和同学进行知识串讲和难点解析，做到班级全覆盖；班级内设立学习小组，小组内同学互相监督，相互帮扶，共同提升；对于学习上存在一定困难的同学，建立一对一帮扶方案，有针对性地解决个体问题；联合其他班级定期举办社区沙龙活动等交流活动，将专业知识和专业特色灵活融入活动；在入学一周年之际，开展"致家长的一封信"活动，引导班级同学正确认识自己、定位自己，提前做好生涯规划，将未来的职业规划融入今后的学习生活。

每次阶段性考试结束后，班级委员召开学风讨论会，由学习委员带头，针对班级出现的问题进行分析以及制定对策。在校期间定期组织集体自习，班级学习氛围浓厚，学习方式灵活多样。组建学习小组，增加寝室外同学们的交流互动，平时交流课程内容、分享日常生活，考前讨论解疑。设置一对一学习小组，两人相互监督，相互帮助。对于学习困难的学生，专门安排成绩优异的入党积极分子"结对帮扶"，坚决不让任何一名同学掉队。积极参与学院开展的系列讲座，内容包括能源与动力工程学院新生大讲堂、心理健康知识普及、博士生大讲堂、职业生涯规划、自我认知、PPT制作、简历制作等，在不同阶段帮助同学们更好地规划学业。

班级依托学院形成三位一体的全面育人制度，班级配备教师班主任2人、研究生班主任1人，在主要课程学习和学风建设上给予帮助；校外有校友导师为同学们对接企业、提供就业方面指导；每名同学配有"5211导师"（即5名本科生导师＋2名研究生导师＋1名博士生导师＋1名专业导师的师资配置），为同学们提供一对一的精准帮助和指导。

让青春力量传递社会正能量，发挥榜样作用，辐射身边群众。对内不断加强班级内的凝聚力，通过生活会、集体爬山、班级宣传等方式，将21名同学逐渐化为1个能动2004班；对外不断强调个体对社会的认识与贡献，实时将学校义工群中的志愿服务信息转告班级同学，班级由"1"化为"21"，定期前往福利院、敬老院、图书馆、街道、景区及社区等地进行志愿服务；利用好网络阵地，将班级力量通过微信等平台传递出去。

班级委员会成立以后积极推进班级文化建设，设计了班徽，制定了班服、班歌。建立了较为完备的寝室长制度，并要求每个寝室都有属于自己的寝室特色，每一个寝室都有明确的寝室管理条约，分别从学习、作息、娱乐、卫生等方面制定，并由寝室长进行监督。形成特色寝室文化主题：传统文化主题、学习主题、运动主题、科研主题等。积极推进班级微信公众号平台建设，将其作为班级同学的陪伴，也是班级成长与发展的见证，并且将公共平台交由班级同学集体建设。

班级组建以来积极组织集体活动。一方面，根据课程安排和考试进度鼓励集体自习和考前集体复习交流，另一方面班级积极组织文体活动。2020年秋季运动会上有同学们奔跑、跳跃的身影；班级风采展上，全体同学登台介绍班级，表演朗诵。另有2次参观校史馆，3次举办集体生日活动，多次室外班会，2次社区沙龙文化活动、入学一周年纪念系列活动等。每月班集体活动超过2次。

积极鼓励同学们参加社会实践义工活动,不定期在班群中发布相关义工信息,多名同学积极参加。晏君豪、周金锋、陈代新等同学在符合疫情防控要求的前提下展开暑期社会实践活动;汪岑、陈可为、杨镇维、邱润林等同学积极参与寒暑假期间家乡的疫情防控工作,成为疫苗接种志愿者。在入学一周年之际,开展"致家长的一封信"活动,通过给家长写信的方式开展感恩教育,对大一生活做总结,并进入新一年的成长阶段。

(三)让"能源人"向世界输送绿色理念,坚定专业自信,胸怀报国之志

养成学习生活好习惯,坚持要求加强个人身体素质,号召班级同学课外每个星期至少锻炼两次;根据同学兴趣设置各类运动小组,为同学们线上线下交流运动提供平台;组织班级同学集体参加学校体育嘉年华,春季、秋季运动会等体育活动,强健体魄。学好专业基础知识,借由"5211导师"制度,发动班级同学积极参与科研活动,加强专业认识;强化专业技术转化,班级建立了多支学科竞赛队伍,以全国大学生节能减排社会实践与科技竞赛为阵地,各队伍在赛余时间相互交流学习、交换感受和分享经验。

每位同学配有"5211导师",为同学们提供一对一的精准帮助、指导以及科研的引领,陈可为、姚懿航、陈清华、晏君豪等多名同学进入对应导师的课题组接触科研工作。

鼓励班级同学培养科研素养、创新发展,班内组建了节能减排系列比赛队伍、大学生创新创业比赛队伍、大学生算法设计与编程挑战赛队伍等,取得优异成果。科创比赛成果显著,杨镇维等同学(7人)获得全国大学生节能减排社会实践与科技成长组一等奖(第一名)。

三、班级建设规划

(一)思想德行建设规划

进一步加强对班级同学的政治引领,加强对习近平新时代中国特色社会主义思想、伟大抗疫精神、党史的学习,以翻转团课等方式,让同学们更全面、丰富、客观地认识时事,做有理想信念的大学生。

定期开展党章学习并提升当代大学生对党的认识,党章学习小组组织多次学习与测验,努力将提交入党申请书人数比例提升至100%。

对于已经成为入党积极分子的同学,每月积极邀请他们参加各类党组织生活会和优秀讲座,并且撰写学习心得与报告。

增加实践学习的次数和丰富其内容，在符合疫情防控要求的前提下，通过实地参观，缅怀历史，不忘初心。鼓励同学们就近就便积极参加社会实践活动，到基层、农村和企业去了解情况、深入认知。

（二）组织建设规划

完善班级各事务意见反馈制度，通过线上、线下等多种不同渠道，以匿名与不匿名等方式，在班级同学了解情况的前提下积极引导班级同学对班级各项事务反馈意见，让每名班级同学都参与班级的建设工作。

完善班级会议制度，提高班会、班级委员会开会效率和问题解决效率，由不定期开长时间的班会改为定期线上或线下开短时间的小会，及时解决问题。

明确各班级委员职责、分工，提高班级工作效率。将各项班级事务分配给主要负责人和次要负责人，其余班级委员接受调动安排。减轻班级委员工作压力，提高班级委员工作热情和积极性。

加强班级委员个人与辅导员老师、教师班主任、研究生班主任的联系。让导师们能及时了解班级现状和工作推进进度，也让班级得到及时的指导与帮助。

寝室每个星期谈心，分享学习、科研、生活上的思考，在合作中携手并进。

（三）学风建设规划

为提高同学们的学习热情，并且切实解决同学们反映的自习效率低下的问题，改进班级自习方案，成立学习小组来互相监督，相互帮扶和提升。

建立班级答疑群，鼓励同学们积极询问疑惑点和难点。学习委员积极与任课老师联系，跟进教学进程，及时反映同学们的学习状况。

鼓励同学们在学有余力的情况下，积极参加各种学科竞赛。班级相应建立数学建模交流小组、节能减排比赛交流小组等，各队伍在赛余时间交流感受和分享经验。

对于学习存在困难的同学，建立一对一帮扶方案，由入党积极分子带头实行。

在考试前，班级组织复习交流会，同学们可以互相答疑，同时邀请学长学姐或老师来指导学习。

（四）文化建设规划

定期举行集体生日会，为近期过生日的同学们送上生日蛋糕和祝福。组织森林烧烤、爬山等集体活动，以此增加同学们的交流，让同学们在班集体中收获快乐和友谊。

联合其他班级定期举办社区沙龙活动等交流活动，一起作画、写文、读书等。在陶冶情操的同时也能增加与其他班级的交流，结交更多的朋友。

积极参加学院组织的文化活动，如班级合唱大赛、班级拔河比赛，和不同年级的班级同台竞技，也让同学们从其他优秀班级那里获取努力方向与前进动力。

积极推进班级微信公众号平台建设，让其成为班级同学的陪伴，也成为班级成长与发展的集体见证。将公共平台交由班级同学集体建设，增强同学们在班级事务中的参与感。

以一个寝室为单位，鼓励同学们营造属于自己的寝室文化，和室友共同创造一个和谐优秀的寝室环境。同时鼓励各寝室之间相互交流和借鉴，共同进步。

由体育委员负责，将有共同兴趣爱好的同学们聚在一起发展交流，帮助同学们发展自己的爱好。

（五）班级志愿活动建设规划

班级内部志愿活动：考试周前举办复习交流会，以 11 名入党积极分子为代表的学有余力的同学进行知识串讲与答疑，助力班级齐头并进，共同进步。

校内志愿活动：鼓励班级同学通过学校义工群获取志愿服务信息，鼓励组队进行志愿活动等。

校外志愿活动：每月月初举办 1 次，具体时间由资助委员及班级委员确定。活动内容多为前往福利院、敬老院、图书馆、街道、景区、社区等地进行服务。鼓励同学们积极参加学校义工部或者其他义工组织的活动，如和留守儿童每月通信等。保证志愿活动开展的多样性、广泛性、全面性。活动要求班级全体成员参与，活动后每名同学写一篇 200 字左右的总结。

（六）班级体育建设规划

全班同学按时出勤体育课，不迟到，不缺勤，增强身体素质，提升专业技能。

要求同学们课外每个星期至少锻炼两次，在星期六晚进行一次集体锻炼，其他时间自由运动。

若有同学在体测项目中不及格，则须在上一条要求的基础上重点进行锻炼加强。

设置各类运动小组，兴趣相同的同学成立小组一起运动，方便同学们线上、线下交流运动。

集体组织参加学校体育嘉年华，春季、秋季运动会，在娱乐和竞赛中拼搏、锻炼。

为有控制体重需要的同学提供健康体脂秤，监测身体指标，验收运动成果，形成体育运动的健康习惯。

（七）网络公众号建设规划

学习委员每个星期按时整理这一个星期的作业和学习任务，课程笔记更新到群文件。

心理委员每日推送心理健康小知识。

生活委员每日更新"天气小助手"，并及时提醒同学们下雨带伞、增减衣物等。

班级重大活动的精选照片发布到 QQ 群相册，活动记录和活动感受分享到公众号。

（八）班级社会实践建设规划

关注学校官方微信、义工部、中青校园提供的社会实践机会，鼓励同学们在时间、精力允许的范围内多参加实践活动，引导班级同学提高思想觉悟、道德水准和文明素养，并进一步了解胡吉伟校友优秀精神品质和"胡吉伟班"的优秀事迹。

实践后，班内开展经验分享会，分享成长和实践经历，让更多同学接触社会实践并参与其中。

四、班级建设成果

（一）班级育人模式

依托能源与动力工程学院，班级形成全面育人师资配备模式，21 名同学配备"5211 导师"，其中学院院长、书记、杰出青年均担任学生导师，给予每名同学一对一指导。此外，班级配备两名博士生导师作为教师班主任，"优秀毕业生"、东方电气集团有限公司项目经理担任校友导师，为班级同学提供全面、细致、个性化的发展指导。班级内组建5个学习小组，另设5对一对一帮扶小组，在学习中教学相长，在生活中互帮互助，促进班级集体成才。

（二）育人效果

1. 班级优秀个人

（1）陈可为。

根之茂者其实遂，桃李不言，下自成蹊。在学习上，陈可为认真勤勉，坚持自律,取得专业第二名的成绩。在社会实践上,他积极参加地方社区的基层抗疫,搭建"爱心愿望墙"平台,获评"共青团优秀志愿者"。科研方面,他加入二课,并在全国大学生节能减排社会实践与科技竞赛中取得佳绩;研究算法并开源到GitHub平台;加入华为MindSpore SIG Members,编写电磁、传热物理深度学习仿真框架。他坚信"青年是中华民族的脊梁",秉承科研报国精神,积极投身赛事,立志在ICPC为国捧回金奖。

所获荣誉:

2021年11月　杭氧奖学金

2021年　华中科技大学本科特优生

2020—2021年　华中科技大学校"三好学生"

2021年5月　第十四届全国大学生节能减排社会实践与科技竞赛成长组二等奖

2021年　中国自动化学会CAA成立60周年暨钱学森诞辰110周年"杰出个人"表彰

2021年　全国大学生人工智能与自动化设计竞赛特等奖

2021—2022年　第三届全国大学生算法设计与编程挑战赛金奖

2020—2021年　新生学习优秀奖学金

2020—2021年　新生自强奖学金

人生格言:

小白变大牛,唯有冲冲冲!

(2)韩嘉浩。

能动2004班原班长,作为班长带领班级获得"活力团支部""优良学风班""胡吉伟班"荣誉称号。他学习刻苦,专业排名第六,积极参加科创项目,担任大学生创新创业项目队长,获省级立项,并获得全国大学生节能减排社会实践与科技竞赛成长组一等奖。他追求服务社会,担任校史馆讲解员、院党建中心组织部和学生会常务中心负责人,每月和留守儿童通信,给予他们关爱和陪伴。他还参加公益宣传片拍摄,成为封面人物,并参与母校回访活动,获评"优秀个人"。

所获荣誉:

2020—2021年　国家奖学金

2021年　华中科技大学本科特优生

2020—2021年　华中科技大学校"三好学生"

2020—2021年　华中科技大学"优秀共青团员"

2021年5月　第十四届全国大学生节能减排社会实践与科技竞赛成长组一等奖

2021年10月　亚运英语之星大赛入围全国总决赛

2020—2021年　新生学习优秀奖学金

2020—2021年　新生社会公益奖学金

2020年　本科生军训"优秀学员"

2021年　"返家乡"社会实践活动"优秀团队"

2020—2021年　优秀学子回访母校"优秀个人"

人生格言：

真理无穷，寸寸欢喜。

(3) 杨镇维。

能动2004班班长。他在学习上脚踏实地，专业排名第九。在科研上，他作为队长获全国大学生节能减排社会实践与科学竞赛成长组一等奖，大学生创新创业项目获院系级和省级立项。在学生工作上，除为班级建设和发展奉献自己的力量外，他还担任能源大科协赛事部部长，参与主办和承办全国大学生节能减排社会实践与科学竞赛等赛事来服务同学。在社会服务方面，积极参加社会实践和义工服务活动，珞雄路地铁站义工活动、"99公益节"中都有他的身影，他在温暖他人的同时体会生活。

所获荣誉：

2020—2021年　国家励志奖学金

2021—2022年　华中科技大学本科特优生

2020—2021年　华中科技大学校"三好学生"

2020—2021年　华中科技大学"优秀共青团员"

2021年5月　第十四届全国大学生节能减排社会实践与科学竞赛成长组一等奖

2020—2021年　新生学习优秀奖学金

2020—2021年　新生自强奖学金

人生格言：

不畏将来，不念过往。

2. 集体层面

班级入党申请人占比90%，15名发展对象，2名预备党员，积极开展主题团日、翻转团课、"青年大学习"、特色团日等活动，班级获评"活力团支部"荣誉称号、2021年华中科技大学"胡吉伟班"荣誉称号。

班级大一学年加权成绩位列年级第一名，3人进入年级前十名，8人进入年级前二十名，1人获得国家奖学金，3人获得国家励志奖学金，3人入选启明学院本科特优生，累计获得奖学金近5万元。

16名同学在大一参加科创项目，班级两个小组分别获得全国大学生节能减排社会实践与科学竞赛成长组一等奖、二等奖。班内1个大学生创新创业项目获省级立项，3个大学生创新创业项目获院级立项。进入大二后，半数同学加入课题组开始进一步科创探索，为勇担科技自立自强的时代责任打牢基础，为实现"碳达峰""碳中和"的"双碳"目标贡献青春力量。

陈可为代表华中科技大学参加全国大学生数学竞赛。谢宇佳是唯一一个入围全国大学生先进成图技术与产品信息建模创新大赛的能源与动力工程学院学子。韩嘉浩参加杭州亚运会亚运英语之星大赛，作为唯一一个没有指导教师的校内五强选手入围全国总决赛。

班级同学无私奉献，扎根祖国大地参与实践服务活动。13人次担任班、院、校负责人。12名同学积极参与各类社会志愿服务活动，他们成为基层抗疫志愿者、校史馆讲解员、关爱留守儿童的"通信大使"、公益宣传片拍摄的"封面人物"等。班级同学100％完成社会实践调研，一支队伍获评院级项目。

班级思政课、清明祭扫活动、学风建设班会、心理健康班会、传统文化社区沙龙活动被华中科技大学能源与动力工程学院官网5次报道。班级评选"胡吉伟班"的故事被极目新闻、网易新闻报道。

五、班级建设总结

华中科技大学能动2004班坚持以党的红色精神为引领,树立崇高的理想信念,培养勇担重任的责任精神;以能源专业的火红为底色,激励学生不负青春光阴,打好专业基础;以青春力量传递社会正能量,认识世界、深入社会、奉献国家、服务人民;以能源学子身份输送绿色理念,将个人生涯规划与专业学习相结合,为国家、世界的绿色发展添砖加瓦。能动2004班的班级建设工作坚决贯彻以思想政治工作为引领,从思想上拔高个人成长高度;坚持完善班团建设制度,在生活学习的方方面面为学生成长提供空间;在生活学习中不断融入专业背景,为个人的成长提供养料。这样的建设思路,在做好传承的同时,也加入了新鲜生命力,值得借鉴。

六、院系党委副书记点评

能动2004班以思想政治工作为指导,结合能源专业背景,深化德行教育的同时,发挥专业优势,用"德才兼备铸就卓越华中大学子,砥砺奋进争做大中华栋梁"这句话不断激励、要求自己。在思想政治工作的引领下,能动2004班申请入党的同学比例达90%,结合日常深入彻底的学习,多名同学前往基层实践调研,并活跃在各个服务岗位,成为基层抗疫志愿者、关爱留守儿童的"通信大使"、公益宣传片拍摄的"封面人物"等。正是由于班级同学将个人成长与能源专业相结合,才有16名同学接触科创,50%以上的同学加入课题组,提前开始科研探索,为勇担科技自立自强的时代责任打牢基础,为实现"碳达峰""碳中和"的"双碳"目标贡献青春力量。"胡吉伟班"富有理想、乐于奉献、舍生忘死的精神在不断传承,而如何在其中添加新的生命力,则要不断思考其如何和时代的发展、专业科技的进步相结合。

——能源与动力工程学院　孙禄

爱国勤学　创造未来
——土木与水利工程学院智能建造 2001 班成长纪实

一、班级建设基本情况

作为智能建造专业第一批学生，由学院党委书记任教师班主任，带领全班 26 人认真学习贯彻胡吉伟精神，团结一致在各方面争先创优。党旗领航强信念，通过各类主题学习、社区活动、实习实践、科创竞赛不断提高思想认识，适龄学生入党申请率达 100%。"学在华中大"勇争先，班级平均加权成绩 88.29 分，位列年级第一名（超第二名 5.92 分），全员排名年级前 20%，大学英语四级通过率 100%，科研竞赛参与率 100%。齐头并进广发展，班级委员、团支部委员配备齐全，院、校两级学生干部占比 80% 以上，班级同学广泛活跃在各类学生组织、社团及志愿服务队。班级同学及班集体曾获全国大学生智能建造与管理创新竞赛特等奖、最具商业价值奖，工程管理与智能建造教育分会"海创汇杯"智慧城市与智能建造大学生创新创业竞赛总决赛三等奖，校心理健康教育活动二等奖，校"十佳团会"，校特色团日二十佳、院资助月十佳等荣誉。

二、班级建设思路

（一）在思想方面

通过每月定期开展班团会，丰富同学们的党史知识储备。定期以时事热点为主题开展团课。建立党章党史学习小组，分组学习，提高学习效率。对于团员，每个星期定期检查党史知识学习情况，提高其知识储备量和思想积极性，鼓励其积极申请入党；对于已申请入党的同学，提出在不与课程冲突的情况下，积极参与党支部组织的活动，认真积极学习党章的要求，定期开展自我反思批评会议，改善学习方法与思想，加深对党的理解和认识；对于成为入党积极分子的同学，鼓励其积极参与学校优秀讲座以及有关党史的知识分享会，及时撰写思想汇报，并在班内宣传展示，给其他同学入党提供借鉴，促进同学们互相交流，提高入党积极性，提高入党思想觉悟，为以后的入党工作做好准备。建立一个爱国爱党、有志气、有理想的班集体。

（二）在组织方面

通过明确班级委员分工，细化班级事务到班级委员个人，提高班级委员办事效率，锻炼班级委员协调合作能力和分工组织能力。鼓励班内同学积极参与协助班级委员工作，充分调动班级成员工作积极性，提高全体同学参与感与归属感。完善班级制度，设立线上、线下班级意见反馈渠道，改进班级委员办事方法，提高班级凝聚力和班级委员的组织协调能力，提高全体同学班级建设参与度。定期开展班级委员会，让班级委员进行批评和自我批评，并提出改进方法，互相交流彼此工作心得，并灵活调整会议开展方式和地点，提高会议效率，减轻班级委员在时间分配上的压力。班级委员与班级同学共同参与班级建设，建立一个和谐友爱、团结一致的班集体。

（三）在学风方面

通过加强学风建设，鼓励同学们建立学习小组、一对一帮扶小组，提高同学们的学习积极性，互帮互助，共同进步。鼓励同学们积极向学习委员反馈学习问题，由学习委员安排组织线下答疑，或请教老师，由老师统一安排答疑。鼓励同学们积极参加学科竞赛，结合专业知识，并积极寻求学院老师的指导与帮助，打好科研基础，提升科研能力。鼓励同学们保持良好的学习生活习惯，提高学习效率，合理规划学习时间。多项举措落地落实，建立一个学风优良、热爱学习的班集体。

（四）在志愿服务方面

通过丰富的活动形式，鼓励班级同学在时间充裕的情况下多多参加志愿活动。建立志愿活动评比制度，对志愿活动中表现优秀者进行提名表扬，带动班级志愿服务积极性。定期开展志愿服务经验分享会，交流志愿服务经验，为班级同学提供借鉴参考。班级同学积极参与志愿服务，建立一个有爱心、乐奉献的班集体。

（五）在文体方面

通过积极举办文娱活动或体育竞技活动，丰富班级同学课余生活，缓解学习压力，提高身体素质，学习艺术知识。鼓励同学们积极报名参加学校及学院各项文体活动，促进班级同学德智体美劳全面发展，为个人以及班级争得荣誉，提高同学们的集体荣誉感和自豪感，建设一个全面发展、各方面创优的班集体。

三、班级建设典型举措

（一）胡吉伟精神学习

（1）开展学习胡吉伟精神的主题班会。在开展的学习胡吉伟校友精神班会中，详细地介绍了胡吉伟校友的英雄事迹，带领同学们深入了解和深刻学习了胡吉伟校友舍己为人的无私精神和高尚品德。同学们十分感动，踊跃发言，表达自己对胡吉伟校友的崇敬与敬仰之情。此外，同学们还就如何学习和发扬胡吉伟精神展开了讨论，并写下了自己的心得体会。会后，班级同学自发去胡吉伟像前缅怀胡吉伟校友。

（2）与"胡吉伟班"土卓1801班班级委员开展了交流座谈会。在胡吉伟精神的理解与践行、班级精神文化建设、班级组织建设等方面进行了交流。

（3）开展弘扬胡吉伟精神的班级活动。班级委员组织开展学习、弘扬胡吉伟精神的演讲比赛，同学们积极报名参加。通过这种方式的学习加深同学们对胡吉伟精神的理解，班级上下呈现出一种争学胡吉伟精神的优良态势。除了演讲比赛，班级还多次举办胡吉伟精神宣传活动，号召同学们在校园内外对胡吉伟精神进行宣传，进一步加深对胡吉伟精神的学习和理解。

（二）班团建设

1. 班级委员建设

（1）大一学年，班级委员共召开4次集中会议，分别就如何处理同学们之间的矛盾、前一段时间的工作总结、今后一段时间的工作展望和工作中存在的问题进行了充分的讨论和交流，加深了班级委员之间的互相理解，解决了班级内部出现的一些问题。大家互相交流自己的工作经验，提高工作效率，以便更好地服务同学。班级委员每个星期五下午开展本星期工作总结，就前一个星期班级工作中的不足提出批评和自我批评，深刻认识到自己工作中存在的问题并积极提出解决办法，进而在之后的学习和工作中避免再犯相似的错误。

（2）班级委员内部团结促进班级整体团结，为了强化班级委员内部团结，班长每个月都组织看电影或者聚餐活动，加深彼此了解，提高班级委员内部凝聚力，齐心协力为了班级的发展共同努力奋斗，团结一心，互相帮助，维护班级荣誉和利益，更好地服务同学。

2. 团支部建设

（1）开展党建带团建工作。大一下学期，研究生党支部与本科团支部进行对接，研究生学长学姐参与团日活动进行指导交流，耐心回答同学们的问题，并鼓励大家加强思想道德建设，做合格的社会主义事业接班人。此外，两班还进行了一对一结对，每名本科生同学都与一名研究生学长学姐组成小组，无论学习生活中遇到什么困难，都可以向学姐学长寻求帮助。

（2）开展"党员进寝室"工作。大一下学期，工管1801班到班级寝室与同学们进行交流，讲述了成为共产党员的基本流程，并建议同学们认真学习习近平总书记的讲话精神，加强思想道德建设，早日成为光荣的共产党员。此外，学姐们针对同学们生活中遇到的问题提出自己的建议，并耐心回答同学们在学习生活中的问题，对同学们之后的学习和生活都有很大的帮助。

3. 学习建设

（1）通过建立评分制班规，班级内形成了勤奋好学、互帮互助的优良学风，在这种氛围下，同学们积极参加学院和学校组织的竞赛，并取得了卓越的成绩。王雅轩、严舒予参加了全国大学生英语竞赛；徐显显、费一涛和谌靖元参加了第二届全国大学生智能建造与创新管理竞赛，其中徐显显和费一涛荣获总决赛特等奖、总决赛最具市场价值奖、科学创新赛道团队一等奖等奖项；余效浙、汪城、严舒予参加了全国大学生数学建模竞赛；班级全部同学参加了学院组织的第一届"雏鹰杯"土木与水利工程智能化建造创新竞赛。

（2）建立了互助成长学习小组制度：班级内同学们自由结合，形成了多个学习小组，小组内成员互帮互助。互助成长学习小组实行组长负责制，由小组长负责日常学习和监督工作。此外，小组之内要互相帮助，成绩好的同学要对小组内成绩差的同学进行帮助。最终取得了显著的成效，除此之外，班级还将这种帮助精神传递到整个学院，开展"小木课堂"，进行理论力学经验分享，使得年级理论力学挂科率创学院新低。

（3）实行一对一帮扶制度，每个小组都含有班级排名前列和暂时落后的同学，起到了帮扶的作用，坚决不放弃任何一名同学。除此之外，每个小组还配备一个小组长，负责帮助和解决其他成员的生活问题。一对一帮扶不仅有效地解决了同学们在生活中遇到的各种问题，还加深了同学们之间的友谊。同时，也正是由于生活上有了保障，同学们可以把更多的时间放在学习和爱好上，参加各种社团活动和竞赛。

（4）学习委员积极组织同学们与老师进行交流，鼓励同学们多问老师问题，通过与老师的交流来发现和解决自己的问题。如大一下学期，学习委员与理论力学老师沟通，安排每个星期日晚上七点进行线上答疑活动，老师根据同学们提出的问题进行回复。同时，老师也会出一些问题让同学们解决。经过与老师的交流，同学们对晦涩的知识点有了更深的理解。在最终的期末考试上，班级同学在各个科目上均取得优秀成绩，其中最为突出的科目是理论力学，平均分接近93分。

（5）班级内部组织答疑活动，先收集同学们的问题，之后安排班级内学有余力的同学进行班级内部的答疑，效果显著，最终全班各学科成绩优异，各科平均分均为院内第一名。其中唐金彪、陈立、徐显显分别参与理论力学、线性代数以及C++程序设计的授课，班级全体同学参与听课，加深对课程重要知识的理解。

4. 文化建设

（1）寝室文化建设。

为创建良好的寝室卫生环境，每个星期三晚上七点到八点集中打扫寝室，同学们需要在规定时间内进行寝室清洁工作。八点之后，男生寝室由生活委员进行检查，女生寝室由副班长进行检查。主要检查点包括寝室地面是否干净、洗漱台是否整洁、寝室是否有异味、个人内务是否整洁等，并根据以上4点进行打分。为提高同学们的参与积极性，班长在班会上对评分最高的两个宿舍进行表扬，并用班费买一些小零食作为奖励，鼓励同学们一起努力，共同创建平安幸福、真情服务、环境优美、健康快乐、文明和谐的寝室氛围和寝室环境。

（2）文体活动建设。

不定期举办体育比赛，如篮球SOLO、篮球3V3、乒乓球单打、乒乓球双打等。通过互相切磋交流，提高同学们的身体素质，加深同学们之间的相互了解，巩固同学们之间的友谊。同时，班级还会组织同学们积极参加学院和学校组织的体育活动，校级比赛"新生杯"、院级比赛"追日杯"、校趣味运动会、体育嘉年华……各个体育活动中都有班级同学拼搏的身影。他们不仅为自己赢得了荣誉，还为班级的体育建设增添了风采。

每月组织集体活动。让同学们在紧张的学习之余放松心情，进而以更好的状态迎接之后的学习和生活。班级委员策划组织了野外烧烤的活动，同学们一起到喻家山上野炊、玩各种破冰游戏，踏出了班级团建的第一步。以研究生班主任提议、班长带头组织、班级委员分工合作的形式，班级时常举办周末"轰趴"、节日聚餐等活动，增进了同学们之间的友谊，使整个班级氛围更加温馨、和谐。

鼓励同学们积极报名参加学校举办的团建活动，如学校每学期举办的社区沙龙活动。与其他班级合作，班级委员共同策划，全班参与活动准备，积极报名，同时启动撰写策划书、分组进行准备等工作。活动结束后，班级委员开会进行反思总结，收集同学们的反馈意见，并及时提交活动总结书。不仅锻炼了班级委员的活动策划与组织能力，也带动了全班的活动参与积极性，让每一名同学都能参与活动的准备、进行、总结全过程，提高了班级凝聚力。

（3）班级文化标识设计。

班徽组成要素：结构为同心圆，主体部分是一朵云，两枚齿轮镶嵌其中，右半部分为机械手臂，正下方文字是"智能建造2001班"。

班徽寓意：整个班徽的主色调为蓝色，寓意直指未来、科技、创新。云朵有着"智能云"的寓意，与专业班级中的"智能"二字相契合，两枚齿轮一指工业化、技术化、机械生产，二指班级团队内部相互配合，班级运行如同齿轮一般精密而井井有条。机械手臂代指建造，表示专业班级的主体核心虽在土木工程，但具有未来科技的特色。

（三）班级成员践行

经过对胡吉伟精神的一系列学习，同学们自发地发扬"勇于开拓、无私奉献"的可贵精神。暑假期间，严舒予和徐显显参加了"大手牵小手"的乡村支教活动，前往湖南湘西，将知识的种子播撒在孩子们心中；宁如昊、黄佳欣等16名同学响应国家的"三下乡"号召，到祖国各地进行社会实践，了解当地群众的生活状况；唐金彪、徐显显、陈立参加了学院组织的"小木课堂"，与其他同学分享自己的学习心得，帮助大家巩固知识；朱泽洋、汪城等同学参与了支援打扫烈士陵园的活动，学习英雄们的先进事迹，牢记历史不忘使命，为实现中华民族的伟大复兴而奋斗。

四、班级建设规划

（一）思想建设规划

（1）加强对所有同学的思想品德教育，学习党的十九大报告精神，深入思考和反思两会提出的问题，学习习近平总书记考察清华大学时的讲话等，通过线上学习、开展主题团课、举办党支部交流会等特色新颖的活动，使同学们更深入地了解当今时事热点，学习胡吉伟精神以及他的优秀品质，加强思想建设。

（2）加深同学们对新时代中国特色社会主义和中国共产党的认知。2021年是中国共产党成立100年，班级通过开展多次团课，丰富同学们的党史知识储备，完善党章党史学习小组建设，对党史进行分组学习，了解共产党100年来的奋斗历程，以及为解放新中国作出的努力与牺牲，体会如今幸福生活的来之不易。同时，班级还组织同学们通过网络媒体观看相应的活动，如中国共产党成立100周年大会，加深对共产党的认识与理解。作为新时代大学生，同学们应承担起建设和发扬中国特色社会主义的重担，树立远大理想，为新中国"强起来"而学习奋斗，锤炼高尚品德，不断进取，不断开拓，为中国特色社会主义事业贡献自己的一份力量。

（3）对于团员，班级每个星期定期检查"青年大学习"的学习情况，提高同学们的知识储备量和思想积极性，鼓励同学们积极申请入党；对于已经提交入党申请的同学，提出在不与课程冲突的情况下，积极参与党支部组织的活动，认真积极学习党章的要求，定期开展自我反思批评，改善学习方法与思想，加深对党的理解和认识。

（4）对于成为入党积极分子的同学，鼓励他们积极参与学校的优秀讲座以及有关党的知识分享会，及时记录、撰写思想感悟，并在班内宣传展示，给其他同学入党提供借鉴。促进大家互相交流，共同提高入党积极性，深化入党思想，为以后的入党工作做好准备。

（5）为增强同学们对党的思想的理解，鼓励同学们积极参加社会实践活动，到实地去考察，体会过去五年脱贫攻坚战的实际成果，拓宽同学们的视野，将理论知识化为实践经验，理解党中央领导的重要性。同时，评选出优秀社会实践小组，在班级开展学习交流分享会，将他们的优秀经验提供给其他同学学习与借鉴。

（二）组织建设规划

（1）明确各班级委员的职能与分工，将班级的大小事务细分给每一名相应的班级委员负责，其他班级委员起到辅助、支持的作用，既锻炼班级委员团结合作的能力，同时又锻炼班级委员的分工组织能力。呼吁与鼓励班内同学多多协助班级委员的工作，充分调动班级同学的工作积极性，提高全体同学的参与感与归属感。

（2）完善班级情况反馈制度，开班会时，设置班级建议环节，鼓励同学们积极举手发言，说出自己对班级建设的想法，同时开设线上反馈渠道，以匿名邮件的形式鼓励同学们提出对班级事务管理的看法。将班上所有同学分配到各个班级委员的工作小组中，调动全班的工作积极性，提高班级同学对班级建设的参与度，协助班级委员组织工作，改进班级委员办事方法，提高班级凝聚力和班级委员的组织协调能力。

（3）增加班级委员交流会议次数。定期开展班级委员会，让班级委员进行批评和自我批评并提出改进方法，互相交流工作心得，提高工作效率，提高班级委员间的默契程度，同时鼓励班级委员在做好班级委员工作的同时搞好学习，在班里起到模范作用。灵活调整会议开展方式和地点，提高会议效率，减轻班级委员在时间分配上的压力。

（4）团支部随班级委员一起定期开展团支部委员会。提高团支部委员之间的合作交流能力和工作能力，改进工作方法，提高工作效率。同时团支部委员做好带头表率作用，带头申请入党，带头积极参与党、团组织举办的各项活动，如入党经验交流分享会、党史知识讲座等，为班上申请入党的同学做榜样。

（三）学风建设规划

（1）加强优良学风建设，鼓励同学们以寝室为单位互相帮助，多多在班群和学科交流群中提出问题，发表看法，做到共同进步。

（2）设置各个学科相应的答疑环节，建议同学们将在学习中遇到的相关问题反映给学习委员，由学习委员收集整理后，统筹安排，开展线下答疑活动，有必要时请教老师，由老师安排答疑。

（3）鼓励同学们积极参加各个学科竞赛，尤其是专业方面的比赛，如全国大学生智能建造与管理创新竞赛、"海创汇杯"智慧城市与智能建造大学生创新创业竞赛、"雏鹰杯"土木与水利工程智能化建造创新竞赛等，鼓励同学们积极主动寻求学院老师的帮助与指导。

（4）鼓励同学们养成良好的生活习惯，早睡早起，按时上课，不逃课，不迟到。

（5）以寝室为单位建立学习小组，由寝室长担任小组长，按时向班长汇报寝室内学习情况，由班长进行分析总结。

（四）志愿服务和社会实践规划

（1）在开展班会、团会活动上丰富活动形式，在时间充裕的情况下多多组织烈士陵园扫墓或清扫校园等志愿活动，鼓励同学们积极报名参与。

（2）与"大手拉小手"组织展开合作，鼓励班级同学参与该公益组织举办的各个活动，如月捐活动、暑期支教活动、寒假回访山村活动等，提高班级全体同学的公益意识，体现同学们为人民服务的入党意愿，彰显胡吉伟精神和风采。

(3)对班级积极参加志愿活动的同学进行评比，优秀者班会提名表扬，优先考虑其在奖学金、"优秀团员"等各项荣誉上的评选。

(4)定期开展社会实践志愿服务经验分享会，让班上志愿服务活动表现优秀的同学将经验分享给全班同学，鼓励全班同学与之看齐。

（五）班级文体建设规划

(1)鼓励班级同学积极报名参加学院或学校的各大球队，已加入球队的同学踊跃参加各类比赛。其余同学积极探索自己的体育运动爱好，开班会时互相交流，找到有相同兴趣的人一起练习，互相切磋，增进同学情谊，增强身体素质。

(2)借助社区沙龙和院追日文化节等活动，班级委员带头多多策划、组织体育竞技及艺术趣味游戏，如趣味篮球、听歌识曲、你画我猜等经典游戏，提高班级凝聚力，培养同学们对运动和艺术的兴趣爱好。既能增进同学们之间的友谊，又能丰富同学们的课余生活。

(3)鼓励同学们积极参加学院和学校组织的文艺活动，如校园"十大歌手"比赛，五四演讲大赛等，班级积极提供心理支持，组织同学们观赛，并给予一定物质奖励。增强同学们的班级荣誉感和自豪感。

五、班级建设成果

（一）思想建设方面成果

(1)班级每月都会开展团会和团课，向同学们讲述中国共产党党史、革命烈士和改革先锋的事迹等等，使同学们更深入地了解中国共产党，提高思想素养。班级26名同学，其中24名已递交入党申请书，成为入党积极分子，班级同学正在积极地向党组织靠拢。

(2)班级团支部共有26名团员，团支部委员5人，24人已递交入党申请书，适龄申请入党人数占比100%。智能建造2001团支部是一个积极向上，具有高觉悟、创造力和生命力的集体。团支部以思想建设为重点，同时要求团支部成员做好学生的本职工作，团支部委员服务同学，打造团结团支部。

(3)团日的形式多样化。四月组织同学们参与打扫烈士陵园，五月开展有关弘扬劳动精神的团日活动，组织开展打扫校园活动。形式新颖，主题明确，极大地调动了同学们的积极性，同学们的参与意愿与参与度都很高。

(4)2021年是中国共产党成立100周年，班级组织同学们观看中国共产党成立

100周年大会，再次回顾了中国共产党百年奋斗的光辉历程，观看直播后要求同学们提交自己的思想感悟。

（5）积极组织同学们参与每个星期的"青年大学习"，班级团支书与组织委员共同督促同学们参与学习，提高自身理论水平与思想素质。

（6）积极参与学院组织的党建带团建活动，班级邀请研究生党支部参与团日活动进行指导，同时组织同学们参与到党支部的各项活动中进行学习。参与学院组织的本科党员"1+1"结对活动，班级对接本科工管1801班，邀请伍健欣与何宇辰学姐进寝室给同学们做分享，两个班级还开展了一对一帮扶的活动，每名同学都会得到一名学长或学姐的帮助和指导。

（二）组织建设方面成果

（1）成立工作小组，明确分工，班级委员起到积极带头作用。每次活动都会根据小组的性质进行分工，使每名同学都能积极地参与班级活动，提高了班级同学的集体意识和团队精神。同时，班级各种事务的处理效率得到了显著的提升。

（2）建立班级情况反馈制度，让同学们能及时反映班级存在的问题，并能够共同商讨，提出解决方案，确保班级里存在的问题都能够得到及时的解决。班级的凝聚力和组织协调能力都得到了进一步的提升。

（3）增加班级委员交流会议次数。同学们相互交流与讨论，发现自己工作的不足之处，大家共同讨论改进方法，进一步提高了班级委员的工作效率，能够更好地建设班级。

（三）学风建设方面成果

（1）班级同学已经以寝室为单位，成立一对一帮扶学习小组，大家有问题互相探讨，互相帮助，一起自习，共同进步。

（2）在学习委员和老师的积极倡导下，同学们有问题能够在学习群里提出，同学们在群里积极讨论、共同解决问题，形成了良好的学风环境。有些同学自愿为一些有困难的同学进行一对一辅导，有些同学参加学院组织的"小木课堂"，给基础比较薄弱的同学补习相关课程知识。徐显显给C++挂科同学补习；唐金彪给同学们补习理论力学，让年级理论力学挂科率创历史新低。

（3）学习委员组织安排集体答疑活动，积极邀请各科老师为班级同学线下答疑。同学们都能参与答疑活动，学习积极性很高。

（4）班级同学有好的学习资料，比如学长学姐的笔记、辅导书等，都会积极地分享给其他同学，使同学们拥有更多的学习资源。

（5）大一上学期，学院设立了智能建造创新实验班，为班级的成立做了基础性的工作，提前让同学们对本专业有一定的了解。

（6）学院工程管理研究所的实验资源对班级同学开放，提供科研条件。同学们参与竞赛时，可以利用实验室资源，并且可以联系学院教授作为指导老师。

（7）同学们积极参加各类学科竞赛，全员参与学院组织的"雏鹰杯"土木与水利工程智能化建造创新竞赛。班级多名同学获得院级、校级和国家级的竞赛奖项。其中，谌靖元参与全国大学生智能建造与管理创新竞赛获得（院）三等奖，王棋参加第二十一届科技节数学建模大赛获得二等奖，徐显显、费一涛参加全国大学生智能建造与管理创新竞赛获得全国一等奖。唐金彪、陈立、潘噌同学参加"海创汇杯"智慧城市与智能建造大学生创新创业竞赛获得国家级三等奖。

（四）志愿者服务与社会实践方面成果

（1）班级全体成员在暑期都积极参与了暑期社会实践活动，其中王棋、潘噌、唐金彪等许多同学所在的队伍都积极申报了学校暑期"三下乡"夏令营活动。

（2）严舒予、徐显显参与了"大手拉小手"的暑期夏令营活动，为山区的孩子们带去知识与爱心，发扬了胡吉伟精神。

（3）班级大多数同学都参与学院与学校组织的志愿者活动，比如班级许多同学参与了学院的迎新志愿服务。

（4）宁如昊积极组织了许多志愿者活动，比如爱心宿舍、爱心义卖等。

（五）班级文体建设方面成果

（1）班级同学加入了排球队、羽毛球队等各类球队，积极参加院级"追日杯"排球赛、篮球赛等多项比赛。部分同学每天会结伴去操场夜跑、打篮球。既锻炼了身体，又增进了同学们之间的友谊。

（2）班级开展社区沙龙活动，丰富了同学们的课余生活，增进了同学们的友谊，班级的凝聚力也得到了加强。

（3）王雅轩、严舒予、孙健、唐金彪积极参加了学院的五四演讲大赛，其中唐金彪获得（院）三等奖，严舒予获得（院）二等奖，王雅轩获得（院）一等奖，并晋级复赛，获得二等奖。

（4）唐金彪、陈立加入了院主持人队，主持过多场学院活动。

（5）黄佳欣、王雅轩参加"喻晓之巅"答辩赛，获得季军。王雅轩获得2020年"新生杯"辩论赛"最佳辩手"称号。

（6）唐金彪、徐显显、潘噔等多名同学参加土木与水利工程学院 2020 年"青马工程"青禾学生骨干训练营，其中唐金彪同学获得"优秀营员"称号。

（7）为了能更好地了解班级同学的心理状态，及时发现问题，第一时间解决班级同学心理方面存在的问题，班级每月都会开一次心理班会。班级积极参加学校优秀心理班会答辩，获得二等奖。

六、班级建设总结

如何将一个班级建设成为优秀班集体是日常学生管理中常常面临的问题。总体来看，班级建设的目标设定、建设模式、实施路径以及辅导员和班主任的配合是优秀班集体建设过程中的关键因素。智能建造 2001 班将班级建设作为一项系统工程，教师和学生共同参与和协同合作，全方位满足班级成长、学生成才过程中的个性化需求，为学生成长提供锻炼平台和支持平台。

七、院系党委副书记点评

2021 年初，我们迎来了智能建造专业的首届本科学生，这就是智能建造 2001 班。尽管入学时间只有一年多，但班级 26 名充满青春活力的青年积极进取，追求卓越，他们秉持"爱国爱党明宏志，勤学补能求上进，建品立德乐奉献，创造未来共前行"的理念，同成长共奋进，定期开展思想政治学习，踊跃参与国家级科创竞赛、"大手拉小手"公益团队、文体活动等。一年来获得了多项院级、校级、国家级荣誉。成功创建校"胡吉伟班"后，26 名学子更加刻苦努力，用实际行动践行"爱党爱国、勤学笃行、矢志卓越"的追日精神。相信智能建造 2001 班的学子在老师们的谆谆教导下，将成长为心中有理想、眼中有光芒的新时代青年。立足中国建造高质量发展的需要，为祖国和人民奉献自己的智慧与力量。在中华民族伟大复兴的接续奋斗中，践行"请党放心，强国有我"的铮铮誓言！

——土木与水利工程学院　何春

砥砺德行同奏青春之歌，携手共进助力强国之梦
——光学与电子信息学院本硕博 2001 班成长纪实

一、班级建设基本情况

光学与电子信息学院本硕博 2001 班是光学与电子信息学院第一届电子信息类本硕博班级。全班共有 29 名同学，预备党员 6 人。由班长、副班长、团支书、副团支书、组织委员、学习委员、宣传委员、生活委员、文体委员、资助委员共 10 人组成班级委员会，大家团结一心、齐头并进，为建设班级、服务同学贡献青春力量。

"光驰天下，只待抟云直上；电掣九州，定当展器无余。"这既是班级口号，也代表着光学与电子信息学院第一届电子信息类本硕博 2001 班的远大志向。强化政治引领，入党申请书递交率 100%；弘扬集体主义，将"链式互助"学习小组落到实处；重视文化建设，设计寝室主题、创建班徽标识；学风优良，班级加权成绩平均分 86 分；矢志科研，开展班会"半月谈"、"国际光日"志愿科普等活动；热爱文体，开展丰富多彩的文化体育活动。电子信息类本硕博 2001 班秉持以德立班的宗旨，全班同学团结奋进共创美好明天，矢志科研助国家富强。

作为光学与电子信息学院高考录取分数最高的班级，电子信息类本硕博 2001 班的同学们始终以最高的标准要求自己。全体同学团结协作，在学习、团建、党建和精神文明建设等方面都取得了亮眼的成绩，不仅做到个人德智体美劳全面发展，还形成了思想先进、学风向上、凝聚力强的优秀班级。

学风优良争卓越。班级平均总加权成绩为 86.45 分，位列光学与电子信息学院第一名，全体同学学年加权成绩都在 80 分以上；大学英语四级考试通过率 100%；微积分等科目的成绩位列启明学院前列。

思想积极学先进。全班29名同学递交入党申请书，17名同学确立为入党积极分子，6名同学发展成为预备党员。班内成立了党章学习小组，班上同学与党支部联系密切。积极分子在支部内表现突出，积极参加组织生活会，主动发表自己的看法。团会、团课表现优异，团员思想建设工作取得实际的进展，开展形式多样的团会，如参观辛亥革命武昌起义纪念馆、校史馆。引导全班同学主动学习思想理论，完成"青年大学习"，出色地完成了特色团日的活动。

矢志科研齐奋进。科思、科写等科研实践课程表现受到导师的嘉奖；邀请学院教授为同学们介绍光电前沿知识；每名同学都选择了学业导师并进入导师实验室边做边学；多名同学加入科创团队或参加科技竞赛；组织"国际光日"系列活动，进行科普宣传路演。

朝气蓬勃展风采。设计班徽、班旗、班服、班牌，打造班级文化；多次开展资助班会、心理班会和文体班会（文体活动）等。同学们形成了强烈的班级认同感及友爱互助精神。

电子信息类本硕博2001班全体同学举班抱团、携手共进，班级建设工作落到实处、收到实效，形成了团结奋进、争创卓越的优良班风，展露出充满活力、斗志昂扬的班级面貌。

二、班级建设思路

班级建设以提高同学们的思想境界、提高同学们的科研动手能力、形成一个充满凝聚力的班集体和全班同学德智体美劳全面发展为总目标。坚定科研报国的远大理想，树立成人成才的宏大目标。

树立远大理想，热爱伟大祖国。将思想教育分为集体层面和个人层面开展工作。以班级为单位持续广泛开展爱国主义教育、"党旗领航工程"，利用班会、团会等契机，持续学习胡吉伟精神等先进精神，以理论学习、班级共建、实地参观等多种形式开展学习教育。以个人为单位，鼓励每名同学积极发展，精进实力，争取荣誉，享受生活，主动并且广泛地参加各式各样的文体活动。

担当时代责任，勇于砥砺奋斗。坚持班级"三个100%"：入党申请书递交率100%、加权成绩80分以上人数100%、参与社会志愿服务人数100%。建设班级胡吉伟志愿者协会，引领全院同学参与志愿服务活动。每人讲一场思政"微课堂"，结合自身学习、科研、志愿服务经历，依托班级、年级、学院等平台，传播青年优秀思想，弘扬正能量。坚持德智体美劳全面发展，开展"四个一"工程。发挥专业优势，开展具有光电特色的朋辈帮扶、志愿服务活动。

练就过硬本领、锤炼品德修为。落实"链式互助"学习小组制度，坚持开考试动员会和学期总结会，集中精力，心无旁骛，刻苦钻研，努力掌握现代科学文化知识，不断汲取反映当代世界新发展的各类新知识，为实现中国梦做好知识储备。每名同学配有一名学业导师，坚持学以致用，将书本知识与基层经验结合起来，将扎实的学问和广博的见识结合起来，将理论学习与实践探索结合起来，既打牢基础知识又及时更新知识，既刻苦钻研理论又积极掌握技能。

打造班级文化，形成核心特色。首先是确立区别于其他班级的思想理念，形成班级口号、班级标志、班服、班旗、班歌等，并在各种场合不断强化，塑造独特的班级品牌形象。其次是充分发挥班级委员模范带头作用，增强班级向心力，开展学生干部的培训和交流。让学生干部在群体中最大化发挥力量。最后是开展丰富多彩的班级活动，在鼓励学生积极加入学校各种社团组织的同时，强调班级才是一个人在大学生活中的最基础单位，要将学习到的技能投入班级建设，投入每一次班级活动，让个人的价值在集体中得以实现，增强班级的凝聚力和战斗力。

三、班级建设典型举措

（一）开展班级"四个一"工程——争做时代优秀新青年

掌握一项专业技能。掌握专业技能，是本硕博学子的核心竞争力的一个重要指标。专业技能，可以是科研工作方面的，比如对某一个软件的熟练运用，也可以是自身能力素养方面的技能，如学会一门乐器。专业技能助力学生的长远规划与发展。

参加一项科研项目。电子信息类本硕博学子立志成为未来的高科技人才，参加科研项目，不仅可以在实践中巩固学来的知识，还可以早日熟悉科研生活的节奏，为未来做准备。这项科研项目可以是进入各自学业导师的课题组，也可以是参加大学生创新创业大赛、"挑战杯"、"互联网＋"等科技竞赛。

发表一项科研结果。这是对第二个"一"的成果校验，力行科研，不惧艰难，在本科阶段发表一项科研成果，也可以作为第二作者或第三作者参与科研成果的发表。

获得一项学校奖励。班主任鼓励同学们积极争取获得奖项，努力追求上进。荣誉证明了同学们的优秀，是同学们努力的成果。这也迎合了班级口号"光驰天下，只待抟云直上；电掣九州，定当展器无余"。

（二）"链式互助"小组模式——在互助中共同成才

在发展学习小组的过程中，同学们之间产生了奇妙的化学反应。学习小组的活动不仅是学习，而是将小组互助延伸到了大学生活的方方面面，形成了"链式互助"的小组模式。每个人都有突出的地方，大家就像是一个个错开的链节，只要能连在一起，就可以取长补短，优势共享，资源共享。

首先是集体自习。星期一到星期五时，班级考勤员会以收集表的形式向各个学习小组收集当天的自习情况。由小组组长负责提交自习照片和地点等记录。

其次是学业交流。组内的同学关于学习上的问题都可以相互讨论，提倡团结协作，合作共赢。

再次还有资料整理。班级一共有6个小组，每学期都会给各小组分配重点科目，如微积分、大学物理等。其主要职责有两个：一是笔记分享和上一个星期作业正确答案的整理；二是考试前，相应学习小组负责为班上同学对该科目的问题进行答疑。该制度旨在将学习小组内部的学习氛围外化，在整个班集体营造良好的学习氛围。

最后，在每次的期中、期末考试前两个星期举办一次考前动员会，邀请优秀的学长学姐来做经验分享，也会邀请班上的优秀同学划重点、考点，传授复习方法。

（三）发挥专业优势，科普光学知识——尽己所能为光学事业发光发热

每年的5月16日是"国际光日"。班级以"国际光日"为契机向大众普及光学知识，进一步加强同学们的专业认知教育。在韵苑学生社区举办路演活动，将光电实验室里的先进光电仪器带进生活。尝试以更多不同的形式来进行光学知识科普的志愿活动，例如走进中小学，用专业知识和生动实验让孩子们感受光学的魅力，感受光电技术的伟大。

（四）科研交流开拓视野——走好"八年长征路"

学业导师制度。班级每名同学均配备了一名学业导师，班级同学在大一时就进入导师实验室，为将来的科研生活做好准备。同时班级定期邀请学院教授进班级介绍研究方向，传播一些最前沿的相关领域动态。

科研交流制度。班级定期开展科研讨论班会，每次班会上邀请3到5名同学介绍科研动向与规划。定期走访，了解如长江存储等光电相关公司，了解时下最紧迫的科研难题，为日后科研方向提供指导。

（五）胡吉伟志愿小组——全心全意为人民服务

以胡吉伟为名，建立班级胡吉伟志愿小组；以胡吉伟精神为灯，点亮更多的

人。全班超过 2/3 的同学加入了如爱心协会、援之源等志愿服务协会，以个人的名义传递爱心，践行为人民服务的伟大宗旨；同时，以全班为单位，开展集体性志愿服务活动，唱响胡吉伟奉献精神的强音。

四、班级建设规划

（一）确立未来目标，时刻保持前进

常怀斗争精神，争创更高荣誉。电子信息类本硕博 2001 班成功获评"胡吉伟班"只代表着大一的工作取得了一定的成功，但电子信息类本硕博 2001 班的成才路途还很长，未来还有许多风景等着同学们去领略。同学们将"五四红旗团支部"作为班团建设的下一个目标，计划持续开展一系列班团活动。党、团支部要进一步成为学生群体的核心，要具有更加坚强的凝聚力、影响力和战斗力，要认真做好党员的吸收、发展、培养工作，做好团支部内同学的思想指引，激发同学们树立远大理想，提高同学们的政治素养和理论水平，把握班级工作的大方向。建设充满战斗力、凝聚力和吸引力的团组织，是本班支部建设的重要目标。团支部通过开展团员教育，进行骨干培养，为党组织输送人才。团组织深入同学们的社会实践、素质拓展，以胡吉伟校友为模范定期开展志愿服务活动和主题团会，提供才艺展示平台。组织调查研究、科技创新等活动，培育支部同学成长成才。

（二）做好日常工作，创新班级制度

重视每月班会、团会，创新会议形式。每月的班会、团会是班级建设工作中的重要一环，需要在形式和内容上做创新，下功夫，解决过去存在的"说的多，做的少；讲的人少，听的人多"的问题。具体方案有拍摄"微团课"视频，让一部分同学先学，其他同学可以学习视频中的精要知识；开展学校史、读党史等系列活动。

开展志愿服务活动，增强服务思想。以胡吉伟志愿小组为单位，将"学雷锋""学习胡吉伟精神"与志愿服务行动紧密结合，加强与社区敬老院、轨道交通站点、阳光之家等社区各类志愿服务基地的联系，携手华中科技大学爱心协会，争取志愿者资源，提前预报服务计划，全年深入开展综合便民服务。

定期红色寻访，感受先烈精神。通过主题参观、社会实践的方式，党团干部代表帮助支部同学了解党成立以来领导全国各族人民战胜各种艰难险阻的光辉历程，在回顾中加深了解，在对比中提高认识，在实践中收获感悟，增强团员青年

对党的深厚感情。无论是责任感的建立还是为人民服务思想的树立，都为支部团员成长为坚定的社会主义事业接班人和建设者奠定了重要基础。

加强班级委员工作意识，明确工作职责。定期开展述职班会，总结过去一段时间的工作，找到可取之处，反思不足之处，接受班级同学的监督，积极为班级建设建言献策。同时鼓励其他同学参加班级工作，为每名同学提供参与学生工作的机会。

开展文化体育活动，增进同学情谊。班级已经举办了电子信息类本硕博2001班第一届乒乓球赛，之后还会开展诸如羽毛球赛、森林公园骑行、东湖长跑等体育活动，锻炼身体，增进同学友谊。同时联合其他班级开展文艺晚会等活动，重视美育，放松身心。

（三）开展特色活动，讲好光电故事

走访科研前线，探索芯片领域。制定详细计划，以武汉光电国家研究中心和光学与电子信息学院为起点，了解光电领域发展历程；以华工科技、烽火通信等公司为主，了解、学习前沿科技。定期开展学科交流活动，探讨学业收获、科研新知。特别是大二分流后，班级同学选择不同专业、不同方向。多角度的学科知识在本硕博2001班发生碰撞，激发创新的火花，开辟崭新的思路。

开展"国际光日"宣传活动。2020年，同学们作为大一新生，仅能将光学实验室中的仪器带入非光电专业同学的视野。随着知识水平不断提高，同学们将有更大的能力讲好光电故事，走进中小学校园，走入社会，向更多的受众介绍华中光电。传播光学知识，讲好光电故事。

五、班级建设成果

在班级全体成员的共同建设下，班级形成了德才共举、全面发展的育人模式：以志愿服务为引，激发奉献精神；以科研求知为体，砥砺报国志向；以"链式互助"为主，磨炼合作意识；以文体活动为辅，实现全面发展。班级20多人次获评奖学金，2人次获校"三好学生"，1人次获校"优秀学生干部"，1人次获"长飞奖学金"。此外，1人获"迈瑞杯"格斗机器人大赛一等奖，1人获"华中杯"大学生数学建模挑战赛三等奖。班级获评"胡吉伟班""优良学风班"，入围特色团日三十佳。电子信息类本硕博2001班多次登上学院公众号，电子信息类本硕博2001班团支部被选定为全校唯一的校领导联系基层学生团支部。

六、班级建设总结

电子信息类本硕博 2001 班高举胡吉伟精神旗帜，以"光驰天下，只待抟云直上；电掣九州，定当展器无余"为班级志向，擎旗逐光，丹心向前。强化政治引领，入党申请书递交率 100%；弘扬集体主义，将"链式互助"学习小组落到实处；重视文化建设，设计寝室主题、创建班徽标识。学风优良，班级加权成绩平均分 86 分；矢志科研，组织"半月谈"班会、"国际光日"志愿科普活动；热爱文体，开展丰富多彩文化体育活动。电子信息类本硕博 2001 班秉持以德立班的宗旨，全班同学团结奋进共创美好明天，矢志科研助力国家富强。

七、院系党委副书记点评

电子信息类本硕博 2001 班在胡吉伟精神旗帜的引领下，全班同学均参与志愿服务，在志愿服务中感受收获与奉献。在这样的班级氛围影响下，班级同学思想上高度凝聚，行动上步伐一致，通过"链式互助"、多形式交流会等班级制度，进一步有效增强了班级在学风建设、文化建设等方面的效果。从个人到班级，再从班级到个人，班级的凝聚力与学生个人的向心力形成了良性循环，电子信息类本硕博 2001 班因此也成为全年级成绩最亮眼、科研最突出、文化最浓厚的班级，为学院各个班级的建设工作起到了良好的示范作用。

——光学与电子信息学院　李玲

华中科技大学荣誉班级成长纪实（2017—2021）

第二部分 黄群班

下好人才培养"四步棋"

——电气与电子工程学院气卓 1801 班成长纪实

一、班级建设基本情况

电气与电子工程学院气卓 1801 班共有 29 名同学,其中男生 26 名,女生 3 名。班级以追求卓越为目标,班级委员尽职尽责,同学们互帮互助,形成了积极向上、团结友爱的良好氛围。

班内学风优良,到课率始终居年级前列,未曾落选任何一次"优良学风班"的评选。同学们思维活跃,善于发现问题,在课余时间里经常会与任课老师就所学内容进行深入讨论,获得了老师们的一致好评。同学们经常就学习问题交换想法,互帮互助,临近考试的时候还会成立课程特别小组,帮助课业薄弱的同学复习串讲,监督同学们考前复习。一系列措施井然有序地开展,最终使班级平均成绩位列年级第一名,7 人位列年级前十名。班内共 12 名同学保送研究生,占到班级总人数的 40%,其中保送至华中科技大学的有 8 人,保送至上海交通大学的有 3 人,保送至清华大学的有 1 人。

全面发展一直是班级建设的重要环节,同学们大量参加各项课内外科研实践活动,争相投身各类校内外义工活动,踊跃报名全国大学生数学建模竞赛、"电工杯"、"挑战杯"等各学科竞赛,取得了丰硕的成果。另外,现在班内已有共产党员 15 名,超过班级人数半数。

气卓 1801 班始终秉持学校"明德厚学,求是创新"的校训和电气与电子工程学院"厚积薄发,担当致远"的院训,不忘初心,追求卓越,为学校建设贡献青春力量。

二、班级建设思路

气卓1801班始终贯彻"卓然独立,越而胜己"的信念,努力打造有班级特色的班级建设活动和班级文化,致力于形成"以德立班、集体成才、勤学笃行、矢志报国"的优秀班集体,在追求卓越的不懈奋斗中下好制度建设、文化建设、学风建设、个人成长的"四步棋"。

(一)规范班规班制,下好制度建设"先手棋"

班级制度规范,组织架构完善,成立了班级委员会、团支部委员会,班级委员积极履职,班级内部运行状况良好。制定班级公约,加强集体管理。在宿舍区开设班级工作"公告栏"对班级需要进行公示、公告的重要事项予以及时公布。

(二)激发集体活力,下好文化建设"定盘棋"

班级以宿舍为单位,由点成线,以线带面,打造积极向上、团结友爱的班集体。开展各类形式丰富的主题活动,提出"卓然独立,越而胜己"的班级口号,形成了独特的班级文化,构筑起强大的班级凝聚力,增强了同学们的集体认同感。

(三)营造互助氛围,下好学风建设"关键棋"

建立班级"科研创新导师制",构建"导师—研究生—本科生"的结构链,教会学生如何学习,帮助学生掌握科学的学习方法,培养学生的学习能力。严肃课堂考勤纪律,以宿舍为单位开展集体学习,考前举行班级串讲,形成互相帮助的氛围。

(四)关注个体发展,下好个人成长"组合棋"

把个人全面发展作为班级建设的有效切入点,引导同学们走出课堂、立足专业、服务社会。加强法制安全教育,开展多项心理健康建设活动,并根据同学们不同的兴趣爱好,精心制定班级和个人的体育运动计划,促进同学们全面成长成才。

三、班级建设典型举措

（一）制度建设

1. 班级公约

气卓 1801 班形成了许多明确的班级公约。同学们用班级公约来管理班级。班级公约为管理提供了许多便利。

2. 班会制度

气卓 1801 班实行班级班会制度，每学期至少主持召开 3 次主题班会，就学风建设、班级管理、思想教育等方面进行主题讨论。实行班级干部例会制，每月由班主任主持召开 1 次班级干部例会，通报班级重大事项，总结班级委员工作成果，部署下一阶段班级工作（研究生班主任毕业后由班长主持）。

3. 考勤制度

气卓 1801 班尤其注重加强课堂、宿舍管理。严格考勤制度，专人负责、专人记录，保障较高的上课出勤率。严格请假制度，杜绝无故夜不归宿和旷课现象。具体由生活委员负责，各个班级委员及寝室长协助。加强宿舍卫生管理，每个星期进行 1 次以上的宿舍卫生清洁，生活委员负责监督，各个寝室长配合。保证良好的作息，杜绝熬夜现象。班级委员和各寝室长密切注意班级同学的学习、生活，随时关注同学们的心理动态，及时发现问题、上报并解决问题。

4. 班级工作"公告栏"

在"公告栏"中对班级需要进行公示、公告的重要事项予以及时公布，诸如学期考试成绩优秀榜、课堂考勤纪律汇总表、班级月工作（活动）安排表、班级（小组）各项竞赛活动评比榜、寝室卫生评比榜、各类评优公示榜、班费使用情况通报等。

（二）队伍建设

1. 班级委员队伍建设

气卓 1801 班有优秀的班级委员队伍。班级委员是班级建设的核心力量，班级委员的选拔和培养对班集体的形成和发展具有重要的影响和作用。班级委员既是班级的管理者，又是被管理者，应该学会处理好与同学的关系，树立服务意识和奉献精神，明确为班级和同学服务是每个班级委员的义务和责任，利用各种机会在服务班级和同学中促进自己的发展。为了防止班级委员职务成为某些学生的

"专利",气卓1801班认为应当尽可能让更多的学生有机会担任班级委员,有机会为班级和同学服务,同时也有机会在这个过程中得到历练。

2. 副班长轮换制

气卓1801班实行副班长轮换制,即按顺序每个星期由不同的同学担任副班长,负责帮助班长完成工作。这个制度最初提出的时候是因为班长的工作比较繁重,在电气与电子工程学院同学们的学习科研任务本就不轻松的情况下,学院为同学们提供的各项服务、各类平台、种种通知都需要班长从中协调传达,难免左支右绌。因此气卓1801班提出每个星期由不同的同学和班长一起参与班级事务的管理。这样一来,一方面同学们都可以尽到帮助班级正常运转的义务,另一方面同学们在这个过程中可以体验班级委员各项工作是如何开展的,提升自己的能力。

3. 学生党员教育

班级加强学生党员群体的建设。一是加强党员的再教育培养工作,结合创先争优服务基层活动的开展,充分发挥党员的先锋模范作用;二是加强学生党员的实践锻炼,深入开展理论培养和实践交流活动,引导他们创新思想,勇于在为班级服务的过程中不断奉献和成长。

(三)文化建设

在班级建设的过程中,气卓1801班形成了独特的班级文化,构筑起强大的班级凝聚力,让同学们对集体产生认同感。这种认同感不光指向同学们所在的班级,同时也指向学习的专业、将来的职业以及社会责任,进而为社会做出应有的贡献。班级文化是班级同学共同在班级发展的过程中慢慢形成的、被普遍认同的一整套思维模式。班级文化是学生个体人格发展的土壤,也是学生人格发展的营养源泉。健康的班级文化能够对学生健全人格的形成和发展产生积极的作用,学生在班级正确的价值取向、健全的规章制度、良好的人际关系和心理氛围影响下,可以学会负责、学会关心、学会遵纪守法、学会合作协调。

建设班级文化首先要从增强班级凝聚力开始。通俗地讲,就是活跃班级气氛,让同学们之间建立良好的友谊,玩到一起去,这样自然而然地由点成线、由线成面,使整个班级成为和谐的整体。气卓1801班开展了各类活动让同学们参与。气卓1801班在实践中以宿舍为单位,鼓励同学们在宿舍内多沟通、多交流。自然而然地,宿舍之间也会有交往,气卓1801班借此将同学们的兴趣爱好勾连形成网络,将整个班级联系在了一起。之后,班级还组织了一些班级同学喜爱的活动,如五四文化展、宿舍文化节、郊游、节日聚餐、主题班会等。

气卓1801班的班级文化就是班级口号"卓然独立，越而胜己"的实际表现。口号不是说出来唬人的，而是要用实际行动来践行，用结果来证明的。事实上，气卓1801班取得的一系列成果、同学们在各个方面的优异表现足以证明班级口号确实留在了同学们心中。

（四）学风建设

1. "科研创新导师制"

气卓1801班提高科研能力、营造浓厚班级学风的关键在于转变对学生的教育和管理思想，变管理为指导，引导学生不断自主创新、提高学术研究能力，增强班级建设的自主性和创新性。建立班级"科研创新导师制"是推进班级科研、学风建设的一项有力举措，构建"导师—研究生—本科生"的结构链，选拔优秀研究生配合科创导师对班级本科生进行专项指导，通过技能培训、学术指导、模拟考试、组建团队等活动，教会学生如何学习，帮助学生掌握科学的学习方法，培养学生的学习能力，体验课堂之外的学术研究与交流，不断促进大学生创新与科研能力的提升。同时，通过班级同学个人学习能力的提高，逐步推进班级良好学风、班风的形成。

2. 课堂考勤

建设学风第一要务是抓好课堂，这是学风建设的第一阵线。气卓1801班每节课都会由学习委员进行签到，严查旷课、迟到现象。实际执行中，开始是同学们都到学习委员那里去签到。这样要花费很多时间且比较混乱。于是气卓1801班优化了方案，改成了由学习委员自己确认同学们的到课状况。气卓1801班实行每个星期轮替的副班长制度后，改为由副班长进行每堂课的签到。得益于这样的举措，班级到课率喜人，气卓1801班从未有同学上课缺席的情况。

3. 宿舍集体学习

学风建设的第二阵线在宿舍。这是学生在学校最放松的环境，也是最考验班级学风、同学学习兴趣的环境。气卓1801班由一部分同学先行带动积极学习的风气，久而久之全班都形成了这样的优良学风。

4. 考前互助答疑

对于学习有困难的同学，气卓1801班也指定了专人进行帮助。在考前还会举行全班的串讲，由班级同学自己进行讲解。

（五）个人成长

1. 班级主题活动

在日常的教育管理、学习生活中充分发挥同学们的主观能动性，以理想信念为核心载体，动员同学们积极参加学生社团，担任学生干部；同时结合"第二课堂"活动、主题教育活动，鼓励同学们参加学习，展现当代大学生风采。班级不断拓展校外社会实践，结合专业特点，创新暑期社会实践、志愿服务、调研实习等活动的形式，使班级同学自觉加入其中，并在与社会的接触中深化实践水平，增长才干，磨炼意志。在班内开展的活动可分两大类：一类是常规活动，如组建乒乓球队、建立学习小组、开展兴趣小组活动等；另一类是主题性活动，如主题班会、主题队会、科技制作、小发明等。组织好这些活动，对增强班级团结、促进同学们相互了解，有不可小觑的作用。

2. 法制安全教育

对同学们的法制安全教育要做到：时时处处都得讲、时时处处都得做。如果发现问题要及时处理，及时上报，想尽办法把问题控制在萌芽状态，把影响和损失降到最低。尤其是必须保障学生校外安全和校内休息时间的安全，确保安全工作万无一失。

3. 心理健康教育

充满生机的班级心理氛围是一个班级所蕴含的内在气质，是这个班级全体师生展现出的昂扬精神状态、和谐心理状态及独具特色的班级文化。它是师生和谐共生、相互依存、生机盎然的群体氛围，是以人为本、促进学生人格发展的育人文化。开展多项学生心理健康建设活动，让同学们有机会畅所欲言，排解不良情绪。

4. 课外体育活动

开展体育运动，是国家在新时期加强青少年体育意识、增强青少年体质的战略举措。班级积极响应国家号召，形成"每天锻炼1小时，健康工作50年，幸福生活一辈子"的价值取向。在活动开展过程中认真总结以往开展体育活动方面的经验，创新思路、活跃形式。将该活动的开展与学生心态调节、心理减负等结合起来，使该项活动在时间、内容上得到保证，力争做到丰富多彩、彰显特色。充分发挥同学们的主体作用，激励同学们主动参与体育运动。在体育运动过程中，注重发挥班级的功能，根据同学们不同的兴趣爱好，精心制定班级与学生个人的体育运动计划。

四、班级建设规划

班级建设规划不仅是延续以往的成就与成绩，而且应该在这一基础上提升与升华，力求做好、做新、做出突破，也做出模范。气卓1801班虽然在"黄群班"建设方面已经取得了很多成就与收获，但在未来的发展中也不能有丝毫的懈怠，要继续合理规划并且抓好落实。关于未来的班级发展规划，有以下设想。

（一）思想道德建设

首先要保证同学们在思想道德方面的建设，立德树人是对个人影响非常深远的大事，气卓1801班认为应该抓紧在学校的宝贵时间，在思想道德层面上培育良好习惯品行，使同学们受益终身。为了达成这一建设规划目标，气卓1801班计划在定期开展的班会上，选取优秀思想道德模范、科技工作者等的典型事例让同学们一起学习，不断加深同学们对优秀人物的认识，加深对优秀品质的理解，并且号召同学们在学习黄群同志及其他优秀模范的事迹之后，能够以之为鉴，在生活中处处注意践行，并且定期交流心得体会。

（二）学习生活习惯养成

良好的生活习惯不仅可以让学习生活变得井井有条，也会让人在步入社会之后获益良多。在校期间，气卓1801班注意按时到课、按时提交作业等，班级从这些小的方面入手，展开相关行为的考察并对不当行为进行及时纠正。要想成为和黄群同志一样在紧急关头和危急时刻能为国家做出贡献的人，首先要注意优秀习惯的养成，还要提升自己的科学文化素养，锻炼强大的心理素质。同学们必须有良好的精神风貌，全面提升自己，以追求卓越为目标不断前进。

（三）班级凝聚力提升

气卓1801班尤其注重班级凝聚力的提升。气卓1801班是一个整体，不可分割。气卓1801班对有困难的同学，不管他们是需要学习上的引导，还是生活中的帮助，都及时伸出援手。

（四）科研能力培养

作为"双一流"高校的理工科学生，气卓1801班同学们大概率将来或是步入企业进行科研创新，或是步入高校和研究机构为国效力，但不管去向哪里，都是我国科研版图上重要的生力军。学习是学生的本职,科研能力的培养格外重要。气卓1801班计划定期展开关于科研及竞赛方面的讨论分享,展示同学们的收获与思路,进行相关交流,促进同学们共同成长。同时计划邀请学院老师和优秀的研究生学长学姐为班级做分享交流,加深班级对于电气专业以及科研科创等领域的了解。

气卓1801班是有温度、有感情的大家庭,同学们希望能够记录生活的点滴,将美好而有意义的大学生活定格。因此,班级计划以文章和视频的方式记录班集体的集体活动,系统记录气卓1801班的成长历程与发展经历。

五、班级建设成果

(一)形成特色班级育人模式

气卓1801班在学院党委的领导和学院团委的指导下,围绕立德树人根本任务,将思想政治教育贯彻到班级建设的各个方面,下好制度建设、文化建设、学风建设、个人成长的"四步棋"。在制度建设方面,制定班级公约,加强集体管理,班级委员积极履职,在宿舍区开设班级工作"公告栏",对班级需要进行公示、公告的重要事项予以及时公布。在文化建设方面,以宿舍为单位,由点成线、以线带面,打造积极向上、团结友爱的班集体,形成独特的班级文化。在学风建设方面,建立班级"科研创新导师制",严肃课堂考勤纪律,以宿舍为单位开展集体学习,考前举行班级串讲,形成互相帮助的氛围。在个人成长方面,开展各类形式丰富的主题活动,加强法制安全教育,开展多项心理健康建设活动,精心制定体育运动计划,促进同学们全面成长成才。

(二)取得良好育人成效

1. 班级优秀个人

(1)王逸帆。

王逸帆,华中科技大学电气与电子工程学院气卓1801班学生,获评新生自强奖学金、学习优秀奖学金、特变电工社会奖学金、南瑞继保奖学金,多次获评校"三好学生""优秀学生干部""优秀共青团干部"等荣誉称号,获第十一届全国大学生数学竞赛(非数学类)湖北赛区一等奖。

(2)孙千宸。

孙千宸,华中科技大学电气与电子工程学院气卓1801班学生,荣获2019—2020年国家奖学金、2018—2019年学习优秀奖学金,获评校"三好学生"、

2020年启明学院特优生,获得第八届"求是杯"大学生课外学术科技作品竞赛一等奖、第十七届"挑战杯"全国大学生课外学术科技作品竞赛黑科技专项赛"星系"级作品奖。

(3) 李哲锴。

李哲锴,华中科技大学电气与电子工程学院气卓1801班学生,荣获国家奖学金、学习优秀奖学金,获评校"三好学生"、本科特优生、"优秀共青团员"、"三下乡"社会实践活动"优秀个人"等荣誉称号,获全国大学生数学竞赛国家二等奖、全国大学生英语竞赛国家三等奖、第十七届"求是杯"大学生课外学术科技作品竞赛校赛一等奖、第十三届"中国电机工程学会杯"全国大学生电工数学建模竞赛全国一等奖、美国大学生数学建模竞赛国际二等奖、第十七届"挑战杯"全国大学生课外学术科技作品竞赛黑科技专项赛"星系"级作品奖,获得华中科技大学"新生杯"排球赛冠军。

2. 集体层面

(1) 班级委员建设。

开学时在班主任的支持和帮助下,气卓1801班成功地进行了班级委员换选。班级委员工作积极,认真负责,怀着为同学们服务的热心,严格要求自己,使得班级工作能够出色完成。

(2) 班级制度建设。

气卓1801班充分发扬民主精神,重新制定了班级考勤制度、班级管理制度、班级财务制度、班级会议制度、班级寝室管理制度。在班工作中力求做到制度化、规范化、科学化,将整个班级凝聚成一个团结向上的集体。班级委员在每个星期的班级例会上汇报本星期或近段时间班级考勤和各项工作的情况,以及积极听取同学们对此后班级活动或工作方向的建议和意见,争取让每名同学都能了解班级工作,参加班级工作。一方面能够协助班级委员做好工作,另一方面又能培养同学们为班集体服务的责任心和主人翁精神,同时提高班级的凝聚力,使班级始终保持积极向上的发展姿态。

(3) 班风建设。

气卓1801班拟定了班级口号:"卓然独立,越而胜己"。班级委员通过各种形式,使每一名同学都对自己今后的人生道路进行认真思考,确定自己的目标,同时也培养同学们为别人着想、关心他人的美好品德,并且进一步发扬同学们的集体主义精神,增强同学们的集体意识和集体荣誉感。在同学们的积极努力下,气卓1801班呈现了相互帮助、关心他人、热爱集体的良好班风。

（4）学风建设。

同学们在经历了大一、大二的迷惘后，开始有目标地、科学地、有效地投入紧张的大学学习中，自我定位、自我选择、自我培养、自我约束能力都有了一定的提高。大家结伴自习，共同探讨问题、相互鼓励、经常交流学习心得等可喜的行动蔚然成风。总体上，努力学习的风气已在班级中形成。

（5）寝室文化建设。

班主任、班级委员、各寝室长高度重视寝室文化建设，成立了寝室管理小组，定期对各寝室进行检查，对检查不合格的寝室在班会上予以通报批评，对表现好的寝室予以表扬。在抓好卫生清洁的同时，还加大对大功率电器的检查力度。在这些措施执行后，班里未出现任何不安全事件，卫生状况良好。

（6）课外活动。

班级委员定期组织全班同学进行多项文体活动。在活动中，同学们的积极性很高，反响也很热烈。中秋节班级组织了中秋晚会；11月中旬，班级举办了包含羽毛球、乒乓球、足球等项目的丰富多彩的"体育周"活动；12月的冬至，班级举办了包饺子的活动。这一系列的活动对增强班级的凝聚力起到了很大的作用。以后，班级还会坚持开展这些活动，进一步增强同学们的集体归属感和班级的向心力。

回顾和总结工作历程，班级举办的每一项活动，收获的每一声喝彩和每一次微笑，无不包含着辅导员、老师的关爱和鼓励，无不凝聚着班级委员的汗水，既离不开风雨同舟、给同学们帮助和指导的班主任，也离不开给予真诚理解与大力支持的同学，更离不开学院学生会对班级工作的支持。

气卓1801班教师班主任是学院副院长胡家兵教授，校党委常委、副校长、"班级成长导师"亲自指导班级主题班会。这一年多以来，班级建设工作卓有成效。在思政学习方面，班级所有成员均递交入党申请书，其中15名同学已经被评选为入党积极分子，4名同学被列为拟发展对象，班级团支部被评为校"优秀团支部"，入选"青梧成林"成长工程卓越团支部。班级积极参与学院荣誉学位——明德课程——的学习，前往汉口开展红色实践课。在课程学习方面，班级在大一学年平均成绩位列年级第一名，无一人挂科，同时班内有9名同学的加权成绩达到了90分，人数位列年级第一名。班级同学全体通过大学英语四级考试。班级全体成员参与专业创新活动，在学院暑期组织的"创客夏令营"中，班级同学组织10支队伍，其中1支队伍获评特等奖，1支队伍获评一等奖。班内有篮球队的体育"达人"，还有"风里雨里西十二晚十点半等你"的"学霸"；有言思敏捷的辩论队主力，还有热心公益的"爱心天使"。同学们各有特点又兼容互补，班级氛围积极向上。

六、班级建设总结

华中科技大学"黄群班"的建设实践表明,将黄群校友的崇高精神融入人才培养和班级建设,激励学生坚定信念、锐意进取、勇于创新、追求卓越,是对黄群校友致敬的真切方式,也是传承英雄精神的深切表达。气卓1801班在"黄群班"的建设中,形成了特色育人模式,取得了良好育人成效,也积累了宝贵经验。在班级建设中,要学习英雄精神,赓续红色血脉;要提升专业本领,攀登科技高峰;要凝聚集体力量,彰显时代担当。在"黄群班"的建设过程中,气卓1801班高扬集体主义精神,创建良好班风学风,为班级成员个性化发展和全面成长保驾护航,其做法和经验值得借鉴。

七、院系党委副书记点评

气卓1801班传承黄群校友许党报国的崇高精神,在制度建设、文化建设、学风建设、个人成长四个方面协同发力,将理想信念教育贯穿始终,形成了具有班级特色的育人模式和班级文化,打造出了制度完善、文化凝聚、学风优良、集体成才的优秀班集体。实践表明,融入英雄精神的荣誉班级建设卓有成效,是加强高校班级建设和促进学生成长成才的重要渠道。在推进荣誉班级建设的过程中,要正确认识集体和个体的关系,以集体主义教育为抓手,以学生个性化成长成才为目标,做到立足集体、关注个体,将班集体打造成为个人成长的沃土,让个人在班集体中绽放光彩。

——电气与电子工程学院 罗珺

追光逐电著卓越，传承使命勇担当
——光学与电子信息学院光卓 1801 班成长纪实

一、班级建设基本情况

班级全称为光电信息科学与工程（卓越实验班）1801 班，班级现有成员 25 人，其中党员 9 人、入党积极分子 8 人，共获全国级荣誉一项，省级集体荣誉 2 项、校级荣誉 10 项、各类奖学金 50 余人次。班级建设的重心始终是凝聚班级成员，坚定理想信念，明晰未来规划。学生的本职工作始终是学习，因此，班级确定了以"学习专业知识，打牢专业基础"为核心的班级建设原则，各项活动围绕其有序展开，包括拓展学科视野、红色知识教育、联谊交友团建等活动。同学们齐心协力，共铸卓越。班级自成立以来，积极响应国家科研报国号召，始终不忘初心，以培养卓越工程师为目标，积极开展各类班级活动，活动覆盖面广、形式多、内容新、内涵深、效果好。与此同时，积极推进班团一体化建设，对照团支部"五好"标准，构建"一面旗帜、一座桥梁、一个品牌、一个平台"的"四个一"工作纲领，带领班级全体成员在日新月异的形势下勇立潮头、不惧挑战、开拓创新、奋发有为。

二、班级建设思路

根据"四个一"的工作纲领，主要从四个维度来细化班级的建设思路。

坚持党旗引领，把思想建设放在首位。班级坚持以习近平新时代中国特色社会主义思想为旗帜，充分利用每月的主题团会、团课，不断丰富活动的开展形式，希望能让每一名团员收获最佳的学习效果。班级开展了"风雨苍黄百年路、高歌奋进新征程"的党史学习系列活动，统一配备了团课学习教材及记录本，开展

"党史我来讲、团课我参与"的党史学习活动,由7个团小组轮流讲授党史"微团课",提高团员参与度,营造积极活跃的团课学习氛围。坚持理论与实践相结合的方针,利用课余时间组织同学们走访了辛亥革命武昌起义纪念馆、江汉关、中山舰博物馆等革命教育基地,在实践中深化同学们对理论知识的认知。

搭建工作桥梁,落实党支部、班级、团支部"三会联席制度"。定期与本科生光实光卓联合党支部联系,邀请党支部书记分享"先锋党支部"创建经验,并对团员大会、评议评优等工作进行指导。邀请党员进行理论宣讲,号召团员积极向党组织靠拢。班级积极推进班团一体化建设,班长兼任团支部副书记,以团建带班建,各班级委员、团支部委员分工明确,各司其职,保证基础团务井然有序,基本制度扎实落实。身为这个以"卓越"为名的团支部的中枢,追求卓越,以身作则也是团支部委员会成员的职责所在。课内同学们勤奋学习,力争上游,课外同学们积极投身志愿服务,累计获得国家奖学金1人次,校三好学生奖学金2人次,校"优秀学生干部"7人次,"图书馆优秀义工"称号3人次,得到了一致认可。

创建支部品牌,不断探索具有光电特色的成长模式。习近平总书记指出:"大国重器必须掌握在自己手里。"攻坚克难,其任在我,作为华中大首届"黄群班",同学们深受黄群前辈"爱党报国、致力科研、甘于奉献、迎难而上"的精神的感染,决心抓住机遇,迎接挑战!同学们立足专业,以当前国家科研攻关的重点领域(激光、光通信与芯片)为切入点,走访华工激光、烽火科技、长飞光纤等国内领军企业,深入了解"武汉·中国光谷"重点行业的攻关历程,形成"专业认知、科创兴国"品牌活动。传帮带一向是"光卓"支部的优良传统,同学们响应学校学风建设的号召,开展学风大讨论主题团会,建设"勤奋研学、迎难而上"的"光卓学风",并将这样的学风接续传承下去。邀请本支部的优秀成员进行经验分享,答疑解惑,带领光卓2019级、2020级团支部多次开展党史学习和专业实践共建活动,帮助学弟学妹规划未来的学习生活、畅想将来的职业发展规划,树立理想信念。

提供服务平台,传递青年担当的正能量。广大医护人员是最美的天使,是新时代最可爱的人。团支部在抗疫期间举行的线上团会邀请到了同济医学院的方园学姐,她从护士的角度为同学们讲述了战疫一线的故事。同学们深受一线医护人员积极抗疫、勇于献身的精神的鼓舞,自发创作《世间美好与你环环相扣》音乐视频,致敬"逆行天使",感谢他们用生命守护生命,用行动抒写感动。

三、班级建设典型举措

（一）班团一体化建设，建立班级、党支部、团支部"三会联席制度"

光卓 1801 团支部积极响应光学与电子信息学院分团委的号召，全面推进班团一体化建设。班长兼任副团支书，加入团支部委员会，在本支部多次重要活动中号召同学、动员同学，负责"优秀团员"评议的审议工作及每月主题团日、团课等。同时，团支书、宣传委员、组织委员、实践委员也参与班级委员会组织的班级活动的策划与开展，起到了良好的相互促进作用，这样的分工合作大幅度提高了办事效率。班团不分家，共同打造卓越团支部。

当然，学习工作两不误，委员们也在课业中取得了不错的成绩，本年度获国家励志奖学金 1 人次，校"优秀学生干部"4 人次，成绩均名列前茅。

定期与党支部联系，团会上邀请对接人进行党史、党章的宣讲，号召同学们积极递交入党申请书，争取早日站在党旗下。在党支部、团支部、班级的共同努力下，支部成员的思想水平有了显著提升，入党申请书递交率达 100%，入党积极分子达到班级团员人数的一半以上，现有预备党员 1 人，拟定发展对象 7 人。

（二）高质量地落实"三会两制一课"制度，争办"样板团会"

认真落实"三会两制一课"制度，定期邀请优秀党员讲团课，统一配备《习近平新时代中国特色社会主义思想学习纲要》，定制团会记录本，每次团会特设学习近平总书记讲话专栏，组织集体学习习近平总书记的重要讲话以及各类会议精神，鼓励支部成员对时事政治发表自己的看法，提出有建设性的意见，着力培养团员的"四个意识"。开展党史学习系列主题团课，以知识竞答、"微团课"、纪录片等形式介绍中国共产党不同时期的历史，引领成员听党话、跟党走，主动了解党史、党章以及党的政策，努力向党组织靠拢，争取早日站在党旗下。实践与理论相结合，思想引领实际行动，不少同学或是参与疫情防控工作，或是利用空闲时间成为社区志愿者，或是发挥一己所长，联合其他同学录制合唱视频为武汉加油，为中国加油。每个人都在以自己的方式，履行自己作为共青团员的职责，为疫情防控做出贡献。

每月开展特色主题团会，争办学院"样板团会"，丰富活动的开展形式，增加与同学们互动的环节，要求每名团员做好笔记，定期进行抽查。同时，积极与院系内外班级联谊。为发扬光卓班级传帮带的优良传统，班级多次联合光卓 1901 团支部、光卓 2001 团支部开展主题团日活动，分享学习经验，为学弟学妹排忧解难。

学科交叉，综合发展，这样的跨学科合作是时代所趋，认识到这一点后，班级也曾多次与人文学院哲学1801团支部、生命科学与技术学院生实1801团支部合作开展团会，提升同学们的人文素养，实现不同学科思想的碰撞。

（三）推进小组制度建设

班级在团小组制度的基础上，以寝室为单位，继续发扬光电"家风文化"。加强对小组内成员思想建设、课内学习、课余生活等方面的帮扶和引导。每个月将团会文件提前分发给小组组长，由组长带领组员先行学习，派出代表以"微团课"的形式在团会上发言。同时，在思想建设之外，小组建设能很好地帮助学习上稍微有些落后的同学更加高效地学习。每学期会对小组成员的期末成绩及出勤率进行综合考核，对于成绩不太理想的小组，班级委员、团支部委员会联合教师班主任、研究生班主任与小组长共同分析问题所在，提出解决方案，对症下药。在这样的制度下，班级到课出勤率达100%，班级成绩优秀。

（四）开展学风建设主题班会，延续优良"家风"

为响应院系"不忘初心，聚焦学风建设；凝心聚力，探讨光电家风"的号召，延续大一、大二的课业成绩优势，定期开展学风建设主题班会活动——"学风大讨论"，邀请教师班主任、研究生班主任及年级辅导员等嘉宾到场，通过自评、互评及班主任总结等方式，分析本阶段班级学风建设中的问题，并对下一阶段进行规划，提出新的要求。

（五）前辈帮扶，成长引航

大三是至关重要的一年，这一年同学们会面临未来的选择、人生的规划、专业的选择，面对出国、保研、考研、就业等不同出路，同学们或多或少会有一些疑惑。为此，由研究生班主任牵头，在搜集同学们的问题后，邀请直系学长学姐进行经验分享及答疑解惑，积极组织同学们参与学院内组织的经验分享讲座，加深同学们对专业课程的认知，帮助同学们在学习生活中"扫雷"，引领同学们对生涯规划与个人职业发展进行思考，以充足的准备应对未来的挑战。

（六）启航讲座，扬帆远航

开展"启航讲堂"（本科生科普大讲堂），邀请学院各研究方向的导师讲述其研究内容及该领域的技术前沿发展，让同学们对未来自己将要接触的具体研究项目有了更加清楚的认识。在学术科普的同时，班级也邀请各位导师为同学们讲述他们的大学生活及科研思维、方法，讲讲研究生的学习生活有什么不同，本科生如何加入科研项目，需要有哪些专业知识的储备，面对全新的课题、未知的项目，该从何下手。这些详细的问题在讲座上得到了解答，帮助同学们对未来的学习生活、职业道路做好更加充分的准备。未来，班级将扩大邀请嘉宾的范围及讲座的受众，希望能够邀请到领域"大牛"、企业高管，并努力将"启航讲堂"推向年级乃至整个学院的本科生，让更多的人能够走进科研、走进实践。

（七）严格落实一对一导师制度，加强监督，因材施教

服从支部成员个人意愿及导师意愿，每一名同学在大一下学期都配备了成长导师，指导科研项目及个人成长，由导师为同学们一对一制定本科四年的成长计划，因材施教。为严格落实本科生导师制度，要求每名同学每季度与导师至少有一次谈话及交流，反馈个人该阶段成长情况，并根据实际情况对成长计划进行一定的调整，支部内对个人成长计划进行年度性总结及验收。这样的制度使同学们对大学生活不再迷茫，能够在未来道路、职业选择上更加理性、客观。

四、班级建设总结

光电信息科学与工程（卓越实验班）1801班在班级建设中始终以"学习专业知识，打牢专业基础"为初心，积极推进班团一体化建设，对照团支部"五好"标准，构建"一面旗帜、一座桥梁、一个品牌、一个平台"的"四个一"工作纲领，坚持党旗引领，落实党支部、班级、团支部"三会联席制度"，不断探索具有光电特色的成长模式，创建支部品牌，传递青年担当的正能量。以此为指引，班级全面推进班团一体化建设，班长兼任副团支书，加入团支部委员会，在本支部多次重要活动中号召同学、动员同学，起到了至关重要的作用；积极开展团会、团课，进行思想理论的学习，高质量地落实"三会两制一课"制度，争办"样板团会"，坚定理想信念；积极推进小组制度建设，加强对小组内成员在思想建设、课内学习、课余生活上的帮扶和引导；积极组织同学们参加科普讲座，拓宽视野，强化专业基础；积极联系优秀前辈，开展前辈帮扶，延续光电优良"家风文化"。通过诸如此类的一系列切实举措，班级建设取得丰硕成果，共获全国级荣誉1项，省级集体荣誉2项、校级荣誉10项、各类奖学金50余人次。班级建设总体有明确的指导思想，有较为清晰的建设思路和纲领，有落到实处的具体举措，同时有强有力的班团委员，凝聚了班级力量，坚定了班级信念和方向，这是光电信息科学与工程（卓越实验班）1801班班级建设取得较好成绩的根本原因。

五、院系党委副书记点评

光电信息科学与工程（卓越实验班）1801班在班级建设中有明确的指导思想，能够坚持党旗领航，坚定理想信念。有较为清晰的建设思路，围绕"四个一"的工作纲领，从思想学习、制度建设、模式探索、青年担当四个维度进行了细化。有落到实处的具体举措，例如定期开展团会、团课进行学习，定期组织科普讲座，建设小组制度并落到实处，积极开展前辈帮扶。各项举措均取得显著成效。积极推进班团一体化建设是班级能够取得优异成绩的重要支柱，班团一体化建设凝聚了班级力量，坚定了班级信念和方向，这是落实各项举措、开展班级工作的组织基础。总而言之，光电信息科学与工程（卓越实验班）1801班在班级建设中有较为完备的理论体系和组织结构，值得推广和学习。

——光学与电子信息学院党委副书记　李玲

加强"四力"建设 打造活力班级
——建筑与城市规划学院数字媒体艺术1801班成长纪实

一、班级建设基本情况

数字媒体艺术1801班（简称数媒1801班）班风淳朴，氛围融洽，充满青春活力。班级同学思想积极向上，学习交流密切。班级组织结构严谨、职位齐全。班团建设完善，整体运转良好。班级同学团结友爱，具有显著的学习自觉性、生活自律性和活动积极性。

数字媒体艺术1801班班级建设和团支部建设成功，荣获"黄群班"、"优良学风班"、"优秀班级"、"五四红旗团支部"、"青梧成林"卓越团支部、"优秀团支部"、特色团日活动二十佳等荣誉。同时，班上的紫菘13栋410男生寝室荣获华中科技大学"标兵寝室"称号。在专业学习方面，班级同学积极参加学科竞赛，获得中国大学生计算机设计大赛（4C）全国一等奖、未来设计师、全国高校数字艺术设计大赛全国一等奖等荣誉，同时积极参加大学生创新创业训练计划和中国"互联网+"大学生创新创业大赛。在专业实践方面，班级同学建立了数字媒体艺术独立动画工作室——梦行工作室，获得华中科技大学创新思维挑战赛一等奖，同时班上同学结合专业特色多次举办数字媒体专业展览和数字媒体艺术专业交流会，例如关山漾美术馆的"跬辑·Relationship"新媒体艺术展览、"长江论坛"等。

二、班级建设思路

数字媒体艺术1801班以"以德立班，责任以行"为班级建设思想指导，在建筑与城市规划学院团委、党委的领导下，开展各项工作。作为学院的艺术专业班级，同学们有着艺术生特有的艺术修养和设计理念；作为与时代接轨的新兴学科学子，同学们有着前沿的思想和高端的数字化技术；作为未来数字创意产业的后备军，同学们有着对未来高新技术产业的憧憬和打造先进数字艺术的决心。

数字媒体艺术1801班通过扎实推进"四力"建设，打造活力班级：学风建设提升专业力、制度建设提升示范力、文化建设提升凝聚力、团队建设提升创新力。从学习、制度、文化、创新四个方面，建设严格自律、积极向上、团结友爱、不断创新、敢于突破的优秀班集体。

（一）学风建设提升专业力

班级定期开展专业研讨会和师生交流会，发挥专业教师引领作用。定期就学习中遇到的问题进行分享交流，由成绩好的同学或者专业老师给出合理建议，促进同学们共同进步。班级成立学习小组进行一对一帮扶，班上共成立5个学习小组，每个小组由成绩好的同学指导成绩不太理想的同学，帮助他们解决学习生活中遇到的各种问题。

将第一、第二课堂相结合，提高学习思考力。班级在课堂学习之余，结合所学所思，积极开展线下的实践活动，调动同学们的学习积极性。

（二）制度建设提升示范力

建立班级例会、匿名信访、奖罚规定、寝室公约四项常规制度。数字媒体艺术1801班明确规定班级例会制度，班级例会包括班会、班级委员例会、团支部例会、寝室长例会等。通过从上至下、从大到小的各级班级例会，上通下达，提高班级工作效率。为了保证班级委员全心全意为班级同学服务，班级建立了匿名反馈制度，让班上每名同学都能监督班级委员工作。

班级为了保证公平公正地分配班级资源，建立了奖罚制度，从例会和课程出勤率、班级贡献率等方面综合考察每名同学，合理分配班级资源，并对损害班级形象、损坏班级荣誉的同学进行相应惩罚。班级有班规，每个寝室也依据各自的寝室特色设立了相应的寝室制度。

（三）文化建设提升凝聚力

结合社会实践、支部活动、班级团建、志愿服务，谋划特色活动，涵养班级文化。班级从实践出发，探讨数字媒体行业内涵，进一步挖掘在专业学习中形成的班级文化。例如，暑期社会实践小队探讨"黑陶文化"，参观武汉美术馆提高艺术修养，参观武汉植物园学习园林植物知识，前往青年园集体采风写生等。同时班级团支部定期开展"三会一课"，并积极开展红色活动，增强同学们对党和团的认识，提高支部成员的思想觉悟和基本素质。在学习之余，组织同学们参加各类志愿服务，增强班级凝聚力，涵养班级文化。

（四）团队建设提升创新力

班级骨干创立梦行工作室，结合专业特色，通过团队建设，开展创新教育。出于对动画的共同热爱，班级同学创立梦行工作室进行动画制作，现拥有动画作品多部，并在华中科技大学创新思维挑战赛获得一等奖，其中《女书缘》动画作品获得未来设计师全国高校数字艺术设计大赛全国一等奖。班级同学结合专业课程所学、联系实际调研所思，积极主动地参加各类专业竞赛和创新创业项目，在专业竞赛之中通过团队合作精进自己的专业技能、提升自己的专业修养、丰富自己的专业内涵、提升班级凝聚力。

三、班级建设典型举措

数媒1801班现有20名成员，其中有11名班级委员，班级委员会结构健全，各位班级委员各司其职，恪尽职守，进行有序高效的班级建设，努力营造良好的班级学习和生活的氛围，建设荣誉班级效果显著。

（一）立心铸魂育新人

班级在思想德行建设方面，积极主动地组织班团会，开展各项活动，致力让同学们更好地进行团支部和党支部的学习。团会响应校团委号召，紧密结合时代主题，通过团会的开展进一步增强同学们对党和团的认识，提高班级团员的思想觉悟和素质，更好地进行班级团组织建设。

班级定期开展"三会一课"，紧密结合时代主题，增强同学们对党和团的认识，提高支部成员的思想觉悟和基本素质，并积极开展红色活动，比如学"四史"知识竞赛、参观张之洞与武汉博物馆、"雷锋日"活动、清明祭英烈活动等。

为了更好地宣传英雄事迹，传递英雄精神，马清溪同蓝天剧社几位编导一起编排了讲述黄群英雄事迹的话剧《那人那船那海》，并在武汉大学顺利完成公演。

班级同学中有8名校级组织干部、14名院级组织干部，全班同学均参加了学校的各项活动。数字媒体艺术1801班班长和团支书，认真负责，热情饱满，积极主动地带领班级同学参与各类班集体活动和比赛，获得诸如"黄群班"、"优良学风班"、"优秀班级"、"五四红旗团支部"、"青梧成林"卓越团支部、"优秀团支部"、特色团日活动二十佳等集体荣誉。

2021年，正值建党百年之际，班级同学积极参加建筑与城市规划学院党员先锋服务队，以"党旗领航重温红色精神，设计下乡助力乡村振兴"为主题，到最具红色精神（遵义）、最后脱贫（毕节）、感情最深（临沧）的乡村，将红色精神与乡村振兴有机相融，求索云贵后发地区的乡村振兴路径。本次实践获评2021年暑期"三下乡"社会实践活动"优秀项目"，团队获评2021年暑期"三下乡"社会实践活动"优秀团队"。

（二）学以致用强本领

在学风建设方面，由班长、学习委员带头开展数媒专业特色的宣讲会和交流会，致力为班级营造良好的学习氛围。班级同学学习刻苦认真，都能保持良好的学习态度，相互合作的同时形成良性竞争。本科阶段，班级共有2名国家奖学金获得者、多名国家励志奖学金获得者。

班级在课堂学习之余，结合所学所思，积极开展线下的实践活动，调动同学们的学习积极性，提高同学们的学习思考力。数字媒体艺术1801班举行过多次展览活动，例如，媒介材料展览、藏文化文创展览、"跬辑·Relationship"新媒体艺术展。在各类展览中，多次邀请了学校领导和专业老师作为嘉宾，包括华中科技大学副校长，建筑与城市规划学院党委书记、党委副书记、副院长，以及设计学系、学工组的老师。

班级同学结合专业课程所学、联系实际调研所思，积极主动地参加各类大学生专业竞赛，在专业竞赛之中精进自己的专业技能、提升自己的专业修养、丰富自己的专业内涵，班级同学在各类专业竞赛中取得了优异的成绩：2021年全国大学生计算机设计大赛国家一等奖3名、国家二等奖1名，中南赛区一等奖6名、二等奖4名、三等奖4名；2020年全国大学生计算机设计大赛国家二等奖1名，中南赛区一等奖1名、二等奖5名、三等奖2名。

在大学生创新创业训练计划中，班级同学结合社会实际问题，结合专业所学所思，积极主动地申请课题，致力于探索解决社会存在的实际问题，例如非物质文化遗产保护问题、大学生抑郁症治疗问题等。班级现有1个校级项目优秀结项，3个校级项目成功结项，多个省级项目正在进行之中。

（三）制度条例立规矩

班级委员发挥核心作用。数字媒体艺术1801班的大小活动和专业学习都由班上的班级委员来发挥带头作用，班级事务和团组织生活都由班长和团支书相互配合、相互协调，他们将诸多事宜安排得井井有条，堪称"最佳拍档"。班级委员会和团支部委员会成员更是尽职尽责。

建立班级大小例会制度。班级每两个星期开展一次小班会，小班会主要公布重要通知和讨论事务，班级委员及时和老师对接，反馈同学们的问题。每月开展一次大班会，大班会同团会结合开展，与其他班级或其他年级同专业的班级合作开展，致力于丰富班团会内容、升华主题。班会上，班级委员总结每月的学习生活和学生工作，提出问题和改善建议。在经验分享和交流环节，同学们共同讨论优秀的习惯和经验。

建立寝室文化制度。大到班级，小至寝室，班级有班规，每个寝室则依据各自的寝室特色设立相应的寝室制度，同时寝室设立寝室长，管理每个寝室，寝室长配合班级委员保证班级消息通知的上下通达。

建立匿名反馈制度。数字媒体艺术1801班为了保证班级委员能全心全意为班级同学服务，设立了匿名反馈制度，让班级每名同学都能参与班级建设，公开透明地监督班级委员和组织工作。

建立学习小组帮扶制度。班级建立学习兴趣小组，并设置一对一帮扶制度，营造合作共赢的优良学习氛围。班级内以小组合作的方式定期讨论课业学习，互助学习，在合作中获得成长。班级在学生社区建立起一对一帮扶制度，并且在每个寝室里鼓励室友之间近距离互相帮扶。

开展支部活动。除了班级事务之外，数字媒体艺术1801班团支部积极主动开展团会、团课。团会、团课上为同学们普及政治理论知识、国际时政时局、国家发展政策，让同学们不断地学习党组织的先进思想、国家战略，将自身规划和国家发展紧密结合，培养班级同学的爱国主义精神，致力于让同学们将自己的爱国热情化为报国之行。班团会定期邀请院校领导参加并指导，在每月开展的班会和团会上开展品德教育学习，选择优秀的同学代表上台讲话，宣传积极向上的思想观念，鼓励同学们每日行善，树立良好的思想道德观念。

（四）班级文化百花放

数字媒体艺术1801班有着勇于创新、无私奉献、团结友爱的班级文化。

班级同学结合所学积极参加学科竞赛，举办专业展览，参加创新创业训练计划。在学习的过程中不断突破、不断创新，在学科竞赛中多次获得全国性大赛一等奖，并在国内顶尖专业期刊上发表相关论文，班级举办的"跬辑·Relationship"新媒体艺术展得到了华中科技大学副校长和学院党委书记的赞赏与支持。

班级同学富有爱心、敢于奉献，班上同学积极参加社会志愿服务类活动，奉献自己的爱心，为社会做出贡献，例如"温暖夕阳"关爱老人、"爱心陪童"照顾小孩、"三店支教"教导学生等活动。在2020年新型冠状病毒肺炎疫情防控期间，班级同学也用"数媒人"特有的方式为抗疫贡献自己的力量：有的同学编辑疫情主题杂志，记录医护人员的动人事迹；有的同学绘制了疫情主题的漫画和防疫手册；还有的同学为一线医护人员设计了口罩等。在众多的志愿者义工活动之中，班级同学获得了数不胜数的"优秀义工"证书和志愿者证书。

数媒1801班每个寝室也有自己独特的寝室文化，每个人根据寝室的主题设计自己的座位风格，打造有风格的寝室。寝室里的每个成员各自发挥所长，为寝室建设出一份力。有爱好动画游戏的"二次元"寝室，有严格端正作息时间的寝室，还有可爱甜美风格的少女寝室等。各个寝室在自己擅长的领域不断突破，在各类寝室集体大赛之中获得诸多奖项，例如，男生410寝室获得2020—2021年度的"标兵寝室"校级荣誉称号，女生的525寝室在"一见钟'寝'，绝'室'无双"寝室文化大赛中获得一等奖等。

（五）创新创业立潮头

为了全面贯彻党的教育方针，落实立德树人的根本任务，积极响应"大众创业，万众创新"的国家发展战略，同时为了更好地进行专业探讨和深化交流，班级同学进行创新创业，于大一下学期组建梦行工作室，致力做好华中大数媒的动画作品，并定期请专业老师对工作室成员进行指导教学。

梦行工作室最初是由数字媒体艺术1801班410寝室发起，由班上3名核心成员组建创立的。在一学期内发展至13名核心成员，在大二上学期完成了工作室的规模扩张和招新，并开展了正式的宣讲会，现共有成员28名。

工作室由社长运营管理，下设有制作、编剧、原画、场景、配音5个责任部门来进行日常运营工作。工作室采取线上直播录屏等方式进行专业课程的教授，培养同学们的专业素养、锻炼专业能力。每个部门定期布置任务并以收取作业的形式确保学习质量的达标。同时定期组织线下活动，其中包括动画交流会、剧本讨论会、聚会聚餐等。通过交流学习，提升实力的同时营造了良好的工作室氛围。为了对外宣传，工作室通过多种自媒体平台分享工作室的日常工作，平台包括微信、微博、QQ、B站、抖音等。同时，工作室会定期召开宣讲会，以张贴海报等形式进行线下宣讲。

由最初的一无所有到现在拥有5部独立动画作品以及数不清的原画、场景、剧本，由最初的徘徊迷茫到现在的目标坚定，梦行工作室已经逐渐壮大并步入正轨。工作室在 2019 年获得了大学生创新思维挑战大赛一等奖，工作室创作的《女书缘》动画获得 2021 年未来设计师全国高校数字艺术设计大赛数媒动画组全国一等奖。

四、班级建设规划

进入毕业年级，同学们的知识、阅历、能力不断增长和提高，面临着就业、升学、情感的各种选择和考验，处于明确方向、收获成长、承上启下的重要过渡阶段，也是"拔节育穗"的关键时期。班级带头配合好学院辅导员用心用情做好毕业教育、就业指导的工作，为同学们更好地融入社会保驾护航。

（一）预备毕业事宜，集体收获成长

目前数媒 1801 班已步入大四阶段，马上面临毕业。现阶段应统计班上同学各项指标成绩等是否满足毕业要求，按照《华中科技大学专业培养计划》上的有关要求，对班上每名同学进行核查。如有挂科科目未重修，应抓紧重修；如选修学分未按学校要求修满，应抓紧在本学期完成选课及修习；如体测成绩未达标，应加强体育锻炼，并联系体育学院相关负责人完成补测；如课外学分未修满，应按照培养计划完成课外实践、相关竞赛等加分项目……诸多事宜都应抓紧时间处理。除此之外，还应开始规划班上同学的毕业相关事宜，提前让班上同学准备个人照片、个人简历、作品集等相关材料，以备毕业使用。

（二）统筹毕业去向，精准服务个人

班级班长和学习委员应尽快统计出班上同学的毕业意向等相关信息。确定好班上同学毕业意向后，按照保研、考研、工作、出国 4 类，召开 4 场主题班会，每次班会联系学院辅导员、学院相关老师、往届优秀学长学姐等与会分享经验，帮助班上同学更顺利地毕业。针对保研同学，应在大四开学初就召开保研班会，一般保研考核在 9 月中下旬甚至更早就开始，应尽快部署相关班会，邀请往届优秀的保研学长学姐做经验分享，邀请学院负责保研的老师讲解保研政策，有针对性地为每名准备保研的同学提供相关帮助。对考研、工作和出国三类同学的服务工作也要做到精准服务个人，因时间不同，举办班会的时间也不同，但皆要尽早安排，给同学们留出更多的准备时间。由班级委员组成班级毕业服务小组，随时为班上同学提供毕业相关服务，精确到人，确保班上每一名同学能够顺利确定目标，并开始着手为之准备。

（三）加强毕业沟通，共创合作双赢

在毕业以后，应统计好班上每名同学的毕业去向，班上同学可在毕业后继续进行沟通合作交流。针对读研的同学，可进行相关学术交流和课题项目合作，不同学校、不同专业多进行交流沟通会有更好的学习效果。对于参加工作的同学，在不同公司可交流工作经验、项目心得，有助于每名同学在公司的发展。同时应多组织线上校友交流会，甚至线下见面会，互相交流毕业后的工作经验。毕业后同学们大多会继续从事数字媒体或艺术设计相关工作，会有很多的项目合作机会，应该加强沟通合作，共创双赢局面。

五、班级建设成果

（一）育人效果

1. 个体层面

（1）马清溪。

2018 年　建筑与城市规划学院"自强标兵"；

2019 年　国家奖学金，华中科技大学校"三好学生"，本科特优生；

2019 年　华中科技大学创新思维挑战赛一等奖；

2021 年　中国大学生计算机设计大赛中南赛区二等奖。

（2）周山池。

2021 年　中国大学生计算机设计大赛中南赛区一等奖；

2021 年　未来设计师全国高校数字艺术设计大赛湖北省二等奖。

（3）王子怡。

2021 年　全国大学生计算机大赛全国三等奖；

2021 年　全国大学生计算机大赛中南赛区一等奖；

2021 年　全国高校数字艺术设计大赛湖北省三等奖；

2020 年　全国大学生计算机大赛全国三等奖；

2020 年　全国大学生计算机大赛中南赛区二等奖；

华中科技大学学习优秀奖学金；学习进步奖学金；"优秀团员"。

（4）张睿丽。

第十三届　全国大学生计算机设计大赛国家二等奖；

第十四届　全国大学生计算机设计大赛国家二等奖。

（5）夏洁茜。

2018年　军训"优秀学员"；

2019年　新生公益奖学金；

2019年　全国大学生计算机大赛中南赛区二等奖，全国三等奖；

2020年　国家励志奖学金，学习优秀奖学金；

2020年　全国高校数字艺术设计大赛湖北省一等奖，全国二等奖、三等奖。

（6）杜宇晴。

2021年　全国大学生设计大赛中南赛区一等奖；

2021年　未来设计师·全国高校数字艺术设计大赛湖北省二等奖。

（7）袁思珺。

2019年　全国大学生计算机设计大赛国家三等奖；

2021年　全国高校数字艺术设计大赛湖北省二等奖。

（8）王庆伟。

2021年　全国大学生计算机设计大赛全国一等奖；

2021年　全国高校数字艺术设计大赛全国一等奖；

2018—2019、2019—2020、2020—2021年　国家励志奖学金；

2021年　以第一作者于《美术观察》发表论文一篇；

2019年　华中科技大学创新思维挑战赛一等奖；

华中科技大学"优秀学生干部""优秀共青团干部"。

（9）轩祥宇。

2021年　全国大学生设计大赛国赛一等奖；

2021年　未来设计师·全国高校数字艺术设计大赛国赛一等奖；

2020年　全国大学生设计大赛中南赛区三等奖；

2021年　"武汉依然行"优秀作品奖；

2020年　华中科技大学"东风科尔杯"第九届三维建模大赛三等奖；

2019年　华中科技大学定向越野比赛百米男子组第二名、短距离男子组第二名。

（10）杨洪龙。

2021年　全国大学生计算机设计大赛国赛一等奖；

2021年　未来设计师·全国高校数字艺术设计大赛国赛一等奖；

2020年　"三好学生"荣誉称号，国家奖学金；

2019年　第五届建筑与环境设计专业学生美术作品大奖赛三等奖。

2. 集体层面

大一学年　获评"优良学风班"、"优秀团支部"、华中科技大学特色团日活动校二十佳；

大二学年　获评"优良学风班"、"优秀团支部"、华中科技大学"黄群班"、"青梧成林"卓越团支部、"五四红旗活力团支部"；

大三学年　获评"优良学风班""优秀团支部"；

大二下学期　班级成员组建梦行工作室，获华中科技大学大学生创新思维挑战赛一等奖。

班级现有3名国家奖学金获得者，6名国家励志奖学金获得者。

在2020年全国大学生计算机设计大赛中有国家二等奖1名，中南赛区一等奖1名、二等奖5名、三等奖2名；在2021年全国大学生计算机设计大赛中有国家一等奖3名，国家二等奖1名，中南赛区一等奖6名、二等奖4名、三等奖4名。

班级成员在大学生创新创业训练计划中有3组项目成功结题，并在湖北省大学生创新创业训练计划中成功立项。

数字媒体艺术1801班男生宿舍紫菘13栋410寝室获评华中科技大学本科生"标兵寝室"。

（二）社会评价

2020年12月份，数字媒体艺术1801班在关山漾美术馆举办"跬辑·Relationship"新媒体艺术展，本次展览有幸邀请到华中科技大学副校长、建筑与城市规划学院党委书记、院党委副书记、副院长以及设计学系、学工组的老师参展支持。

2020年11月12日，数字媒体艺术1801班以建筑与城市规划学院"黄群班"的身份进行"星火计划"班会展示，召开以"学习'四史'，勇担使命"为主题的班会，辅导员参与班会并领唱了《在灿烂阳光下》。

2021年3月5日，数字媒体艺术1801班开展"学习雷锋精神，树立文明新风"主题活动，班上同学来到南四楼进行了雷锋精神学习和卫生大扫除。数字媒体艺术1801班希望通过举行本次学习雷锋活动，进一步弘扬中华民族的传统美德，争做好思想、好品行、好习惯的好学生，从而推动学雷锋活动常态化、制度化，以实际行动传承雷锋精神，践行社会主义核心价值观。辅导员参与指导此次活动。

2021年4月1日，数字媒体艺术1801班举办"守护·2021清明祭英烈"活动，班上同学来到石门峰纪念公园参与献花圈祭奠活动，并参观湖北军民抗战博物馆。参加此次活动的有学院党委副书记、师生党员代表以及班级团员代表，活动由党建辅导员主持,学院党委副书记发表了讲话,表达了对革命先烈的敬仰和追思,并激励同学们继承先烈遗志,珍惜幸福生活。

2021年10月,数字媒体艺术1801班男生寝室410寝室参加华中科技大学标兵寝室评选,成功评上华中科技大学本科生"标兵寝室",并得到了华中科技大学官方抖音号的推送,以及极目新闻和楚天都市报的相关报道。

在素有"学在华中大"美誉的校园里,好的班风学风为同学们的学习成长营造了好气候,创造了好生态。数字媒体艺术1801班已获得华中科技大学"黄群班"、"优良学风班"、"优秀班级"、"五四红旗团支部"、"青梧成林"卓越团支部、"优秀团支部"等荣誉称号,并涌现出一批校"三好学生"、本科特优生、校"自强标兵"、"优秀共青团干部""优秀共青团员"称号的获得者,班上现有3名正式党员、6名预备党员,入党比例达到45%,省级及以上学科竞赛获奖36项,保研比例为25%。

六、班级建设总结

抓班级建设需结合专业特点、调动教师力量、发挥领头羊作用、营造凝心聚力的班级氛围。建筑与城市规划学院"黄群班"——数字媒体艺术1801班,有着艺术班级特有的艺术特色,以"以德立班,打造活力班级,成长为未来数字创意产业的后备军"为目标。扎实推进"四力"建设:学风建设提升专业力、制度建设提升示范力、文化建设提升凝聚力、团队建设提升创新力。从学习、制度、文化、创新四个方面建设严格自律、积极向上、团结友爱、不断创新、敢于突破的优秀班集体,并卓有成效。

七、院系党委副书记点评

在一个艺术类的专业里，建设一个学风好、科创也搞得好的班级是非常不容易的，因为就专业特点而言，他们是讲究创意、爱自由的，他们在意自己在专业上的表现，不愿意接受太多束缚。因此，班级的工作思路是"先成就感，后制度"以及"抓好带头人（班长和团支书）"。班级在学院和学校平台抓住几次机会，让同学们发挥专业特长，进行了充分的展示，并在各种场合表扬优秀个人，宣传优秀个人，把优秀个人立为榜样，给班级同学成就感，这样同学们的积极性和荣誉感就培养起来了。此后，班级开始紧抓内部建设，各种制度、各种规矩也立了起来。副书记和辅导员经常找班长和团支书谈心，手把手教他们如何解决班级的各种问题，与教师班主任等也保持着密切联系，一有问题，大家就"一拥而上"，在最短时间内解决问题。还敦促两位带头人搞好学习，这样在班里才有说服力，大四时两位带头人都保研了。就这样，在所有人的共同努力下，"黄群班"越来越好。

——建筑与城市规划学院　何立群

党旗领航铸班魂,学风优良促成长
——人工智能与自动化学院自实 1801 班成长纪实

一、班级建设基本情况

古有少年,"少年智则国智,少年强则国强",为中华之崛起而读书;今有青年,"有理想、有追求、有担当、有作为、有品质、有修养",为实现中华民族伟大复兴而不懈奋斗。自实 1801 班,是一个追求卓越、团结奋进、朝气蓬勃、温暖和谐的班集体。它犹如滔滔江水,滋润着每一颗年轻跳跃的心,为同学们扶摇直上积蓄力量;也犹如浩瀚大海,汇集着大家博学济世的理想,同学们水乳交融,互帮互助。在逐梦路上,自实 1801 班有一群披荆斩棘的少年,更是一个风雨同舟的集体。

2018 年,一则关于中国船舶重工集团有限公司第七六〇研究所的 3 名党员为了保护国家某重点试验平台而英勇牺牲的新闻受到广泛关注。他们用自己的行动诠释了党员干部敢为人先、奋勇向前的高尚品格,也在自实 1801 班同学的心中埋下了"富有理想、勤奋学习、乐于奉献、实践报国"的种子,一颗向榜样看齐的种子。备受鼓舞的自实 1801 班,回首过去、把握现在、展望未来,把黄群精神写进班级大学四年的发展规划。

追求"富有理想"。班级每个月组织开展一次理论学习活动,党员和班上其他同学积极争当主讲人,在多次咨询马克思主义学院的教授、讲师后,创新学习形式,从多角度全面解读时政热点及国家政策方针。通过学习,增强全体同学的道路自信、制度自信、理论自信和文化自信,推动同学们将个人奋斗目标与中华民族伟大复兴的中国梦相结合,践行我们这代人的时代责任和历史使命。

追求"勤奋学习"。班级成绩始终位列年级第一名,多次获评"优良学风班"称号,日常到课率均为 100%;通过建立模式识别、过程控制等学习讨论组和建立晨读小组等方式创建良好的学习氛围,为学校打造"学在华中大"品牌贡献力量。

追求"甘于奉献"。班内有超过70%的同学积极加入学校、学院的各种学生组织,以强烈的责任心和使命感,完成组织交办的各项工作,成为老师的得力助手;班级同学还积极参加各种义工活动,参加人数占班级总人数的60%。通过参与或组织各项活动,同学们的社会责任感得到大幅提升,为将来报效祖国奠定坚实的基础。

追求"实践报国"。班级建立完善的班级委员会、团支部委员会,制定一系列的班级管理制度,如寝室长制度、班级委员考核制度等,定期召开班级委员会、班会、团会,认真按照学校、学院的要求落实各项任务,加强班级建设;班级同学还积极参加各项文体活动,在新生晚会上合唱歌曲,在体育比赛中大展风采,设计创意班徽成为班级标志,打造干净整洁的宿舍,创建班级公众号记录全班同学生活点滴等,弘扬班级文化,增强班级凝聚力。现在,同学们共同为班级建设献计献策;未来,同学们共同为建设祖国添砖加瓦。

此外,学院党委也积极指导班级建设工作,通过组织学生代表座谈会、院领导深入宿舍等形式,关心、指导班级建设。教师班主任积极参与班级指导,在班会上详细介绍自动化专业的科研方向,帮助同学们明确奋斗目标,并在班群分享最新科研动态。同时学院开放本科教学实验中心,让同学们尽早了解专业,加强专业导航教育。辅导员也积极指导班级建设,多次参与班会、团会,经常找同学谈心,了解学习与生活近况,疏导心理困惑,努力打造"崇德向善、气正风清"的优秀班集体。

过去取得的成绩固然可喜,但自实1801班的同学们仍会着眼未来。相信在老师们的指导下,在全班同学的共同努力下,自实1801班一定能携手奋斗,砥砺前行,以德行铸班魂,以团结树班风,争做崇德向上的青年群星,共同构筑卓越班级的华中大样本。

二、班级建设思路

(一)党旗领航

为增强全体同学的道路自信、制度自信、理论自信和文化自信,推动同学们将个人奋斗目标与中华民族伟大复兴的中国梦相结合,践行我们这代人的时代责任和历史使命,班级每个月组织开展一次理论学习活动。入党积极分子和班上其他同学积极争当主讲人,在多次咨询马克思主义学院的教授、讲师后,创新学习形式,从多角度全面解读时政热点及国家政策方针。

同时，学院深入班级指导，助力班级建设。学院党委积极指导班级建设工作，通过组织学生代表座谈会、院领导深入宿舍等形式，关心、指导班级建设。

（二）学风建设

学习作为大学生的主要任务之一，其重要程度不容忽视，为了营造学习氛围，全班共同进步，班级提出了针对学习的一系列班级建设思路。

重点解决同学们反映的重难点课程的问题。一些重点科目难度较高，课上老师讲课节奏较快，课后若一人复习则存在难度，故在一些重点、难点课程（比如模式识别、人工智能等课程）的学习过程中，班级会建立学习讨论组，班级成绩优异的同学，自愿加入年级集体自习室，帮扶学业困难的同学，使班级同学共同进步。

为了在班级中营造热烈的学习氛围，加强班级学风建设，班级内部自发举办C语言讲堂、建立晨读小组等，同时宿舍之间也会相互监督，传播优良学风。

班级内部的力量还是有限的，好的学风离不开学院领导的关怀。为了提前了解所学专业在实际中的应用，使班级同学目标更加明确，教师班主任在班会上详细介绍了自动化专业的科研方向，并在班群里分享了最新科研进展资讯。为了帮助同学们提前进入实验室将理论应用于实践，激发同学们的科研热情，使同学们早日发现自身兴趣、学习到更深入的知识，学院为班内每一名同学安排了导师，指导学业和科研相关事宜。

（三）文化建设

育人为本，德育为先。为了形成富有特色的班级文化，班级坚持以文化建设为重点，结合学科专业特点，创新实践形式，开展丰富多彩的班级活动，形成班级文化与个性发展、社会实践、时代发展相结合的态势，在增强班级凝聚力的同时，丰富同学们的课余生活。在此理念的引导下，班级积极开展了班徽设计、班级公众号运营等活动，发扬班级精神和价值观，并参与了"风采班级"计划，增强班级凝聚力，提升班级活力，也为班级争取荣誉贡献力量。班级还多次举办校园骑行等活动，排解学习压力，增进同学们之间的了解，提升集体凝聚力和集体荣誉感。在这期间，教师班主任和辅导员都积极参与班级活动，对班级的组织策划提出宝贵的意见和建议，不仅保障了活动的顺利开展，而且增进了师生之间的情谊，有利于良好的班级团体氛围的建设。

三、班级建设典型举措

（一）思想道德建设

1. 特色团日

支部成员紧跟主题"肩上楚风，足下山河"，身体力行，着手调研各种交通问题。支部成员积极与另外两个班级合作，通过聊天室、交通协管等实践活动探索发现改革开放以来江城武汉的交通方式的变化与发展。通过调查江城武汉的出行方式的变化，同学们更好地研究了不同时代的特色，切身感受了出行方式背后的文化气息，也扩展了视野，亲近了社会。通过特色团日活动，同学们外出"打卡"，亲自体验不同的出行方式，外出活动的过程中也可以达到锻炼身体的目的。通过亲自体验，同学们能更好地体会和反馈不同交通方式的优点和弊端，从而为武汉交通目前依旧存在的问题出谋划策，向有关部门反馈，从而改善市民交通出行感受。

2. 主题团会

经过 8 个月的朝夕相处——无数次的见面，数不清的班建活动，讲台上的气宇轩昂，电影幕布前的意犹未尽，东操绿茵上的嬉戏打闹，历史古迹旁的挽手前行，森林公园里的扶持互助、嬉戏打闹——大家在交流中增进感情，相互了解，班级氛围极度融洽，从"三十"变成了"一"。

3. 理论学习

班内入党积极分子发挥模范带头作用，定期参加社会志愿服务或义工活动，在锻炼中提升自己的思想道德水平。同时，入党积极分子深入党支部生活，由支部委员牵头，班级每个月组织开展政治理论学习讲座，入党积极分子和班上其他同学积极争当主讲人，多次咨询马克思主义学院的讲师及教授，不断创新学习形式，由"青马班"多名学长学姐讲授学习经验，多角度、全方面解读时政热点及国家政策方针。定期开展评选活动，评选优秀主讲人以及优秀学员，调动大家积极性。

4. 红旗下的约定

组织班内同学清晨进行升国旗观礼活动，感受国旗的威严，观赏仪仗队整齐划一的动作，让神圣的国旗唤起心中的骄傲和自豪之情。冉冉升起的五星红旗，象征国家日益繁荣昌盛，提醒同学们国家利益高于一切，告诫同学们时刻都要忠于祖国、忠于人民。

5. 国防生教官采访

通过对国防生教官的采访，了解他们平时的训练生活，聆听他们对国防生身份的理解，感受国防生对祖国的热爱，同时也增强同学们的爱国热情。

6. 参观辛亥革命武昌起义纪念馆

大一上学期自实1801班和自卓1801班的同学一起参观了辛亥革命武昌起义纪念馆，一同了解了那一段峥嵘岁月。班上的同学分成了5个小组，小组内成员探讨和交流了辛亥革命的背景和过程。支部委员孙哲宇担任总主讲人，声情并茂地向同学们讲解了辛亥革命这一历史主题，揭示了辛亥革命的重大意义和先辈们毁家纾难、不畏牺牲的崇高精神。在场的同学们对辛亥革命有了更加深入的了解。借助现场的一些名人手稿、公文条例等文物，同学们清晰地认识了辛亥革命的性质和内容。活动后班级公众号收到了近10篇心得体会，并择优进行了刊登和奖励。

7. 班级委员会与团支部委员会

细化并确定班级委员的岗位职责和任务，确保各工作职责之间没有重叠或遗漏，每项工作都能找到明确的责任人，为高效完成学校、学院交办的各项工作打下坚实的基础。

8. 寝室长制度

班内制定明确的班级管理制度，同时班级内部建立寝室长制度，将寝室与班级紧密地联系在一起。

9. 班会制度

班内定期召开班会，弘扬正能量，并解决同学们现阶段生活中的问题和疑惑。邀请辅导员或教师班主任介绍有关人工智能与自动化方面的专业知识，请研究生班主任介绍学习经验和学科重点，为同学们确立目标提供帮助。

（二）学风建设

1. 学习讨论组

自开学以来，同学们逐渐意识到微积分、工程制图、大学物理等"硬课"的重要性，自发在班内组建了微积分、工程制图、大学物理等科目的讨论群，互相指导，互相监督。同学们有问题可以随时在讨论组里提问，之后便会有其他的同学进行解答，有效地提高了同学们学习的积极性与学习成绩。

2. C语言讲堂

随着大一下学期C语言课程的加入，学习基础薄弱的同学愈发感到力不从心。

针对此情况，自实 1801 班举行了若干次 C 语言讲堂，并由班内对 C 语言掌握较好的同学担任老师，对大家不太清楚的地方或书上比较有代表性的例题进行详细讲解，帮助大家对 C 语言有更深入的了解。通过此课堂，同学们对 C 语言的掌握有了明显的提升，得到了老师的赞扬。

3. 晨读小组

班内同学还自己组建晨读小组，在爱因斯坦广场上或东九湖边进行晨读或英语对话练习。虽然此项活动不易坚持，但仍有不少同学坚持了下来，英语听说水平因此有了明显提高。

（三）文化建设

1. 班徽设计

学期中经过班级委员协商组织了班徽设计活动，面向全班征集班徽设计方案，经过不断修改和完善成就了班徽的最终设计方案。作品中的时钟象征着全班分秒必争的时间管理能力和规划意识，这是在日后的学习工作中不可或缺的关键能力和意识；画中的鸽子预示着同学们能展翅高飞，以及展示了同学们追逐梦想的美好展望与烙印在内心的自豪感和自信心。画面顶部的一条飘带象征着全班同学将集体的利益放在优先位置，永远热爱并凝望着集体，将集体意识反映在学习生活中，共创和谐繁荣、高效认真、充满正能量的团队。班徽包含了全班同学的努力和汗水，以及对这个集体的美好祝愿和对光辉前程的期待。

2. 风采班级计划

班级积极参加人工智能与自动化学院"筑梦新征程，班级共成长"风采班级计划系列活动，带领班级同学开展班级成长系列、思想引领系列、实践公益系列、校园文化系列和科技创新系列活动，增强班级凝聚力，提升班级活力，为班级争取荣誉贡献力量。

3. 班级公众号

为了弘扬班级文化，增强班级凝聚力，记录平时生活的点滴，班级创建了一个公众号，由专人负责发送推文，记录每一次班级活动，并为班级同学提供帮助。举办篮球赛、参观首义公园等活动被一一记录下来，展示着同学们的活力，记录着同学们的快乐。这些活动的记录展示了各个同学的特长，见证了同学伙伴之间的情谊。公众号成为班级的最美名片。在向外班同学展现优良的班级文化的同时，也作为一份留存的记忆，供大家品味。

（四）公益活动

1. 加入学生组织

对班级内各成员在学校或学院参加的学生组织进行统计，方便同学们进行工作交流，在提高同学们在部门的工作效率的同时，也方便在班级日后开展活动时按照班内同学所在部门分配任务，提高班级活动的工作效率。

2. 资助月活动

与经济1801班共同开展资助月活动，通过理论讲解与知识竞答的方式向同学们介绍有关资助的知识，包括自强奖学金与贫困生资助申请方式等。班级委员将精心挑选的资助知识融入题目，还精心挑选了礼品，提高同学们参与的积极性。在活动中，本支部与经济1801班建立了深厚友谊，同学们认识了许多新朋友，也收获了许多值得回忆的美好瞬间，更重要的是，通过资助月活动，班级将资助知识与资助精神传播给了每一名同学。

3. "雷锋月"活动

可持续发展理念是科学发展观的基本内容，班级开展了森林公园垃圾清理活动，捡起沿途的垃圾。本次活动中同学们看到，即使在人流如织的周末，地面上仍然非常整洁，这既离不开环卫工人的辛勤劳动，也是人们素质有所提升的重要体现。同学们十分富有公益心和责任心，始终不怕苦不怕累，坚持到一些不容易进入的地方拾取垃圾。活动的开展是同学们关注环境保护和了解彼此的好机会。

4. 关爱流浪小动物

动物是人类的朋友，地球是动物和人类共同的家园。班级开展了关爱流浪猫活动，让同学们发现校园中流浪的小动物，关爱它们，保护它们。在活动中，同学们积极为关爱小动物献计献策，在与小动物接触的过程中发现了动物保护的重要性。

5. 参加义工活动

班级成员积极参与义工与志愿服务工作，筹备暑期社会实践项目。班内参加义工与志愿服务工作的人数达18人，占全班人数的60%，工时总数达212.5个小时，义工活动主要包含爱心宿舍、植物园义工、爱心丝网花等。

四、班级建设成果

（一）建设了以"思想教育为纲，学风建设为主"的班级建设模式

高校班级是高校实施教育的基本单位，也是学生的基本组织形式，它对学生

的成长有着重要的作用。加强高校班级建设对促进学生全面发展、全面推进素质教育有着重要的意义。自实1801班以中共中央、国务院《关于加强和改进新形势下高校思想政治工作的意见》为纲领，在思想德行、组织、学风、文化、学生工作、条件保障6个方面重点建设，形成了"全员育人、全程育人、全方位育人"的育人模式。思想德行建设与组织建设为班级学生的个人修养、优良品行的养成提供坚实的理论和制度保障；学风建设对班级学生的学习能力、学习积极性、学习效果形成全方位的良性反馈；文化建设和学生工作建设培养班级学生的文化素养、精神底蕴，同时锻炼学生的实践工作能力；条件保障建设则为班级内部育人活动的正常高效率的运转和调整提供时空和物质的双重保障。同时，自实1801班始终坚持把"党建带团建、团建促班建"作为一项重要工作来抓，不断创新工作机制，改进工作方法，助力学生成长成才，将党味浓度、团味鲜度、班味温度有机融合，促进学生全面进步和成长成才。3年来的实践表明，自实1801班整体形成的"三全育人"模式对新时代下培养德智体美劳全面发展的社会主义建设者和接班人有着积极、良性的效果，班级同学的综合素质得到了全面发展，班级整体的凝聚力得到了显著提高，该模式受到了班级同学和党支部的高度赞扬。

（二）班级育人成效优异

1. 班级优秀个人

陆家豪对待学业的态度非常端正，学习成绩名列前茅，喜欢钻研数学问题，获得过2019年中国大学生数学竞赛湖北赛区一等奖、2021年美国大学生数学建模竞赛H奖、2021年中国大学生计算机设计大赛省级三等奖以及2019年中国大学生数学竞赛（非数学类）省一等奖成绩。加权成绩以92.22分位列全班第一名，获得过国家奖学金等荣誉。目前已经录取到中国科学技术大学继续攻读研究生。

洪嘉豪对科研兴趣浓厚，在课余时间积极参与科创活动，并取得了优异成绩，包括全国大学生智能汽车竞赛一等奖、美国大学生数学建模竞赛H奖、全国大学生机器人大赛一等奖。目前已经录取到华中科技大学继续攻读研究生。

2. 班集体建设成绩

党建团建 学会做人，学会做学问，故而思想道德建设一直是自实1801班关注的重点。班级开展了各项思想道德教育活动，帮助同学们树立正确的人生观、价值观，引导同学们在党旗的引领下尚贤笃行，德智合一。

下面是部分活动的开展情况。

特色团日：探索发现改革开放以来，江城武汉交通方式的变化与发展。

实践活动：定期完成社会志愿服务或义工活动。

"红旗下的约定"：观礼升旗仪式，感受国旗威严。

国防生教官采访：了解他们平时的训练生活。

参观辛亥革命武昌起义纪念馆：一同学习并了解那一段峥嵘岁月。

（1）荣誉。

在大家的共同努力下，全班思想道德水平不断提升，同学们积极向党组织靠拢。目前，班级共有正式党员9人，占班级总人数的30%；预备党员2人，占班级总人数的6.7%；成功提交入党申请书的同学达18人，占班级总人数的60%；特色团日活动中，本支部获得第二赛区第一名、全校第三名的好成绩。主题团会两次荣获校"十佳团会"的称号。过去取得的成绩固然可喜，但自实1801班的同学们仍会着眼未来。同学们一定不会忘记党委的关怀，不会辜负老师们的期望，坚持进行思想道德建设。

（2）学风建设成果。

自实1801班始终注重学风建设，把专业学习放在首要的位置，自实1801班平均加权成绩始终位列年级第一名，且班级重修前考试（考查）成绩无不及格情况。新学期开始后，同学们对学习新知识充满了渴望，在任课老师与教师班主任的监督培养下，在辅导员与研究生班主任的经验辅导下，在同学们的努力下，同学们的学习成绩稳步提升，班级的学风建设逐步加强，得到了老师们的一致好评。班级设有资助委员负责每节课的签到，每个星期进行一次汇总。班级的签到情况反映本班的到课率均达100%。班级同学保研比例为51.72%，创下了学院历史新高。

在学习之外，大半同学都参与了科创竞赛，以实践磨砺自身本领，并且取得了相当多的荣誉，包括全国大学生智能汽车竞赛国家一等奖2人次，美国大学生数学建模竞赛H奖1人次，全国大学生机器人大赛一等奖2人次，中国智能制造挑战赛全国总决赛一等奖1人次。

五、班级建设总结

本届"黄群班"是华中科技大学遴选的第一批"黄群班"，是对黄群校友"许党报国"精神的坚实传承。要传承这份精神，就要在思想政治建设上下功夫，自实1801班通过扎实的集体学习和集体实践，以"党建带团建、团建促班建"的思想引领工作，引导同学们树立远大理想，把自己的奋斗同党和国家的奋斗结合起来，有效地促进了班级学风、班风等方面的建设，其做法和经验值得借鉴。

六、院系党委副书记点评

自实 1801 班形成的"思想教育为纲,学风建设为主"的班级建设模式,既符合党和国家培养"又红又专"人才的要求,又符合学院、学科和其班级自身的实际。在班级建设过程中,以思想引领"筑信念",以学风建设"明真知",以文化凝练"聚人心",以实践活动"促发展",他们自身的努力与学院党委的关心关怀和指导形成了充分的合力,创造了大学生全面发展的良好环境。

但回顾自实 1801 班自申创以来的成长经历,还是反映出荣誉班级建设中可以进一步探讨的方面:一是班级建设与个人发展如何更有效地同步开展,特别是如何带动班级同学根据自身特点多样化地成才;二是荣誉班级在创建过程中,除了自身的优秀,还应如何发挥榜样的力量,带动年级其他班级共同成长。这两点需要在今后工作中着重思考和实践。

——人工智能与自动化学院　朱平

"船"承使命,追求卓越
——船舶与海洋工程学院船卓1801班成长纪实

一、班级建设基本情况

船舶与海洋工程1801班(简称"船卓1801班")由船舶与海洋工程学院从2018年卓越班笔试和面试中选拔出的22名同学组成。该班以建设海洋强国为目标,以立德树人为根本任务,将社会主义核心价值观融入班级建设、把集体主义精神融入学生日常教育,致力培育德智体美劳全面发展的社会主义合格建设者和可靠接班人。

目前班级全员递交了入党申请书,有中共正式党员3名、预备党员5名。班级保研人数11人,保研率为50%。通过同学们的共同努力,班级连续3年荣获"优良学风班"荣誉称号,以及校"标兵团支部""优秀团支部"和"青梧成林"卓越团支部等集体荣誉。船卓1801班党支部也获得了华中科技大学"先进基层党组织"荣誉称号。

船卓1801班自成立以来,始终坚持落实凝聚班级力量、树立班级信念的指导。班级多次组织开展了集体活动,同学们积极参加班级聚会,这大大地加强了同学们之间的交流,班级凝聚力也显著提升。班级定期开展班会、团会,就班级取得的成果及存在的问题做出总结,既有利于树立班级信念,也让"红红脸,出出汗"成为常态。另外,教师班主任还会不定期和同学们谈心,帮助同学们解决生活和学业等各方面的问题。班级力量的凝聚,班级信念的树立,是同学们最大的成长!

自获选"黄群班"荣誉称号以来,船卓1801班同学始终以传承"不忘初心、牢记使命、履职尽责、许党报国"的黄群精神为己任,努力将班级打造成一个更加优秀、全面发展的集体。为此,船卓1801班结合专业特色,在引导班级学生加强思想建设、党团建设、学风建设方面，在教育班级同学树立远大理想、坚守初心使命、锤炼真才实学方面下足了功夫。

二、班级建设思路

（一）聚焦思想建设，传承红色基因

班级建设的根本任务是"以德立班，立德树人"，抓住思想建设是建设班级的核心。船卓1801班的同学未来既要做船舶行业的顶梁柱，又要成为德智体美劳全面发展的社会主义建设者和接班人。船卓1801班通过举办一系列主题学习活动，如黄群精神学习交流会、"黄群班"主题班会等，领悟黄群精神的深刻内涵，传承黄群精神。

（二）聚焦组织建设，党建带动团建

深入实施新时代"党旗领航工程"，加强党建带动团建。班级每月召开组织生活会，每学期开展党员服务群众活动，让党员同志在日常学习生活中积极发挥先锋模范作用，践行全心全意为人民服务的宗旨，热心帮助身边每一名需要帮助的同学。同时推进团支部做好常务工作，坚持"三会两制一课"等。

（三）聚焦学风建设，制定制度规范

要营造一个积极向上的班级氛围，学风建设是关键，同学们应该树立新的学习观，确立学习目标，端正学习态度，探索学习方法，认真学习科学文化知识，重视独立思考能力的锻炼和创新实践能力的培养。船卓1801班通过制定课堂手机暂存制度和集体学习制度，营造班级良好的学习氛围，培养班级同学良好的学习习惯。

（四）聚焦文化建设，丰富日常生活

船卓1801班在传承黄群精神中也逐渐形成了自己独特的班级文化，通过举办一系列的集体活动，如东湖绿道骑行、班级联谊、集体夜跑等，丰富同学们的日常生活，增强班级的凝聚力。

三、班级建设典型举措

（一）传承英雄精神，奋进筑梦征程

2019年10月，班级邀请了优秀党员学长学姐交流学习党的优秀思想。在这次

分享中，学长学姐向同学们详细地介绍了党支部的基础建设、特色活动以及光辉故事，还给同学们分享了他们作为中共党员在成长中的丰富经历和宝贵经验。在一番研讨交流后，每名支部成员都撰写了心得体会。通过研讨交流，船卓1801班团支部形成了相互学习、相互促进、共同提高的浓厚学习氛围。

2019年11月，班级部分成员前往黄陂参观黄继光连。支部成员通过这次实践活动深入了解了黄继光的英勇事迹，接受了爱国主义教育，也对英雄的精神有了更深刻的理解。

2020年3月，船卓1801班联合轮机1701班共同开展"学总书记回信，话青春担当"线上主题团会。团会内容丰富、形式新颖、安排紧凑。会议期间，班级同学共同学习了习近平总书记给北京大学援鄂医疗队全体"90后"党员的回信，也学习了青年讲师团成员刘腾分享的"微团课"（"战疫彰显青年担当"）。联合团会不仅拉近了船舶与海洋工程学院两个"黄群班"同学之间的距离，还让同学们思考了在疫情防控期间青年一代的担当和责任。

2020年4月，船卓1801班为了引导同学们体会并发扬烈士们崇高的奉献精神，开展"线上书信"活动，让同学们以在线上撰写书信的形式表达对在抗击新冠肺炎疫情中牺牲的烈士的深切哀悼。

2020月8月，为了进一步表达"黄群班"全体成员对"温比亚"台风中因抢救国家重点试验平台而壮烈牺牲的黄群校友的深刻缅怀，向这位英勇无惧的"逆行英雄"致以最为崇高的敬意，也为了让黄群精神能够继续传承下去，班级举行线上会议以及"黄群精神大学习"视频录制活动，引导同学们勤学善思、立鸿鹄志、练真本领，做华中大红色基因的继承者，用实际行动传承黄群校友积极进取、乐于奉献、踏实肯干的精神，用真才实学为建设新时代海洋强国贡献自己的一份力量！

2020年12月，船卓1801班在学生党员活动中心召开"传承"主题班会，班长介绍了班级自2019年获得"黄群班"荣誉称号后的巨大变化，并对下一步的班级建设工作进行统筹规划与安排。团支书总结了团支部目前存在的一些问题和不足之处，并对这些问题提出了合理的改进措施。

2021年3月，为了深入学习党的历史，学习习近平总书记关于学习"四史"的主要论述，传承红色基因，船卓1801班开展"学党史 领思想"主题班会。为了加深同学们对党史学习的兴趣，提升班会的效果，班级组织同学们事先前往校史馆参观学校抗击新冠肺炎疫情专题展览。在参观展览的过程中，同学们深刻地认识到英雄的武汉人民为抗疫做出的重大贡献与牺牲，更认识到抗疫战线的坚强与团结，充分了解了中国向世界展现的大国担当与使命，深受触动。

（二）立足专业特色，践行兴船报国

2020年5月，在线上教学期间，班上的部分同学协助学院开展"千帆过"的"微课堂"活动。其中两名同学作为学生代表对全年级的学生进行线上答疑和辅导。班级其他成员也认真参与"微课堂"，决不在学习上放松自己。"千帆过"的"微课堂"活动克服了线上教学方式的不便，提高了网课学习效率，优化了网课学习方法，营造了线上知识交流的讨论氛围。

2020年7月，班级同学利用网络，认真学习全国两会精神和习近平总书记的重要讲话精神，切实增强自身的责任感、使命感和紧迫感，并以对话问答的形式制作了《两会"青年大学习"》视频。团支书用视频带领同学们了解两会召开的意义，并对"三新"有了深刻的理解——只有准确把握新发展阶段、深入贯彻新发展理念、加快构建新发展格局，才能确保"十四五"开好局、起好步。接着，班级同学聚精会神，专注倾听，深切感受到两会在国家政治生活中的重要意义。本次活动的举行，增强了同学们对国家的了解，加强了同学们对祖国的认识，使同学们确定了学习的方向。同学们将投身新时代中国特色社会主义事业的伟大建设中，为实现中华民族的伟大复兴而奋斗。

2021年4月，船卓1801班的部分同学在学院带领下前往孝感市巴石村小学进行对口帮扶工作。学校对口帮扶的孝感市孝昌区王店镇巴石村已成功脱贫。巴石村小学有6个年级，6个班，总共70余人，每个年级10余人，学生学习基础较为薄弱，课后作业缺少指导，难以充分掌握知识，尤其是高年级学生。因此，船舶与海洋工程学院计划与巴石村小学开展结对共建，一个大学班级帮扶一个小学高年级班级，帮助小学生克服学习困难、养成良好的学习习惯。同时引导大学生深入基层，认识社会，将论文写在祖国大地上。由班长或者队长负责督促落实各项帮扶举措，评估帮扶效果，改进帮扶方案。

2021年6月，船卓1801班的部分同学参加学院组织的保研考研分享会以及求职经验分享会。在面临人生选择之际，学长学姐分享了自己的宝贵建议和丰富的经历，让同学们对未来不再迷茫，对自己毕业的去向有了更加明确的选择，也让同学们更加自信和坦然地面对考研和保研过程中可能会遇到的挫折和失败。班级内部也组织相关的活动，让保研的同学互相交流，共同克服保研过程中的困难，同时帮助考研的同学减轻心理上的负担，更轻松地应对考研。

四、班级建设规划

（一）思想建设：黄群故事要讲好　做好船海领航员

做好黄群精神宣讲团成员的选拔工作、宣讲工作，通过黄群精神宣讲团的星星之火，进一步认识黄群学长，进一步学习黄群学长所代表的英雄内涵，进一步明确人生方向。另外，做好毕业生的就业引导工作，凝聚榜样力量，强化价值引领，引导毕业生去祖国最需要的地方建功立业，引导毕业生把个人理想追求融入现代化国家建设新征程，主动投身国家重大工程、重大项目、重要领域的发展。

（二）组织建设：支部建在班级上　人人都是一面旗

把党支部建在班级上，更加深入、更有针对性地对入党积极分子进行考察培养，更有效地保证新发展党员的质量。党班团一体，人人争做先锋，各自发挥优势，使党支部成为班级的思想政治核心，更好地指导团支部、班级委员会的工作，更好地发挥学生党员、学生干部的模范带头作用。

（三）学风建设：毕业设计不放松　站好最后一班岗

做好班级毕业设计工作，发挥船卓1801班学风优势，带动年级困难学生通过补考科目，完成毕业设计。另外，做好"黄群班"的传承工作，站好最后一班岗。

（四）文化建设：文明多彩毕业季　精神昂扬做头雁

组织开展毕业季系列活动，如趣味运动会、毕业纪念打卡等，进一步增强班级的凝聚力。另外，组织落实安全文明离校，发挥带头作用。

五、班级建设成果

黄群校友曾说过这样一句话："质量只有0分和100分。"这种工匠精神，在同学们的身上化为了严谨认真、一丝不苟的做事信念。正是在这样的信念指引下，班级同学敢于竞争，善于转化，在专业学习、科创活动、学生工作和志愿服务等方面都取得了骄人的成绩。

专业学习上，班级出勤率达100%，不仅大学英语四级通过率超95%，大学英语六级通过率达60%，而且全班加权成绩整体提升，大三加权成绩达90分以上人数占全班人数的40%。迄今为止，班级3人次获国家奖学金，4人次获国家励志奖学金，更有2人获启明学院本科学习特优生荣誉称号，80%以上的同学获各类奖助学金。11名同学保研，去向包括清华大学、华中科技大学、中国科学院大学等，2名同学选择就业，去船舶行业建功立业。

学科竞赛方面，班级同学锐意进取，积极投身科创学习。大部分同学逐渐找到自己的方向。李千千坚守科创初心，荣获湖北省第十三届"挑战杯"全国大学生课外学术科技作品竞赛特等奖;熊俊琦、李俊等同学暑假提前到校完成智能汽车比赛;孙壮、王铭靖等 9 名同学参加第九届全国海洋航行器设计与制作大赛,获得一等奖、二等奖多种奖项。在校期间,班级同学累计获得国家级竞赛奖项 18 次、省级竞赛奖项 8 次,受理发明专利 5 项。班级同学也已基本加入学院实验室,跟随专业导师和研究生学长学姐提前熟悉本专业的知识,了解相关的前沿内容。

在学习及科创之外,同学们亦不忘服务他人。近一半的班级同学积极参加学生工作,服务同学,范围囊括班级、年级、学院、学校 4 个层面。醉晚亭、心理文化节等大型活动都有船卓 1801 班同学忙碌的身影。积极为同学们服务,已成为船卓 1801 班最为亮眼的名片之一!

此外,班级全员都参与过公益活动,近在市区校内,远至云南临沧,同学们回馈社会的身影散布在祖国大地。

值得一提的是,在抗击新冠肺炎疫情的行动中,李千千、吴新宇曾力所能及地参与防控志愿服务,展现出了青年党员应有的青春担当和勇气,荣获校"抗疫先进个人""优秀青年志愿者"荣誉称号,为疫情防控工作贡献着自己的一份力量。

从立班之初的扬帆起航,到确立班级目标、引航前行,船卓 1801 班犹如一支舰船,朝着星辰大海驶去。不忘初心、传承使命,黄群精神、船海精神,将指引班级同学用青春才华谱写新的篇章,用热血奉献为祖国国防事业添砖加瓦!

六、班级建设总结

华中科技大学"黄群班"的实践表明,高校思政工作要引导学生培养坚定的理想信念,坚定不移听党话,不忘初心跟党走;要引导学生培养爱国主义和集体

主义精神，将爱国情化为报国行；要引导学生培养优良的学风，勤奋钻研，开拓创新；要引导学生传承"黄群班"的黄群精神，躬身实践，知行合一。华中科技大学"黄群班"创建工作始终坚持高扬理想主义、革命英雄主义、集体主义旗帜，扎扎实实抓班集体和班风学风建设，把思想政治工作优势转化为推动集体成才的强大动力，其做法和经验值得借鉴。

七、院系党委副书记点评

船舶与海洋工程学院船卓1801班（"黄群二班"）坚持落实凝聚班级力量、树立班级信念的工作，从思想建设、党团建设、学风建设、文化建设4个方面着手，通过传承英雄精神和立足专业特色两个支点，做好"黄群班"的品牌传承。"黄群二班"有效地引导学生具备坚定的理想信念、爱国主义和集体主义精神以及优良的学风，有力地传承了黄群精神。

——船舶与海洋工程学院　谢宇翔

以卓越追求，创卓越班级
——机械科学与工程学院机卓1901班成长纪实

一、班级建设基本情况

机卓1901班始终坚持思想立班，党旗领航，以黄群精神和学院"STAR"精神为引领，积极开展班级思想建设、组织建设、学风建设、科研科创与志愿服务等工作，推动班级全面发展。

班级全体同学已经全部递交入党申请书，目前有8人为预备党员，50％以上的同学成为入党积极分子。班内建立党章学习小组，讨论党课学习感想，做好对入党积极分子的培养、考察工作，组建的班级党支部也在班级各项工作中发挥先锋模范作用。

机卓1901班已连续两年获得校"优良学风班"称号，班级获国家奖学金2人次、国家励志奖学金2人次、校"三好学生"6人次，获各类奖学金共51人次，班级全员通过大学英语四级考试，50％以上的同学通过大学英语六级考试与全国计算机等级考试（三、四级）。为进一步加强班级合作、提高学习效率，班级建立多个学习小组，分学科建立学习讨论群，集中智慧攻克难题，交流学习心得与方法。对于个别学习不太主动的同学，班级也积极号召优秀同学带动他们，大家互帮互助，共同进步。

班级始终把推动科研创新作为重中之重。班级同学刻苦钻研知识，敢于创新，积极参与多项科创比赛和科创活动，如全国大学生机械创新设计大赛、全国大学生工程训练综合能力竞赛、全国大学生先进成图技术与产品信息建模创新大赛、美国大学生数学建模竞赛、足球机器人比赛等各项科创比赛，运用自己所学知识创新创造，斩获佳绩。目前已有20人次获国家级科创荣誉、省级以上科创荣誉24人次，多名同学在科研科创团队进行学习实践，提升自身创新能力。

班级全体同学积极参与社会实践，班级全员均已参与暑期社会实践活动，有15人在暑期社会实践中获评校"优秀团队"以及"优秀个人"。团支部书记作为队长所带领的赴鄂、皖、鲁调研乡村振兴的实践队更是在校团委组织的全校答辩中获得全校第十二名的好成绩。同时，班级积极开展各项实践活动，如参观武汉抗疫展、参观湖北省博物馆、参与集体植树活动、外出学习调研党史等。实践出真知，从一次次的实践活动中同学们获得了更多的经验。

机卓1901班始终将黄群精神铭记于心、恪守于行。一年来班级每名同学均积极参与志愿服务活动，奉献社会，多名同学的志愿记录令人惊喜：刘万强在湖南株洲疫情防控期间参与3轮核酸检测志愿服务，累计156个小时；汪子恒参与湖北荆门疫情防控志愿服务156个小时；李永琪在河南担任村口志愿者20余天；陈跃渊参与学校开学核酸检测志愿活动、东图义工、档案馆义工等，学工系统累计27个工时。班级同学累计义工、志愿服务时长超600个小时。

二、班级建设思路

班级建设紧紧围绕"科研创新，全面发展"的主线，不断推进班级思想、组织、学风、科创、实践、服务、文化、院班一体化等八大建设，在黄群精神与学院"STAR"文化的引领下，在全班同学的努力下，班级建设正在快步向前。

班级坚持党旗领航，思想建设当先，坚定理想信念。班级坚持打造特色思政学习体系，重视开展党情国情教育，利用党课、团课等积极进行思想教育和政治教育，成立党课学习小组、团小组并且自建班级"学习通"网上政治理论课程等，在课外进行时事政治、党史国史和国情社情的学习。重视开展爱国主义教育，结合专业发展、个人发展与国家发展的关系进行主题学习研讨，结合学院"STAR"文化号召同学们树立报效祖国的远大理想。重视开展榜样教育，组织进行黄群精神专题学习研讨会，邀请战疫英雄、优秀同学等走进班级班会、团会，组织学习"共和国勋章"获得者、英雄烈士等先进模范人物的事迹和精神品质。重视开展历史教育，进行"四史"专题知识竞赛，组织开展纪念抗美援朝、抗日战争、五四运动等的团日活动。班级思想政治教育取得显著成果，获得"活力团支部"、特色团日校六十佳、3次主题团日评为院优、获得校团委"青梧成林"成长工程卓越团支部立项等。

班级积极推进班团一体化，完善班级委员、团支部委员建设，完善班级制度建设。班级建立了班级、团支部评价体系，由班级委员及其他同学自愿出资设立班级奖学金，激励更多同学积极向优秀看齐。班级建立了完善的议事制度，班级委员、团支部委员成员定期组织工作方式满意度调查，接受同学们的监督，改进工作方式。班级发扬民主精神，班级委员、团支部委员选举，奖学金评比等采用不同形式的民主方式决定。班级定期举行班会，就班级事务进行讨论和安排。

班级尤其重视学风建设，努力唱响"学在华中大"的响亮口号。班级设立晚自习制度、课堂签到制度，在疫情网课期间设立网上提醒，班级到课率保持100%，平均加权成绩83.1分，全班无人挂科。班级开展考前动员会、学期总结会和动员会，教师班主任组织同学们进行考前动员、经验交流，班级委员组织进行学期目标设立、学期总结等。班级还建立特色学习小组，如微积分讨论群、英语打卡小组、计算机三级备考群等，同学们共享学习资料，分享、讨论遇到的难题。同时，班级也有浓厚的课外学习氛围，团支部组织同学们结合兴趣分组进行课外学习，"抱团"学习剪辑技术、网页技术等课外知识。

班级开拓创新、积极进取，利用启明学院和机械科学与工程学院的平台积极培养创新思维、增进创新能力，投身科创实践。班级通过各种渠道寻找与科研比赛相关的有效信息，提前在班级公示，并参考往年比赛额外加分项给出合理建议，鼓励班级同学积极参与，成为"黄群班"的一年来，班级同学获国家级科创荣誉20人次。班级组织开展了"走进学院实验室"活动，在教师班主任的带领下参观学院的国家重点实验室，了解学科发展前沿。班级同学积极联系导师，每一名同学都与一名学院或学校优秀老师取得联系，不少同学走进了导师实验室学习、科研。班级同学积极加入科创团队，多名同学申请的大学生创新创业项目获得立项支持。

班级走进社会，参与社会实践调研，为社会作出华中大机械学子的贡献，将论文写在祖国大地上。在特色团日以及主题团日活动中，班级同学宣传、普及垃圾分类知识、调研生态保护情况、调研餐饮浪费情况等。在暑假期间，班级积极号召同学们参与"三下乡"暑期社会实践，同学们参加了以疫情防控、复工复产、乡村振兴等为主题的暑期社会实践活动。同学们在实践中紧密结合专业知识，尤其是机械科学与工程学院赴鄂、皖、鲁部分乡村调研乡村振兴的暑期社会实践队，深入农村调研乡村振兴情况，积极将乡村振兴发展的困难与自己专业方向结合，进一步了解农村发展在机械领域的所需，取得积极成效，并在评比中获得全校第十二名的成绩。

班级重视奉献社会、服务同学。疫情期间多名同学参与社区疫情防控工作，同学们积极宣传疫情防控知识，用艺术作品为战疫一线的英雄们加油。同学们还改编创作了歌曲《华科呀》，表达对学校的思念和对战胜疫情的信心。班级同学也积极参与志愿服务，参与图书馆义工、招生志愿服务、医院志愿服务等。班级同学也积极担任院、校级学生干部，奉献同学。

班级重视文化建设，帮助同学们实现德智体美劳全面发展。班级打造"明星"宿舍、创造积极向上的卓越宿舍品牌。班级积极组织开展集体文体活动，不少同学参与了院、校级的文艺、体育活动，并多次取得前三名的成绩。班级重视心理健康建设，发布每日"小心心"心理健康宣传消息，开展心理讲座等。班级还会为每名同学设置生日提醒，祝福同学生日快乐。

班级积极邀请院系党委领导、教师班主任、辅导员等参与班级班会、团会活动，指导班级建设，为班级建设指引方向。

班级将继续以黄群校友为榜样，以"STAR"文化为指引，积极开展班级建设。班级将继续坚持思想领航，开展党章党史学习和知识竞答活动，开展"四史"教育和"我说四史"主题活动。班级将进一步完善组织架构，完善班级委员换届和考核制度，完善班级评价体系和班规建设，营造良好班级氛围，打造过硬班级委员队伍。班级将继续发扬"学在华中大"精神，组织开展"学风周"活动，交流学习经验，进一步完善一对一帮扶和学习小组制度。班级将更多投身科研科创，结合同学们的兴趣组织导师实验室轮转，以便同学们更好地确定自己的方向。班级将进一步促进"卓越实践"活动开展，更多地组织同学们走进社会、走进企业，组织同学们更好地了解国家、社会。班级将更多奉献社会，开展疫情防控知识宣传系列活动，开展"雷锋月"活动。班级将进一步结合学院"STAR"文化，打造班级特色文化，每月开展一次集体文体活动，传承中华文化，促进全面发展。

三、班级建设典型举措

（一）思想建设

认真落实政治理论学习。始终做到主题团日必开展：每月结合总书记系列重要讲话和党的最新理论成果开展理论学习。主题团日必研讨：采用辩论会、讨论会等形式，鼓励团员有所思。学习成果必检验：通过定期的知识测试、实践锻炼来检验成果。学习完毕必温习：设立支部学习线上平台，结合"青年大学习"，分享最新时事热点、理论知识，供课外学习。所有团员必参与：团课、团日分享由不同团员负责，所有团员都参与理论分享。

开展党史学习系列活动。主题团日学党史：结合总书记七一重要讲话、"请党放心，强国有我"主题团日等开展党史学习。全体团员学党史、讲党史：团小组进行党史专题学习，主题团日上每名团员轮流进行党史学习分享和心得交流。开展党史知识竞赛：线上、线下开展党史知识竞答 10 余次。党史学习尚英雄：邀请战疫英雄讲团课，学习先进人物事迹强信念。

团支部获得 2021 年"标兵团支部"称号，并集体参加了 2021 年"百生讲坛"活力团支部的答辩，并最终获评"百生讲坛"铜牌团支部。

（二）组织建设

"无规矩，不成方圆"。机卓 1901 班在成立之初便制定了一套班级计分评奖评优细则，制定该细则的主要目的在于规范班级同学的行为，同时提高同学们参与班级各项活动的积极性，对积极的同学加以奖励，对懈怠的同学及时鞭策，增强班级的凝聚力和同学们的集体意识，以形成健康向上、团结互助的班级氛围。班级自入学起至现在始终坚持执行此细则，每年都会重新开会讨论修订，并依托此评分标准和线下奖学金答辩会来选出每年的奖学金获得者，以此保证公平性，同时激励同学们在新的学年更加努力。

班级委员与团支部委员针对不同学期阶段所面对的不同任务和要求进行了相应的人员调整，增加实践委员岗位，主要负责班团实践活动的策划与安排。"黄群班"评选结束之后，作为实验班，同学们逐渐把更多的时间和精力放在了学习和科研实践上，学习委员任务繁重，于是在讨论之后采用了双学习委员的办法，两个学习委员相互配合，更好地服务同学。

班级党支部成立，通过民主竞选选举出了党支部书记、组织委员与宣传委员，在未来的日子里，班级党支部将努力地发挥党员的先锋模范带头作用，为班级建设作出更多地贡献。

班级每学期定期开展开学班会，定一学期的目标，邀请班主任参与会议，与班级同学进行深入交流。

（三）学风建设

班级继续实行晚自习制度。在课后，同学们始终坚持在同一个或相邻的自习室里集中晚自习。晚自习开始和结束的时候，所有同学自觉在学习委员和班长处签到、签退，这样既能让全勤的同学有小小的成就感，也起到了一定的监督作用。晚自习期间，同学们各自完成学习任务的时候，如果遇到了困难，可以就近找其他同学解决，或者在班级交流群中发消息和同学讨论。这既能提高同学们的学习效率，充实同学们的学习时间，也能增进同学之间的交流，培养一同进步、互帮互助的氛围和学风。

班级始终坚持开展日常学习分享会与考前动员会，日常学习中同学们会积极交流不懂的问题，考前共同备考，共同对考试知识点扫盲，保证每个人都能考出一个满意的成绩。班级同学虽然彼此有天然的竞争关系，但并没有"内卷"，而是相互协作，共同进步，这也是班级始终紧密团结的重要体现之一。

（四）科研科创

随着基础知识的逐步增加，同学们在科研科创上的探索加快，进展迅速。班级同学刻苦钻研知识，敢于创新，积极参与多项科创比赛和科创活动，如机器人创新设计大赛、大学生工程训练综合能力竞赛、机器人大赛、美国大学生数学建模竞赛、足球机器人比赛等各项科创比赛，运用自己所学的知识创新创造，斩获佳绩。

在大一时的全国大学生先进成图技术与产品信息建模创新大赛中，肖光耀获得国家一等奖；在高校智能机器人创意大赛中陶宇获得全国三等奖；在大学生工程训练综合能力竞赛中，班级8人参与比赛，4人获得省二等奖；在美国大学生数学建模竞赛中，班级半数以上的同学参与比赛，均有获奖；在周培源力学竞赛中，谢新宇获得湖北省第一名，班级有3名同学获得了湖北省前五名；在机器人创新设计大赛中，班级半数以上的同学共组成4支队伍同时参加比赛。

可以从中感受到，班级科研氛围正在逐步变浓，大家正在把自己所学的知识一步步应用到实践中，不断提升自己的科研创新能力。成为"黄群班"的一年来，班级同学获国家级科创荣誉20人次，省级以上科创荣誉24人次，多名同学在科研科创团队进行学习实践，提升自身创新能力。

（五）社会实践

班级开展了多项集体实践活动，典型举措有组织参观湖北省博物馆、参观校史馆抗疫展等。

学史明志，党的百年奋斗历史、中华民族的灿烂文化，让同学们进一步增进了"四个自信"，也决心要继承红色基因，为国家发展做出青年人的贡献，书写属于自己的历史篇章。

2020年12月，机卓1901班以终评第一名的成绩勇夺2020年"黄群班"荣誉称号，同学们秉承着黄群精神，在班级建设上树立了榜样。同学们坚持党性学习，开展多样的特色团日活动，在不断地学习当中叫响"中国机械、华中制造，华中机械、装备中国"的华中大"机械人"的口号。同学们以卓越为前进目标，回望过去，肩负未来，书写属于青年人的新篇章！

（六）志愿服务

黄群精神的核心之一是奉献精神，机卓1901班自始至终铭记于心、恪守于行。一年来班级每名同学均积极参与志愿服务活动，奉献社会，多名同学的志愿记录令人惊喜：刘万强在湖南株洲疫情防控期间参与3轮核酸检测志愿服务，累计156个小时；汪子恒参与湖北荆门疫情防控志愿服务156个小时；李永琪在河南担任村口志愿者20余天；陈跃渊参与学校开学核酸检测志愿活动、东图义工、档案馆义工等，学工系统累计27个工时。班级同学累计义工、志愿服务时长超600个小时。

四、班级建设规划

（一）注重思想引领，坚定理想信念

为弘扬黄群精神，响应时代号召，实现中国梦，班级将进一步加强思想德行建设。

思想建设有以下几个方面的内容。

讲传统。从增强爱国情感做起，以弘扬和培育民族精神为主线，引导全班同学了解中华民族优良传统和中国革命传统，了解延安精神，努力使全班同学具有爱国之心、报国之志。

讲诚信。引导全班同学了解诚信的内容、诚信的意义，增强全班同学的诚信意识、规则意识和法律意识，树立守信光荣、失信可耻的道德观念，提高守信、守规、守法的自觉性。

道德实践。充分发挥全班同学的主体作用，引导同学们积极参与各种可以满足兴趣爱好、充实精神生活、熏陶思想感情、升华道德境界的实践活动，使全班同学在实践中获得道德体验，培养高尚情操，养成道德习惯。

了解党，学习党。以党史党章等为学习对象，引导全班同学学习党的精神，提高思想水平，向优秀党员看齐。

活动有以下几种实现形式。

组织全班同学积极开展反映中华民族传统美德、革命传统和优秀文化的古诗文、格言和名篇佳作的诵读活动，加深同学们对祖国优秀传统文化的了解和热爱。

组织全班同学开展革命历史歌曲、爱国歌曲、优秀民族歌曲演唱活动，革命历史题材的电影、电视剧欣赏活动，在演唱和欣赏中陶冶同学们的爱国情操。

举办爱国视频制作比赛。以"寻找一个人，发掘一件事"为主题，让同学收

集能够体现民族精神的民族英雄、历史名人、革命领袖或当代先进模范的感人事迹，通过视频形式生动呈现。

充分利用民族传统节日及"五一"国际劳动节、五四青年节、"七一"建党纪念日、"八一"建军节、"十一"国庆节等重要节日，"七七事变"、"九一八"事变等重要事件和重要人物纪念日，组织主题教育活动。

（二）完善组织架构，班级共筑辉煌

一个班级班风学风是否优良，班级文化是否丰富，班级同学关系是否融洽，直接影响着同学们在大学四年内能否自我完善与自我提高。一个组织架构优秀的班级才会有良好的班级氛围。班级将更好地完善组织架构，铸造班级的共同辉煌。

为此，班级会完善班级委员会、团支部委员会、寝室长组织等班级组织。进一步完善班级委员会、团支部委员会、寝室长共同引导班级建设的高效工作机制，理顺班级管理体系：学校—学院—辅导员—班级委员会—寝室长—班级个人。

进行班级委员考核。除常规选举选出班级委员以外，班级还施行了多种选拔与考核方式。实行"体验班级委员"项目，鼓励非班级委员的同学体验班级委员的工作。

在班级事务管理上，不局限于以寝室单位，在不同活动或者班级事项中采取多种分组方式，每名同学可以根据自己的喜好自行组队也可在班级委员组织下，根据个人能力的不同进行队伍分配，并通过组内投票推选出本队的队长。

坚持执行并完善班级规定。在制度修订的过程中，班级将听取同学们的意见并总结班级同学对于班规不合理之处的建议，最终共同决定通过新的班规，使得班规尽可能合理化，更好地指导班级建设。

（三）紧抓学风建设，练就过硬本领

学风建设是班级建设的关键一环。学生以学为本，优良的学风是优秀思想德行建设的体现，也是维持班级凝聚力的一大前提。为了进一步加强学风建设，不断激发学生学习的积极性和主动性，培养出更多高水平、高素质的人才，班级针对班内的学风问题制定了学风建设计划。

在此根本原则的指导下，学风建设的具体实施措施如下。

加强榜样的引领作用。班级的学风很大程度与班级委员自身的作风与学习态度有关。因此，班级委员要以身作则，贯彻"先律己再律人"的原则，在保证自身学习态度和习惯的基础上，引导和鼓励班级同学共同学习。

营造良好的学习氛围。大学生对于集体的依赖性和认同感仍然与自身行为和

心态存在直接的关联并对其产生很强的影响。通过树立学习模范、班级委员管理等方式营造良好的学习氛围，使得这种心理具有引导性的积极作用。

组成互帮互助小组。依托这一方面，同学们更加容易建立认同感和信任感，也更容易形成相互影响的团体。

（四）投身科研科创，创新铸就未来

大学时期正是思维和能力迅速发展的时期，抓好这一时期的创新思维建设，培养自我创新意识，尤为重要。为弘扬黄群精神，面对新时期科技创新潮流，实现中国梦，班级将从以下方面进一步着重创新学习。

1. 第一阶段：组织班会进行创新答辩

在创新思维的建设中，首先需要有想要创新的意识。所以在最初阶段，班级计划通过小组形式多方面、多角度对科技史进行哲学思辨，培养创新意识。最后在班会上进行统一的答辩，引导同学们打开思路，从不同角度培养创新意识。

2. 第二阶段：前往工厂实地参观交流

在创新思维建设中，只有在良好的基础上，才能进一步提升创新思维。在这一阶段，主要提升创新基础能力。前往工厂实地实习交流，一方面可以积累实践经验，提高同学们的工程实践能力，另一方面可以进一步明确创新的方向。

3. 第三阶段：鼓励组织参加竞赛

在一、二阶段完成后，同学们已经有一些基础能力和创新意识。要切实培养学生的创新能力，必须创造良好的氛围和硬件环境。班级鼓励同学们参加科创大赛的加入校内团队，和团队的队员们一起讨论设计思路，更好地培养自己的创新思维能力。邀请一些大赛的指导老师或团队的学长学姐为同学们介绍科创项目、比赛等，着重于设计思路和创新能力的培养。

4. 第四阶段：合作完成创新项目

在最后阶段，创新思维建设不应只停留于思想，而应应用在实际中。班级将组织班级同学一起完成一个项目。这个项目不一定要是一个大工程、大项目，但一定要完成后有实物结果，让同学们在实际的项目中看到自己创新的成果。这不仅可以提高同学们的团队合作能力，还可以让同学们从中获得创新成就感，进一步鼓励大家积极创新。

（五）提高实践本领，把握时代脉搏

大学是同学们由学生成长为社会人的重要阶段，实践经验的积累能够帮助大

学生做好迈向社会的准备。实践是大学生了解时代背景，响应时代号召，根据自身能力尝试为社会做出贡献的重要机会与途径。为鼓励同学们走出校园，走向社会，了解社会现实，做出力所能及的贡献，班级制定了如下实践计划。

组织参观考察活动。参观、访问革命遗址、科技馆、市政工程、著名高校、工厂，考察现代化建设成果、高新技术产业运作情况等，例如组织参观武汉科技馆、辛亥革命武昌起义纪念馆等。

组织社会调研活动。绿色环保宣传：具体可以开展可回收物品收集活动、环保知识宣传展、班级环保袋设计比赛、环保知识有奖竞答、环保志愿者签名活动、环保宣传海报比赛。关于生活垃圾分类处理的可行性调查：具体可以发放问卷，进行资料查询。旅游资源状况调查：具体可以网络查询，实地采访工作人员。大学生的消费观念与行为研究：具体可以在校园内进行问卷调查，采访个别具有代表性的同学。

组织社区服务活动。参加社区保洁活动、社区护绿活动、社区综合宣传活动、社区陋习纠察活动、社区敬老爱老活动、社区帮困助残活动、社区读书辅导活动、交通服务活动、环保志愿者活动、社区公益劳动等。参与社会实践的班级和个人，必须注意自身形象，认真参加活动，为学校和个人树立良好的社会形象。

（六）投身志愿服务，爱心温暖社会

大学生作为中华人民共和国的公民，有责任、有义务承担社会责任，奉献社会，促进社会进步。为深入学习志愿服务精神、黄群精神，班级决定以实践为主，依据以下主题开展活动。

志愿参与校园日常防疫工作，帮助解决日常防疫工作中存在的短板，提高防疫工作的效力、效果。提高同学们的防疫精神、责任精神、奉献精神，展现班级同学积极向上，勇担责任的精神风貌。

参与校园教学楼的消杀工作、清洁工作，为清洁阿姨分担工作。组织疫情相关的校园调查，调查学校学生佩戴口罩、饭前洗手等防疫情况，帮助防疫工作更好地开展。

弘扬机卓志愿者精神，传播服务理念。致力于让学校志愿班在活动中帮助他人，锻炼自身，不断提高自身的社会责任感和实践能力。展示机卓志愿者风采，丰富志愿者生活。提供平台使学校各学院的志愿者能更好地实现经验、信息、感受等方面的交流。组织班级同学去敬老院义务为老人服务，为老人做一些力所能及的事，送上大学生对老人的一份关怀。

五、班级建设成果

在过去一年的共同学习生活中，机卓 1901 班已经成长为一个极具凝聚力和战斗力的大集体，为深刻理解并贯彻落实黄群精神，同学们志愿接力传扬黄群精神的火炬，团结合作，努力将个人发展规划和国家前途、人民利益紧密结合在一起，将爱国热情化为报国之行。各项班级荣誉的获得是对班级团结奋进的有力证明。

在党建、团建上，班级以全校第一名的成绩获评 2020 年校"黄群班"称号，团支部获得 2021 年"百生讲坛"铜牌团支部称号、2021 年"标兵团支部"称号以及 2020 年"活力团支部"称号，"青梧成林"成长工程卓越团支部鉴定"优秀"，4 次主题团日获评院优，特色团日校六十佳。

在学风班风上，机卓 1901 班已连续两年获得校"优良学风班"称号，班级获国家奖学金 2 人次、国家励志奖学金 2 人次，校"三好学生"6 人次，获各类奖学金共 51 人次，班级全员通过大学英语四级考试，半数以上同学通过大学英语六级考试与全国计算机考试（三、四级）。

在科创竞赛方面，班级同学参与多项科创比赛和科创活动，如机器人创新设计大赛、大学生工程训练综合能力、机器人大赛、美国大学生数学建模竞赛、足球机器人比赛等，运用自己所学知识创新创造，斩获佳绩。成为"黄群班"的一年来，班级同学获国家级科创荣誉 20 人次，省级以上科创荣誉 24 人次，多名同学在科研科创团队进行学习实践，提升自身创新能力。

在实践育人方面，班级全体同学积极参与社会实践，班级全员均已参与暑期社会实践活动，并有 15 人在暑期社会实践中获评校"优秀团队"以及"优秀个

人"。陈跃渊作为队长所带领的赴鄂、皖、鲁调研乡村振兴实践队更是在校团委组织的全校答辩中获得全校第十二名的成绩。同时，班级积极开展各项实践活动，如参观武汉抗疫展、参观湖北省博物馆、参与集体植树活动、外出党史学习调研等，组织的活动多次被学院官网所报道。

六、班级建设总结

机卓1901班始终坚持思想立班，党旗领航，以黄群精神和学院"STAR"文化为引领，积极开展班级思想建设、组织建设、学风建设、科研科创与志愿服务等工作，推动班级全面发展，使班级成长为一个极具凝聚力和战斗力的大集体。班级同学深刻理解并贯彻落实黄群精神，志愿接力传扬黄群精神的火炬，团结合作，努力将个人发展规划和国家前途、人民利益紧密结合在一起，将爱国热情化为报国之行。全班同学时刻保持主人翁意识，努力认真地将班级形象展现出来，力争起到模范带头作用，让"积极进取、乐于奉献、踏实肯干"的黄群精神在学院内发扬，争做出色的华中大学子。勤学善思、立鸿鹄志、练真本领，做华中大红色基因的继承者。

七、院系党委副书记点评

机卓1901班在创建"黄群班"的过程中，将机械学院"STAR"文化和黄群精神有机结合，突出专业特色，紧紧围绕"科研创新，全面发展"的主线，不断推进班级思想、组织、学风、科创、实践、服务、文化、院班一体化八大建设，取得良好成效。班级学风优良，连续两年获评校"优良学风班"。班级团支部获评校2021年"标兵团支部"称号。一大批同学在科技创新赛事上取得突出成果。希望班级在今后的建设中，在黄群精神的指引下，进一步突出科技报国的特点，大力弘扬科学家精神，立志攀登科技高峰，为把我国建设为世界创新高地而努力。

——机械科学与工程学院　段政

落实"四航"建设,矢志兴船报国
——船舶与海洋工程学院船卓1901班成长纪实

一、班级建设基本情况

船卓1901班("黄群三班")共有成员30名,其共青团员28人,中共党员21人,发展对象3人,入党积极分子4人。班级共4人获评本科特优生,7人次获评国家奖学金和校"三好学生",1名同学获评校"三好学生标兵",共获得各类奖学金30余项。

班级同学热爱科创,乐于钻研,几乎所有同学参与各类科创比赛,积极投身全国海洋航行器设计与制作大赛、"互联网+"大学生创新创业大赛、中美创客大赛、"中船杯"全国海洋航行器设计与制作大赛、全国智能无人艇搜救大赛、"挑战杯"中国大学生创业计划竞赛等比赛,获得省级及以上科创荣誉40余项,目前全部同学都已加入不同导师实验室进行学习。

班级同学乐于在学生工作中奉献自我,有超过三分之二的同学承担了学生工作,在院级和校级学生组织的各个部门中履职尽责,在学校的各个角落都能见到他们服务同学的身影。其中,班级团支部书记担任校团委组织部中心负责人、院团委副书记,4名同学担任学生会部门主要负责人。

同时,班级同学还积极参与社会实践活动,自大一以来,班级组织外出社会实践活动10余次,共同参观了中山舰博物馆、武汉科技馆等。大一寒假期间,班级组织队伍前往中国船舶重工集团公司第七六〇研究所进行实践学习,实地探寻、感悟黄群精神。大二暑假期间,班级组建4支暑期社会实践队伍,其中3支获得校"优秀暑期社会实践队伍"荣誉称号,1支获得院"优秀暑期社会实践队伍"称号。在社会公益方面,班级同学积极贡献,累计获得近300个小时的工时,参与如关爱小动物、回收快递盒、科技馆义工等社会公益活动。在课余时间,班级积极组建志愿服务队，前往敬老院、爱心病房等有需要的地方进行志愿服务，并承担了学院公用房的清理工作，定期清扫公用房，维护社区的干净整洁。

二、班级建设思路

自成为"黄群班"以来，班级始终以黄群精神为指引，坚持"党旗领航、实践助航、学风护航、梦想导航"的班级发展理念。

党旗领航强信念。船卓1901班坚持党旗领航，以立德立人为目标，坚定不移地引领同学们向党组织靠拢，通过班会、团会等多种方式带领同学们深入学习黄群精神、党史党章。班级全体成员在大一时便积极向党组织靠拢，目前所有共青团员都已递交了入党申请书。班级每个月都开展习近平新时代中国特色社会主义思想的学习，带领班级同学一起读著作、学思想。班级党员主动发挥引领作用，加强自身学习的同时带领周围同学共同进步。班级坚持以学习黄群精神为中心，开展形式多样的教育活动，带领同学们深入学习、领会黄群精神。

学风护航夯基础。在坚定了自身"兴船报国"的理想信念的基础上，班级坚决保质保量推进班级学风建设。在开班会时，班级委员及教师班主任进行督促监督，在团会、团课时，班级同学一起学习。班级通过严格的监督制度来帮助同学们提高自身的学习效率，主要通过课前点名和"手机袋"制度，保证同学们上课专心听讲、认真学习，提高课堂效率。此外，班级充分发挥优秀同学的榜样作用，积极邀请各科成绩优异的同学为全班同学分享学习经验，并邀请总成绩优秀的同学在班会和团会上为同学们做动员，号召同学们认真学习，夯实基础。通过全班同学的共同努力，班级已连续两年获评"优良学风班"，班级获评本科特优生4人，获评国家奖学金和校"三好学生"7人次，郑钧益获得校"三好学生标兵"的荣誉称号。

实践助航促成长。"纸上得来终觉浅，绝知此事要躬行"。班级高度重视对同学们实践能力的培养，努力做到在实践中提升自身综合素质。积极鼓励班级同学参加寒假"返家乡"社会实践活动，积极倡导班级同学参与暑期"三下乡"社会实践活动，并且在班会上做实践动员，列举往届优秀的学长学姐的实践事例来激励班级同学积极投身实践。对于生产实习，充分调动班级同学的积极性，鼓励同学们向黄群校友看齐，把书本上所学的知识与生产实际相结合，加深自身对知识的理解，提高实践能力，把生产实习做好。班级积极组织参加各类社会公益活动，参与爱心病房、关爱流浪小动物、回收快递盒等志愿服务，用行动传承黄群校友的奉献精神。青春活力正昂扬，班级同学积极参加各种文体活动，在"新生杯"、心理文化节等各种活动中展现出班级良好的精神风貌。

梦想导航树追求。班级有一个共同的梦想：兴船报国。同学们都希望通过自己的努力，为船舶行业的发展做贡献，为中华民族伟大复兴尽绵薄之力。为此班级同学积极参与各类科创活动。在科研报国的理想指引下，同学们积极参与"挑战杯"中国大学生创业计划竞赛、全国海洋航行器设计与制作大赛等各类大型赛事，进入学院科协、启明学院智能车队等各种科创团队，学习使用各种科研软件与培养科创技能，并全员进入学院老师的课题组参与不同的课题研究。班级成员互帮互助，团队合作，在黄群精神的指引下共同克服科研路上的坎坷荆棘，最终经过两年的刻苦耕耘，班级共获得省级以上科创荣誉30余人次。班级同学科创能力稳步提升，为今后从事科研工作打下了良好基础。此外，班级成员在全校各类学生组织中发光发热，在学生工作岗位上认真履行工作职责，时刻牢记黄群校友"没有百分之九十八，只有百分之一百"的嘱托。班级还参与组织了校运动会、人口普查、消防安全演习、迎新晚会等活动，得到同学与老师的一致好评。

三、班级建设典型举措

（一）党旗领航，以德立班，强化理论学习，坚定理想信念

船卓1901班始终坚持党旗领航强信念，班级同学积极向党组织靠拢，在已有的几名预备党员的带领下，全体团员都递交了入党申请书。依靠党建抓团建、抓好党建促团建，优质的党建工作是一个团组织健康发展的基础和保证，船卓1901团支部力求立足实际，紧抓日常的工作与学习，以党建带团建，有力地促进团支部内部建设整体水平的稳步提高。

为提升成员思想境界，夯实政治理论基础，船卓1901班始终认真落实党史党章的学习。党史是中国共产党的领导不断走向成熟的实践史，班级团支部在学院党委的领导与团委的指导下，在主题团日中多次学习党史党章，比如，在2020年9月开展的主题团日上，同学们一同学习了抗日战争史。通过本次学习，大家深刻认识到了抗日战争成果的来之不易，也更加坚定了拥护中国共产党的领导的决心。

为更深入地理解党史党章，班级邀请讲师进行思想引领，在党课上，同学们跟着讲师更加系统地学习了党史党章，坚定了自己入党的初心。全体同学在系统学习党史党章后，更准确地了解了党的领导这一发展主线，更深入地进行了党的理论学习，切实增强了"守初心、担使命"的思想自觉和行动自觉。

在日常生活中，组织同学们阅读《习近平的七年知青岁月》《习近平与大学生朋友们》等优秀作品，观看《金刚川》《冰血长津湖》等优秀爱国影片，让班级同学都沐浴在党旗的光辉之下，时刻受到优秀共产党员精神的影响与鼓舞。

除了日常学习，政治理论学习和必要的实践活动也是不可或缺的。船卓1901团支部定期组织支部内的预备党员、入党积极分子学习马克思列宁主义、毛泽东思想、邓小平理论、"三个代表"重要思想、科学发展观、习近平新时代中国特色社会主义思想等理论知识，并结合当下时事热点（如新冠肺炎疫情下党中央的正确领导与决策、全面实现小康社会、建党100周年等）进行交流讨论。在学习和讨论之后，组织预备党员和入党积极分子写出自己的心得体会，使学习成果得到进一步内化。

在大一寒假期间，船卓1901班部分成员组成"船奇"小分队，前往大连中国船舶重工集团公司七六〇研究所进行实践学习。身处英雄生活故地，听闻研究所人员详细地讲述黄群校友的英雄事迹，同学们深切悼念缅怀黄群校友。身处黄海畔，成员们更加深刻地感受到了黄群精神的内涵——为科研刻苦钻研默默无闻的奉献精神和为了国家利益甘愿奉献一切的牺牲精神。一次远赴大连的实地考察极大地激发了同学们爱党爱国的热忱，使同学们立志向党组织靠拢、兴船报国。在一年的理论学习和社会实践的锤炼下，船卓1901班全体同学的理论基础和思想境界已经有了极大提高。

为深入学习抗疫精神，在学院党委的统一安排下，船卓1901班开展了"歌颂抗疫英雄，弘扬抗疫精神"主题团日活动，在活动中，团支部书记带领同学们深入学习了抗疫精神的内涵，给了同学们深刻的启发。本次主题团日活动获得校"十佳主题团日活动"称号。班级带领入党积极分子参观了武汉抗疫展，在参观中，同学们切实地感受到了抗疫过程的艰辛，更加深刻地体会到了抗疫精神的内涵。

班级坚持围绕学习黄群精神这个中心，开展形式多样的教育活动。2021年清明节期间，班级代表在教师班主任的带领下，共同前往黄群校友墓前进行祭扫，向黄群校友汇报班级建设情况；班级同学定期到东二楼黄群校友塑像前，细心擦拭，表达对黄群校友的缅怀。班级定期带领新发展的党员同志前往黄群校友塑像前进行入党宣誓仪式，并主动为低年级同学介绍黄群校友塑像的来历，讲述黄群校友的故事。班级两名同学积极加入黄群精神宣讲团，从自身与班级的角度宣传黄群精神，为黄群精神的继承传扬做出贡献。

2021年12月，校党委书记参加了学院"黄群班"党支部（船卓1801班党支部）主题党日，班级同学代表参加了此次活动，共同参观了校史馆中的科学技术馆，了解了学校取得的重大科研突破，聆听了书记的谆谆教诲，坚定了传承黄群校友伟大精神、矢志兴船报国的信念。

（二）学风护航，勤奋互助，秉承求是创新，练就过硬本领

船卓1901班始终把学习放在首要位置，班级学习氛围浓郁。

班级强调严格执行考勤制度，每天由学习委员负责查看班级成员出勤率并实行实到签名制，每次课前由班级委员和党员轮流负责点名签到，确保班级同学出勤率始终保持100%。通过考勤制度，同学认识到了时间安排的必要性，学会了合理安排课余时间，且在考勤制度长期实行后，上课主动性大幅提升，不再被动依靠强制点名确保出勤率。

由于部分课程难度较高，班级召开多次专题班会，帮助大家解决学习问题，并且定期安排集体自习增强学习氛围，增进同学们之间的学习交流和探讨。另外，采取学习互助策略，积极安排成绩相对优秀的同学一对一辅导成绩相对不太理想的同学，保证不落下一名同学，不仅建立起同学们之间良好的关系，更在班级里营造了积极的学习氛围。

班级多次组织"船卓小讲堂"进行考前重点知识的讲解，帮助同学们弥补学习上的漏洞。班级还开展了成绩优秀的党员同志带领同学们复习的活动，让同学们在复习阶段能够快速抓住重点。在考试前夕，为让同学们全面地掌握各个科目的知识，班级还会组织各个科目的模拟考试。

寝室是大学生活中最为重要的生活单位。为了切实提高班级学风，营造浓厚的学习氛围，班级以寝室为单位，着力打造优良学风寝室。班级定期对寝室长进行培训，以寝室长为抓手带动整个寝室的学习氛围。对于成绩不太理想的寝室成员，寝室长安排寝室其他成员一起帮扶，依靠寝室内部距离近、沟通方便的特点，快速解决问题，实现高效帮扶、针对帮扶。此外，班级要求所有寝室每个星期集体自习4次以上，具体时间由寝室成员协商决定，以此提高寝室的凝聚力与成员的学习主动性。

班级建立手机存放制度，上课前将手机统一存放起来以保证听课效果。班级党员与入党积极分子带头上交手机，并由专人值班将老师讲授的重点内容拍照记录，课程结束后共享到班级群内，以免同学们因没有手机错过重点内容。班级全体成员在课上认真学习，积极回答老师的问题，课后作业也及时完成，如果遇到不会的难题，班级同学会围在一起，互相交流自己的理解方式，共同努力解决难题。在课后作业方面，每名同学都能按时上交作业，并且完成的结果也能够保质保量，基本上每名同学的平时分都是满分。在考试周到来之际，班级同学也会自发地组成3到4人一组的小组，集体复习，提高复习的效率。

（三）实践助航，学以致用，扎根中国大地，锤炼高尚品格

"读万卷书，行万里路"。班级同学在日常学习生活之外，积极投身各种实践活动。同学们坚持将成长笔记写在祖国大地上，亲身领略各地风土人情，感受伟大祖国的壮美河山。立足中华大地，利用来自五湖四海的同学的背景，开展各种各样、形式丰富、内容充实、意义深厚的实践活动。

班级同学积极参与实践活动，在实践中提升自身综合素质。暑期"三下乡"社会实践是同学们了解基层、深入基层、服务基层的大好机会。班级同学牢牢把握了此次机会，组织了多支社会实践队伍，参与暑期社会实践的活动。同学们不惧酷暑高温的环境，深入基层，积极学习，深化认识，获得了巨大成长。2020年春，团支书带领班级部分同学前往大连中国船舶重工集团公司第七六〇研究所进行实地调研，同学们亲身实地了解了船海行业目前的发展状况和未来的发展趋势。班级多支实践队获华中科技大学"优秀暑期社会实践队"荣誉称号，多名同学获社会实践"优秀个人"荣誉称号。

寒假期间，班级开展"五个一"社会实践活动：要求同学们读一本好书、做一轮劳动、参与一次志愿服务、写一封信、完成一篇报告，并要求同学们在回到学校后进行展示分享，充分提升班级同学的实践能力与综合素质。

实践服务要落到基层、落到实处。班级组织代表随学院两次前往孝感市孝昌县巴石村，与当地藕塘小学的同学们结对共建，帮助那里的同学解决学习与生活问题，带领他们认识外面的世界。回校后与孩子们保持联系，定期关心他们的学习生活，鼓励他们认真学习，并在线上解决他们的学习问题。

班级同学平日里热心公益实践，参与"双十一"回收快递盒、爱心宿舍、爱心病房、科技馆义工、"桌面之行"、手工艺品制作等各类志愿活动60余人次，班级还有两名同学被选为学院团委社会实践部长期活动负责人。

在新冠肺炎疫情期间，班级同学积极参加各地的疫情防控工作，从核酸检测到物资配送再到社区管理，到处都能看到班级同学辛勤工作的身影。2021年暑假期间，留校同学没有一丝犹豫，积极报名担任志愿者，帮助学校完成核酸检测任务，尽显青年担当。

班级同学一直十分重视德智体美劳全面发展，对自身健康和体育锻炼都很重视。在2019年学校的"新生杯"乒乓球比赛中，班级的樊礼娇、董立锋代表年级参赛；学校每一次的秋季运动会上，班级同学都会积极报名参加各类单项、集体项目；杨天翔和邓江昆两名同学积极报名2019级"新生杯"篮球赛并成功入选，代表学院参加比赛。

班级同学也积极参与文艺实践活动。在2019级新生迎新晚会上，班级全员参与大合唱《当那一天来临》，朱哲的小提琴演奏《渔舟唱晚》也带观众领略了别样的风味。蒋诚澄在学院合唱团男高音部，吕双双在女高音部，他们积极投入训练，收获颇多。

（四）梦想导航，勇担使命，传承黄群精神，矢志兴船报国

船卓1901班全体同学树立了兴船报国的坚定信念。大家刻苦踏实，甘于奉献。

班级注重科创精神的培养，竞赛参与度高。班长、团支书等班级干部积极鼓励并带头带领同学们参与各类竞赛。全班竞赛参与率逾60%，各类竞赛涵盖机械制作、数学、英语、编程等多个方面。班级同学团结合作，共同报名参与各项比赛，最终在各类科创竞赛中均有所收获。

班级充分利用学院平台，积极进入老师课题组，班级同学进实验室比例达100%。在班级班主任的帮助下，班级的每一名学生都有专属导师，接受更加贴近实际应用的学习，极大地开阔了班级同学的专业视野。

院级、校级的科创组织掌握了大量的科创设备和科创材料，班级同学善于利用资源优势，积极加入科创组织，如船海科学技术协会、启明学院控制创新基地、启明学院智能车队、启明学院智能机器人团队等多个科创组织。班级同学在创新能力方面得到了极大的提高。

班级同学熟练掌握软件技术，可以使用数十种不同的软件。每个人都有自己擅长的部分，老师在课堂上向同学们推荐的各类工业基础软件，同学们都会积极学习并应用起来，并完成课程设计，增强自身的学习能力。

班级同学积极参与学生活动，服务同学。全班超过九成的同学在各级学生组织担任学生干部，并且积极参与组织各类活动，包括校运动会、"百团大战"、2020年人口普查、回访母校、心理文化节、消防安全演习、"中船杯"全国海洋航行器设计与制作大赛、"青梧英才"团支书培训班系列讲座、"胡吉伟班"答辩、学院迎新晚会、学院年度总结大会，以及各类义工活动和勤工助学活动等。其中也涌现了一批优秀的同学，他们在各级学生组织中积极工作，表现出色，受到了同学以及老师的一致赞扬。

四、班级建设规划

（一）以"党史学习"为导向，提升思想水平

"以史为鉴，可以知兴替"，历史，是同学们前进的航向标。学习党史，不忘

初心,知晓党"从何方而来,将往何方去",也是班级同学需要去做的。开展党史学习教育,是坚定信仰信念、在新时代坚持和发展中国特色社会主义的必然要求。学习党的历史,将是班级未来多次、不定期的日常活动。一方面可以帮助班级同学更加深入地了解中国共产党的初心与使命,另一方面也可以帮助同学们树立远大志向,实现人生价值,把自己融入建设海洋强国和实现中华民族伟大复兴的伟大事业。

(二)以"刻苦学习"为要求,夯实专业基础

中国自古以来就不缺乏刻苦学习的人,专业知识既是同学们的价值所在,也是同学们走遍天下的倚仗。不断深入学习专业知识,提升自身的价值,是班级同学不变的方向。今后班级也会带领同学们继续发扬刻苦学习的精神,不断夯实专业知识基础。班级除了每次课上对同学们进行点名,督促同学们准时上课外,还开展一对一帮扶活动,争取不让任何一名同学落后。同时班级还会积极地进行学习讨论活动,让同学们在讨论中互帮互助,取长补短,共同进步。班级同学也必将刻苦努力,夯实专业基础。

(三)以"投身实践"为方式,提升个人素质

"千里之行,始于足下",班级深知提升自我需要的是亲身实践,而不是闭门造车。实践出真知是不变的真理。实践要求同学们走到现实中去发现问题,并在现实中检验真知。班级同学开展过暑期社会实践活动,也参观过不同的博物馆、实验室、造船厂。班级未来会增加更多的实践活动,加深同学们对社会的了解,提高同学们自身对经济和社会发展现状的认识,实现书本知识和实践知识的更好结合,帮助同学们更好地把个人的成长融入国家的发展,不断提升自我,实现人生价值。

(四)以"兴船报国"为目标,坚持服务奉献

志存高远,脚踏实地,班级同学会在求知奋进中打下坚实基础,坚定兴船报国之志。科创是灵活运用自己学到的专业知识的重要途径之一。班级目前在各个科创比赛都有不小的投入,也取得了较好的成绩,但是依然需要继续投入。班级同学坚持科创的投入,在力所能及的范围内提高灵活运用知识的能力,为未来投身国家科创大潮做好准备。海洋探索是人类发展的必然方向,而在不断走入深海的过程中,船舶行业将是发展的重中之重。国家正以前所未有的势头快速发展。从"科创投入"走向"兴船报国",是班级所有同学不变的志向。

五、班级建设成果

（一）人人争当榜样

班级涌现出许多优秀个人，体现了班级良好的育人成效。

郑钧益，始终追求卓越、全面发展，取得了许多优异的成绩。在学习方面，该同学保持一贯认真严谨的学习作风，上课认真听讲，下课认真完成老师布置的作业。最终，该同学取得了优秀的成绩，两学期加权成绩均保持全班第一名。在科创方面，该同学热爱科创，积极进取，参加启明学院智能车队、海洋机器人创新团队等，参加各类比赛，获得1项国际级奖项、4项国家级奖项、2项省级奖项等多项奖项。此外积极参加爱心宿舍、"桌面之行"、校医院义工、核酸检测志愿服务、新生体检志愿服务等多项志愿活动。荣获2次国家奖学金，获评本科生特优生与校"三好学生标兵"的称号。

杨子鸣，中共党员，专业排名第三，加权成绩91.76分，曾获得国家奖学金。该同学作为船舶与海洋科学技术协会成员和学院资助委员会宣传部部员，积极参与学生活动，组织了国家奖学金获得者采访、"船海之星"评选等活动。该同学积极参加大学生智能汽车竞赛、全国海洋航行器设计与制作大赛等多项赛事，获得国家级奖项3项，省级一等奖1项。该同学还积极参与党支部工作，协助支部书记开展支部活动，并在院学生党建领导小组的宣传部和党建纪检部工作。

杨吉凯，中共党员，团支部书记。担任校团委组织部主任，加入省大学生骨干培训班，担任学校"青马班"团支书，参与了许多学生工作。该同学积极投身科创，在全国海洋航行器设计与制作大赛中获得多个奖项，获得校"芯来杯"智能车大赛第一名，校"求是杯"三等奖。该同学积极参与社会实践，作为副队长带领的社会实践队伍获评国家级"优秀实践团队"。

（二）集体共同进步

在黄群精神的指引下，班级同学坚持思想引领，学风护航，学以致用，勇担使命。班级获评2次"优良学风班"，并获得"五四活力团支部"、"百生讲坛"金牌团支部、校十佳主题团日、特团答辩全校第四名、特团风标答辩全校第一名、"青梧成林"卓越团支部等荣誉。班级同学奋勇争先，多人获得国家奖学金、校"三好学生"、校"优秀学生干部"等荣誉，6人获评本科生特优生，1人获评校"三好学生标兵"。并有多名同学在科创比赛中获得省级以上荣誉40余项。班长颜钊还作为"优良学风班"代表在全校保障大会中发言，讲述了班级成长故事。

（三）扩大社会影响

船卓 1901 班获评"黄群班"后，获得了楚天都市报的专题报道，报道中对班级的建设情况与主要成果进行了简单介绍，让班级的建设经验传播到校外，供更多人借鉴参考。

班级前往孝感市孝昌县巴石村帮扶的事迹获得了孝感日报的报道，班级同学为群众做实事，解决孩子们的实际问题，通过实际行动发扬了黄群精神，书写了青春风采。

六、班级建设总结

船卓 1901 的同学们以学习、传承黄群精神为核心，勤学笃行，扎实学风，踏实苦干，通过落实"四航"建设，用实际行动展现了当代青年的责任担当。班级始终立足专业，以学习黄群精神带动学习专业知识，培养爱国情怀，提升自身能力，追求建设海洋强国的梦想。同学们在学习中坚定志向，奋发行动，始终紧紧团结在一起，与班级共同进步。在荣誉班级建设中，紧扣班级成长核心，牢牢与专业、实际相结合，带动班级所有同学参与，增强班级凝聚力和向心力，这些做法与经验值得借鉴。

七、院系党委副书记点评

黄群是船舶与海洋工程学院的优秀校友，他为保护国家重点试验平台壮烈牺牲后，全校掀起了学习黄群精神的热潮。作为英雄校友的母院，学院始终坚持传承黄群精神，在学生中传扬英雄事迹，鼓励学生树立优良品格，矢志兴船报国，到祖国最需要的地方建功立业。船卓1901班自成立以来便在学院的带领下积极学习黄群精神，传承先辈伟志。他们以党旗领航、学风护航、实践助航、梦想导航为工作思路，开展一系列扎实有效的工作，带领班级同学全面提升自己，充分发挥了每一名同学的个人能力。同学们在这样的班级氛围中互相学习、共同进步，进一步促进班级整体实力的提升，为学校的发展贡献力量，为建设海洋强国、投身国家建设埋下梦想的种子。

荣誉班级建设就是要牢牢把握以英雄的伟大精神为核心，带领班级同学共同学习，引领班级同学共同进步，鼓励班级同学追求卓越。班级所有同学围绕核心踔厉奋发，提升自我的同时带动班级共同成长，使整个班级飞速进步，产生更大、更广阔的影响。

——船舶与海洋工程学院　谢宇翔

追光逐电凝聚奋斗之魂，知行合一坚持实干修身
——光学与电子信息学院光卓 1901 班成长纪实

一、班级建设基本情况

光电信息科学与工程卓越计划实验班 1901 班（简称"光卓 1901 班"）是光学与电子信息学院的两个光电信息科学专业重点班之一，共有 27 人，其中学生党员 10 名。班级自创建以来，在团建、学习、科研和班级文化建设等各个方面齐头并进，并取得卓越成果。

党团建设方面，坚持党带班团，发挥党员先锋模范作用。党员同学在班团班子中担任重要职务，注重发挥自身模范带头作用，积极响应班团建设。班级全面推进党建带班团建设和班团一体化建设，充分发挥党员在班级建设各方面的模范带头作用，积极组织同学们参加团会和社会公益实践、特色团日活动、每月主题团会（团日）活动等，获评"活力团支部"、校"十佳团会"、校"六十佳特团"。

学风建设方面，坚持学习互促，好学争优。班级内部形成有效的学习互促制度，互帮互助，合作共赢，加权成绩常年位于年级第一名。与此同时，班级同学积极参加各类学科竞赛和科研训练，斩获大量科创奖项，一批高质量的大学生创新创业项目也获批校级大学生创新创业项目。

文化建设方面，坚持以文聚人、以文化人。班级定期组织各类积极向上的集体活动，凝聚成员，形成积极向上的班级文化，在和谐团结的班级氛围下，班级在光学与电子信息学院"班级风采展"大赛中获第二名。

班级积极践行知行合一、躬身实践的学习理念。班级秉承"明德厚学、求是创新"的校训，弘扬追求卓越、砥砺前行的班风，开展社会实践活动，到祖国大地上去，培养成员积极参与科研实践活动。班集体成员深刻认识到国家对于高科

技人才的渴求，都希望充分利用在校学习的时间，夯实基础，磨炼本领，争取早日实干报国。

二、班级建设思路

光卓 1901 班的建设思路主要包括党建带班团建设、争创优良学风、打造追求卓越班级的文化氛围、切实开展"学做创"等方面的工作。

（一）坚持党带班团，发挥党员先锋模范作用，夯实班级基础

班级建设需要强有力的队伍，党带班团发挥着指南针和压舱石的作用。作为"黄群班"，同学们学习黄群校友的事迹，继承和发扬黄群精神，努力加强班级建设，通过党带班团，发挥党员先锋模范作用，打好班级建设基础。

1. 高质量落实"三会两制一课"制度

认真执行"三会两制一课"制度，每月开展特色主题团会，丰富活动的组织形式。多次与其他团支部联谊，共同学习习近平总书记的重要讲话与各类文件精神，鼓励支部成员对时事政治发表自己的看法，提出有建设性的意见，着力培养团员的"四个意识"，引领成员听党话、跟党走，主动了解党史党章以及党的政策，努力向党组织靠拢，提升自己的思想觉悟，争取早日站在党旗下。

2. 认真完成"青年大学习"

每一期"青年大学习"，由团支书做好提纲，帮助同学们进行系统学习，联系生活实际，真正将学习落到实处。组织委员进行监督，班级每期"青年大学习"参学率均逾 90%。同学们在"青年大学习"中进一步提升自己的思想文化水平。

3. 在责任与使命中加强思想文化建设

作为卓越计划实验班的学子，同学们以国家光电事业的发展为己任，与祖国的高科技发展同频共振，致力于成为具备多学科视野和国际竞争力的光电领域研究型高端工程技术领军人才，以期更好地承担中华民族伟大复兴的重任，做好社会主义事业的接班人。

4. 在社会实践中提升思想觉悟

在团支部的号召下，同学们积极完成各项社会实践，在获取工时的同时也能为学校建设献出一份力量。东图义工、实验室值班、暑期社会实践活动，同学们在实践中融入社会，实现自我价值。团支部还动员返校宣讲，将同学们返校宣讲的新闻稿整理入总结书，记录同学们在返校宣讲过程中最真实的体验。

（二）坚持学习互促，好学争优，形成良好学风

学风优良，科研气息浓厚端正，是华中科技大学建校以来的优秀传统，也是受人认可的科技类综合大学的必要品质。黄群校友勤奋好学，刻苦钻研，心怀强国强军梦，将青春热血全然投入船舶技术的学习之中。同学们向黄群校友致敬，以黄群校友的学习精神为模范，制定了以下学风建设方案。

1. 设立考勤员对班级学风进行督导

考勤员在班级通知群中发布当晚集体自习地点，缺席者需提前请假说明原因，自习中途不得无故离开。该制度旨在督促同学们前往教学楼自习，提高学习效率和时间利用率。

2. 学科交叉综合训练，促进多学科交流

班级与机械工程卓越计划实验班、生物工程卓越计划实验班、土木工程卓越计划实验班在疫情期间开展线上联合跨学科综合训练，以小组的形式，进行了基于 Arduino 的嵌入式设计、A4 纸模拟建筑承重、3D 打印编程（初步）等涉及不同学科的训练，将理论融入实践，知行合一。

3. 培养科学思维，合作学习科研方法

联合实验班培养科学思维，每个小组选择不同的专业方向，针对具体的科学问题，提出自己的方案，并初步学习文献检索与论文撰写方法，合作探索解决问题的新思路。

4. 组建学习小组

按成绩组建学习小组，每小组 10 人，学习小组内建立群聊，在班级内营造互帮互助的学习氛围。

5. 定期开展学风建设主题班会

班级定期开展学风建设主题班会，进行学风大讨论。教师班主任总结班级近期学习情况，对班级同学提出阶段性要求；各名同学剖析自身学习过程中出现的问题，畅谈"光电人"应承担的使命。

6. 开展"学霸领航"计划

班级不定期召开学习大会，邀请年级排名前十的"学霸"做学习经验分享或讲解题目，每次学习经验分享有不同主题，就时间管理与安排、学习兴趣培养、解题思路指导等话题进行分享。

7. 开展"解说光电"活动

邀请光学与电子信息学院辅导员、国家高层次青年人才计划入选者等人为同

学们讲述光电专业内容，加深同学们对专业课程的认识与理解，树立"光电人"的自豪感与认同感，并建立未来的初步规划。

（三）追求卓越有方向，班级制度来保障

班级是学校最基本的组织形式，是学生学习生活的载体，因此班级对于学生的成长和学习具有极其重要的意义。作为"黄群班"，班级十分注重班级文化氛围的营造，优良的班级文化氛围对追求卓越、做优秀"光电人"的目标来说有重要意义。

1. "三位一体"建设

光卓1901班坚持学风建设、团支部建设、班级文化建设"三位一体"的基本原则，积极响应学院的号召，协同发展，全面推进，实现以同学为本、班级氛围和谐的全方位发展。

2. 寝室长制度

每个寝室依据个人意愿与同学推荐的原则选出一名寝室长。各寝室长负责每日晚查寝，确保无特殊情况熄灯前每人在寝室；每隔一个星期组织一次寝室卫生大扫除；积极关注并鼓励室友参与"优秀寝室"评比等活动；关注室友的学习状态和心理状况，及时向班级委员、团支部委员或辅导员反映问题。

3. 班团委一体化制度

班级委员、团支部委员由班长、团支书、副班长、组织委员、学习委员、宣传委员、心理委员、文体委员、资助委员、生活委员共10人（班长兼任副团支书，文体委员兼任考勤员，团支书兼任实践委员）组成，做到班团一体化。班级事务、团支部事务协同处理，要求做到工作量平衡，并且鼓励同学们为班级出力，听从班级委员、团支部委员安排，积极为班级建设提出好点子。

4. 健全的考勤制度

由考勤员负责班级每次集体活动及课堂的考勤，详细记录班级同学迟到、缺勤的情况，将班级集体活动缺勤的情况反馈给班团委员，将课堂考勤情况及时反馈给辅导员，并详细了解该同学缺勤、迟到的原因，根据该同学实际情况制定相应的方案。对无故缺勤集体活动次数较多的同学，由班团委员集体进行劝导教育，若劝导无效，则由考勤员将该情况据实反映给辅导员。

5. 班规制定

为了给同学们创造一个愉快的学习和生活环境，使班级工作能够正常有序推

进,使光卓 1901 班成为一个团结优秀的班集体,班级委员讨论并制定了班级管理制度,规定了各名班级委员的职责、班级日常管理事项等内容。

(四)践行知行合一、躬身实践,切实开展"学做创"活动

科学技术是第一生产力,作为卓越计划实验班的学子,作为"黄群班"的学子,同学们始终不忘历史的重任,始终牢记黄群校友为科研献身的优秀品德,切实开展"学做创"活动。

1. 一对一配备科研导师,因材施教

服从班级同学个人意愿及导师意愿,班级每一名同学都配备了学业导师,指导科研项目及个人成长,导师与学生一对一制定本科四年的成长计划。

2. 积极组织参加"百场导航"讲座,了解最新科研成果

组织班级同学定期参加"百场导航"讲座,发掘日常学习之外的兴趣,全方面培养同学们的技能,让同学们获得对科学更深层次的理解。

3. 及时分享科研竞赛信息

班级鼓励同学们及时关注全国大学生数学竞赛、全国大学生数学建模竞赛、电子设计大赛、美国大学生数学建模竞赛等竞赛的信息并及时分享给班级其他同学,让班级更多的同学及时了解到科研竞赛信息并积极参与其中。

4. 鼓励支持同学参与大学生创新创业项目

班级组织同学们去学院的宣讲会了解大学生创新创业项目,并鼓励和支持班级同学积极参加大学生创新创业项目,在课内学习与课外创新实践的过程中提高自己的科研能力,充实自己的大学生活。

三、班级建设典型举措

(一)打造学风精品班级

学习建设方面,班级坚持完善学风互促制度,为了保证优良的学习氛围,从大一开始班级便坚持集体自习,完善考勤措施,积极推进"比学拼学"的热情,定期分享优秀的考卷和作业,积极组织课程专题探讨。班级加权成绩常年位于年级第一名。

自大一期中考后,应年级号召,班级开展了第一次学风大讨论,并坚持每学期定期开展两次学风讨论工作,定期举行学习状况汇报交流会,邀请优秀学长学姐及教师班主任、研究生班主任前来分享经验、指导学习工作。

疫情期间，为保证家中学习的效率及自觉性，同学们进行了学习小组分组，由班长及考勤员牵头带领小组组长，实现考勤规范化、高效化。小组定期举行组内交流探讨，并进行比拼评奖，实现了创新发展。

（二）继承、发扬优良办班传统

作为卓越实验班的同学，同学们不仅着手完善自己班级的工作，也开展了各年级卓越实验班之间的交流活动。班级大一时组织与光卓1801班的学研探讨，为同学们的考试做准备；大二时帮助参与光卓2001班的班级建设，安排代表在他们的第一次班会中做出关于学习、生活、学生工作、科研训练方面的重要分享，取得了较好的反响。

由班长牵头建立历届光卓班的共同群聊，定期开展联谊活动，目前已经联系到了2015级的学长学姐。此举为同学们的学习、科研以及就业指导提供了重要的信息，也希望为后来的光卓学弟学妹提供一个更好的平台。

在2020年，班级荣获了"黄群班"称号，这个过程中少不了光卓1801班的帮助；今天，光卓2001班也在光卓1901班的支持和指导下，积极体现光卓大班级的团结精神。

（三）践行知行合一，做合格"科研人"

光卓1901班是光学与电子信息学院的实验班，同时也是"黄群班"优秀集体，背负着科研报国的重要责任。因此，班级重点强调本科的科研训练工作。为了拥有更好的科研基础，班级中有7名同学加入了公共项目实验室，并且悉数成为管理委员会的会员。同学们系统地学习了MATLAB、PCB绘制、电路焊接和程序烧录等实用的科研技能，为日后的科研和竞赛打好了坚实基础。

欲成为优秀的工程师，不仅要有扎实的专业基础，而且要有拓展知识、综合学科的能力。在大一上学期的科学思维与研究方法课程中，光卓1901班与机卓、土卓、生卓4个班进行了第一次跨学院研学交流，并在各班班级委员的带领下，开展了多次科研交流工作。在目前的科研项目中，同学们积极与外院合作，合作对象包括但不限于计算机科学与工程学院、机械科学与工程学院、生命科学与技术学院、人工智能与自动化学院等，产生了累累硕果。

为了能使同学们早日接触光电科研，在大一下学期学院为同学们启动了导师配备工作方案，帮助同学们尽早加入导师课题组。从早期阅读导师推荐的书籍论文，到跟进课题组的例会，再到进入实验室与师兄师姐一起研究，同学们一步步走进真实科研环境。

同学们以极高的热情参与科研工作，在认真完成基础学科的学习之余，努力学习科研相关知识，朝着自己喜欢的研究方向奋勇迈进。经过了一年多的锻炼，同学们也做出了相当多的成果，绝大多数同学都参与了大学生创新创业训练，并且成功地获评了多项院级、校级、国家级大学生创新创业项目，也有 SCI 期刊论文在投的项目组。

仅仅学好课内的知识是远远不够的，为此，班级与学院合作，开展了两次企业认知实践活动。2019 年 12 月，班级同学参观华工科技产业股份有限公司、武汉华日精密激光股份有限公司、华工法利莱切焊系统工程有限公司、武汉华工正源光子技术有限公司、武汉锐科光纤激光技术股份有限公司等与光电专业密切相关的企业，了解各种激光产品的应用，同学们对未来的道路更加清晰一分；2020 年 4 月，协同光卓 1801 班、光卓 2001 班共同举办烽火通信访学活动，了解企业的运营方式，为今后进企业工作做准备。

（四）营造优良班级氛围

班级坚持以服务同学为根本，建设积极向上的班风，使班级工作能正常有序运行，让光卓 1901 班成为一个团结而优秀的班集体。同学们通过不断完善班级管理制度，形成了班级委员职责清单、班级发展计划、班级日常事务管理制度、奖惩制度等。

（五）运营特性化公众号

世界上没有两片完全相同的树叶，人也是一样。为了体现班级的文化，提升成员的集体荣誉感，班级运营了班级公众号——"光卓 1901"。公众号主要有三个重要板块："人物志"、团会纪实、光卓风采展。

（六）积极推进党带班团一体化建设

光卓 1901 班注重同学的思想建设，现已推荐 10 人入党，党员同学也在班级中担任重要职务，服务同学。班级积极响应光学与电子信息学院分团委的号召，全面推进班团一体化建设。团支书及班长在支部多次重要活动中号召同学、动员同学，起到了至关重要的作用。

班长等班级委员与团支部委员一道，加入"优秀团员"的评议工作，团支部委员（团支书、宣传委员、组织委员）也参与班级委员会组织的班级活动的策划与开展，起到了良好的相互促进作用。这样的分工合作大幅度提高了班级委员与团支部委员的办事效率，班团不分家，共同创造卓越班级与团支部。

四、班级建设成果

（一）效果层面

追光逐电，信仰不息。光卓1901班追求卓越，勇立潮头，成绩骄人，共有17人（占比56.7%）荣获各类奖学金；同学们思想进步，主持过多次优秀团会，获评"活力团支部"、校"十佳团会"、校"六十佳特团"、"优良学风班"、"黄群班"等多个荣誉；同学们敢于钻研，力争科研报国，多人加入大学生公共项目实验室，主持并完成科研项目工作，效果卓著。

（二）育人效果

优秀个人及事迹、重点荣誉如下。

王舒仪，2021年9月，校三好学生奖学金，国家奖学金。

向慕，2020年9月，校三好学生奖学金，国家奖学金。

杨洋，2020年9月，校三好学生奖学金，国家奖学金。

王舒仪，2021年5月，全国大学生数学竞赛决赛，一等奖。

杨洋，2021年5月，全国大学生数学竞赛决赛，二等奖。

李沛，2021年3月，美国大学生数学建模竞赛M奖；2021年7月，"华中杯"大学生数学建模挑战赛一等奖。

向慕，2020年12月，第十二届全国大学生数学竞赛（非数学类）初赛，一等奖。

向慕，2021年4月，美国大学生数学建模竞赛M奖。

向慕，2021年5月，校"优秀团干"。

向慕，2021年6月，"华中杯"大学生数学建模挑战赛一等奖。

彭漩城，2020年12月，华中科技大学2020年"三下乡"暑期社会实践优秀队伍。

王舒仪，2020年11月，加入校运动会集体项目"时速团队"。

王舒仪，2021年1月，美国大学生数学建模竞赛M奖。

王舒仪，2021年6月，"华中杯"大学生数学建模挑战赛一等奖。

王舒仪，2021年8月，全国大学生光电设计竞赛中部区赛三等奖。

王舒仪，2021年5月，校"优秀共青团员"。

李颢维，2020年12月，"华工杯"篮球赛第一名。

李颢维，2020年11月，校运动会400米第八名。

王升麒，2020年9月，校"三好学生"。

王升麒，2020年9月，新生学习优秀奖学金，新生社会公益奖学金。

王升麒，2020年11月，校运动会100米第四名。

王升麒，2020年12月，全国大学生数学竞赛一等奖。

王升麒，2021年4月，美国大学生数学建模竞赛H奖。

王升麒，2021年5月，"华中杯"大学生数学建模挑战赛三等奖。

王升麒，2021年9月，学习优秀奖学金。

王升麒，2021年9月，文体奖学金。

曹子安，2020年5月，校"优秀共青团员"。

曹子安，2020年9月，校"三好学生"。

曹子安，2020年9月，本科特优生。

曹子安，2020年9月，计算机三级网络技术。

曹子安，2020年11月，校运动会集体项目（长绳），第一名。

曹子安，2020年12月，第十二届全国大学生数学竞赛（非数学类）初赛，一等奖。

曹子安，2021年4月，美国大学生数学建模竞赛M奖。

曹子安，2021年6月，全国大学生英语竞赛一等奖。

曹子安，2021年9月，校"三好学生"。

赵大洋，2020年9月，校"优秀学生干部"。

赵大洋，2021年9月，校"优秀学生干部"。

赵大洋，2020年11月，校运动会集体长绳团体第一名。

赵大洋，2020年11月，校运动会绳仙接力团体第一名。

赵大洋，2020年12月，全国大学生数学竞赛三等奖。

吴洲熠，2020年9月，校"三好学生"。

吴洲熠，2020年9月，本科特优生。

吴洲熠，2021年4月，美国大学生数学建模竞赛M奖。

魏宇弘，2020年10月，校运动会长绳接龙团体项目第一名。

魏宇弘，2020年11月，华中科技大学优秀学子回访母校活动一等奖。

魏宇弘，2021年4月，美国大学生数学建模竞赛H奖。

魏宇弘，2021年5月，校"优秀共青团员"。

魏宇弘，2021年5月，2021年全国大学生英语竞赛C类三等奖。

魏宇弘，2021年7月，"陪伴空间站助童计划"散居孤儿帮扶项目

"优秀志愿者"。

魏宇弘，2021年7月，2021年MINIEYE电子设计夏令营第三周集训信号方向第六名。

魏宇弘，2021年9月，校"三好学生"。

集体层面：在党建团建、班风学风、科创、实践、学科竞赛等方面获得各项荣誉。

2019年12月，校"十佳团会"。
2020年5月，"活力团支部"。
2020年9月，特色团日校六十佳。
2020年11月，"优良学风班"。
2020年11月，光电学院"班级风采展"第二名。
2020年12月，华中科技大学"黄群班"。
2020年12月，校"十佳团会"。
2021年5月，"优秀团支部"。
2021年11月，"优良学风班"。

五、班级建设总结

光卓1901班一直以来继承弘扬不计较个人得失、视国家利益高于一切、担当尽责、苦干实干的黄群精神，书写了一个又一个"壮志青春"。班级建设有灵魂，班级成员紧紧团结在以黄群精神为核心、追逐卓越、知行合一的班级氛围中；班级建设有保障，党员发挥领导核心作用，带动班级开展制度建设和组织建设；班级建设有目标，科技报国是"黄群班"成员的明确方向，也是扎实学风、创新科研的动力；班级建设有实效，培养了一批成绩优异、思维创新、爱国爱党、求真力行的青年学生。班级建设经验不断丰富完善，持续为国家建设输送新鲜血液。

六、院系党委副书记点评

光卓1901班在班级建设上坚持党建带团建，充分发挥党支部和党员的先锋模范作用。学风建设方面全员行动，创新思路，追逐光电学科研究前沿，同时开展学科交叉综合训练，促进多学科交流；充分发挥优秀同学的传帮带作用，开展"学霸领航""解说光电"等特色活动；班级建设有思路、有特点、有方法，制度建设不断完善，以制促建。

在这种追求卓越、勇立潮头的班级氛围下，班集体和个人都取得进步，获得不少荣誉。班级在评选"活力团支部"、校"十佳团会"过程中带领同学们团结奋进、勇攀高峰。班级获评"优良学风班"，积极向上的学风始终熏陶着每名同学。同时，也涌现出一大批优秀个人，他们德智体美劳全面发展，在学科竞赛、学生工作、文化体育等方面获得奖项和荣誉，形成良好的社会影响。

"黄群班"建设能够带领本科生班级深入学习、凝练黄群精神，发挥先进事迹的示范引领作用，开拓班级思路，在班级内弘扬爱国主义精神和集体主义精神，形成优良学风，引领本科生坚持理想信念、躬身实践。

——光学与电子信息学院　李玲

坚持班级"四风"建设，创建卓越班集体
——能源与动力工程学院能卓 1901 班成长纪实

一、班级建设基本情况

能卓 1901 班，现有本科生 28 人，其中，中共党员 4 人、中共预备党员 8 人，另有教师班主任 1 人、研究生班主任 1 人、"5211 育人计划"导师 23 人。班级始终牢记黄群精神，并树立了"爱国爱党，明德厚学，敢为人先，团结奉献"的班级精神。在全体师生的共同努力下，班级同学团结一致、积极向上、学习成绩优异，班级全体成员平均加权成绩为 86.11 分，位居年级第一名，入选学校"青梧成林"成长工程卓越团支部，曾获华中科技大学 2019—2020 年"活力团支部"、2020—2021 年校"优秀团支部"、2019—2020 年校"优良学风班"、2020—2021 年校"优良学风班"等称号。

班级积极开展团会、团课，重点学习党团思想，紧跟党中央与团中央的指示。在日常学习与生活中，班级依托党章学习小组，着重学习《习近平新时代中国特色社会主义思想学习纲要》一书，增强班级同学的理论知识自信；另外，班级也多次联合其他班级召开思想宣讲会，引领同学们树立爱国爱党的坚定信念。

班级学风浓厚，班级始终以学风优良作为建设标准，依托班团一体化建设，建设学习小组。通过小组的核心建设，开展各种小组学习活动，如定期的小组集体自习、日常的分组考勤、不定期的小组间学习交流等学习活动。班级的学风建设取得了良好的成果，班级平均加权成绩始终居于年级首位。

同时，班级注重培养集体主义精神。班级同学在班内互相帮助、互相学习。无论是班级合唱比赛、"黄群班"争创，还是参观校史馆等，都能看见班级同学的身影。同时，班级大力鼓舞同学们积极参与社会服务，并创办了班级特色活动——"月行一善"，每月都会组织班级同学做一次善事。

此外，班级积极倡导将科创之风融入班级的整体氛围。为此，班级积极联系、邀请优秀的学长学姐进行经验分享，并通过班级的教师班主任，邀请学院不同专业的老师对专业情况进行深入介绍。班级中的很多同学从大一开始，便积极参加了节能减排竞赛等多项科研竞赛，提前接触科研，取得了优异的科研成绩。目前，班级全体同学均加入导师课题组。

二、班级建设思路

能卓1901班始终坚持"以德立班，追求卓越"的班级建设指导思想，全班上下团结一致，在能源与动力工程学院团委、党委的领导下开展各项工作。班级坚持"四风"建设，即爱国爱党树正风、明德厚学立学风、敢为人先领新风、团结奉献创班风，努力建设更加卓越的班集体。

（一）爱国爱党树正风

班级注重思想建设，开展日常团会、团课与主题团会活动，集体深入学习党团思想。每月至少各召开一次团会与上一次团课，结合时事热点、注重思想反馈与团员参与，多次团会获评校"优秀团会"。班级依据学院"翻转团课"大纲，结合支部实际情况与卓越团支部成长工程，先后多次开展党章、团章等主题团课。两年多以来，全班同学高效地开展每个星期的"青年大学习"，学习完成率达100%。全体同学共同学习了《习近平新时代中国特色社会主义思想学习纲要》一书。班级在线下组织参观了抗疫展览，实地体悟了在抗疫过程中，中国共产党发挥的中流砥柱的作用。

（二）明德厚学立学风

班级内部学习氛围浓郁，班级成绩位列年级第一名。班级常态化开展集体自习，并对班级内成绩不太理想的同学进行一对一帮扶，考试月时对每门课程开展班级内部辅导。通过一系列班级学风建设举措，班级平均总加权成绩为86.11分，位列年级第一名。其中1名同学位列年级第一名，4名同学排名年级前5%，6名同学位列前10%，3名同学被评选为启明学院特优生，班级连续两年被评选为校"优良学风班"。

（三）敢为人先领新风

班级通过学习黄群精神，在同学们中掀起了"学习先进，争当先进"的高潮。

在疫情期间，班级里面有许多同学积极贡献出自己的一份力量。例如，王旻栋、雷龚宇等同学不辞辛苦，为奋战在一线的医务工作人员的家属当义务家教，为他们分担压力；张可人、曾伟豪等同学主动参加社区里面的志愿者活动，测量进出人员的体温，严格把控人员进出社区的情况等。

（四）团结奉献创班风

班级始终发扬团结奉献的优良精神，坚持"团结就是力量"及"赠人玫瑰，手留余香"，在班级里形成了团结、融洽、助人为乐的良好氛围。通过举办武汉大学实地调研考察、校史馆参观、抗疫展览参观、"光盘行动"打卡、校区内食堂调研、能卓"吐槽"大会等一系列活动，班级同学变得更加团结，极大地提升了班级凝聚力。此外，班级创办特色活动——"月行一善"，每月组织班级同学做一次善事，在志愿服务中践行奉献精神。目前已开展过多次活动，包括打扫学院公用房、捡拾西区停车棚垃圾、看望学院退休老人等。

三、班级建设典型举措

（一）思想建设

（1）班级每月两次定时开展团会、"翻转团课"活动。除此以外，在班级委员会或团支部委员会上组织同学们了解时代热点，学习政治理论知识以及黄群精神。多次获评、校院"优秀团会"。

（2）班级成立党章学习小组，由研究生班主任担任组长，班长担任副组长。每月开展一次，以成员自学、集中分享、小组讨论等方式为主。以学习《中国共产党章程》为主要内容，进一步培养班内同学爱党爱国的意识。

（3）多次邀请辅导员开展系列思政课活动，上好"我为什么要加入中国共产党""从历史、时代和个人三个角度来理解抗疫"等思政课程。

（4）组织同学们参观校史馆，从学校发展历史展览到抗击新冠肺炎疫情专题展览，在参观中汲取精神力量，同时加强班级的凝聚力。

（5）班级团支部的"青年大学习"完成率高达100％。

（二）组织建设

（1）班级修订《能卓1901班班级行事章程》，经班级同学、研究生班主任、教师班主任以及辅导员全体同意，由班级委员负责监督实施情况，反馈同学信息。

（2）班级经投票选举产生班级委员会、团支部委员会，各寝室通过选举产生寝室长并报班级委员批准，共同组织班级建设。

（3）学院党委副书记、辅导员、教师班主任以及研究生班主任共同指导班级工作，参与班级建设。

（4）班级创办特色活动——"月行一善"，每月组织班级同学做一次善事，在志愿服务中践行奉献精神。目前已开展过多次活动，包括打扫学院公用房、捡拾西区停车棚垃圾、看望学院退休老人等。

（5）班级每两个星期至少召开一次班会。

（6）定期召开支部委员会，着重班团建设与思想建设。班级委员与团支部委员总结上一阶段班级以及团支部的发展情况，并且做好下一阶段的规划。

（7）班级委员每个月进行总结与规划，以口头报告的形式在班会上进行总结讨论，进一步优化班级的工作环境与提高工作效率。

（三）学风建设

（1）班级建立学习小组制度，将班内同学划分为多个学习小组，以小组为单位开展集体自习，同时分配小组长。每一个星期开展两次自习，并在每个周末向学习委员汇报情况。

（2）班级实行一对一帮扶制度，每一名班级前列的同学配对一名暂时落后的同学，坚决不放弃任何一名同学。

（3）班级在考前开展每一门课的答疑活动，鼓励同学们将在学习中遇到的问题及时整理出来汇总给学习委员，由学习委员统一汇总给老师进行答疑。

（4）班级内设置比赛信息通道，由宣传委员实时通过班级群向班内同学传达比赛信息，积极培养班级内同学们参与科研的风气，鼓励同学们在学有余力时参与学科竞赛。

（5）班级内设置信息分享渠道，由学习委员定期在群内分享学长学姐的学习资料。同时，组织学长学姐经验交流会，让同学们对未来的大学生活和生涯规划有更明确的目标和想法。教师班主任每两个星期邀请一次煤燃烧国家重点实验室的相关老师开展学科讲座，进行专业介绍以及前沿科研方向的解读。

（6）班级内每一名同学都配备导师，每一名同学每两个星期至少与自己的导师交流一次。

（7）班级内开展晨读活动，鼓励同学们早睡早起，养成守时上课、积极主动学习的好习惯。

（四）文体建设

（1）班级组建相应的体育兴趣爱好小组：篮球小组、足球小组以及羽毛球小组。通过互相切磋的方式，提高同学们的身体素质，并且采用班级内部奖励的形式进行鼓励。

（2）班级开展每个星期的集体夜跑活动，由体育委员带头，以合影的形式进行签到。

（3）班级每两个月组织一次集体拉练活动，组织同学们在指定地点（主校区、东湖的森林公园等）进行数公里的徒步活动。

（4）班级记录每一名同学的生日，开展庆生活动，每一名同学过生日的晚上都组织同学们以唱生日歌的方式为其庆生。每一个月过一次集体生日，活跃班级气氛。目前为止，班级已经举办了4次班级聚会、12次集体生日会、2次女生节活动等。

四、班级建设规划

为深入学习领悟黄群精神，更好传承黄群精神，创建更加优秀的班集体，班级在未来的建设方面有以下六点规划。

（1）在思想方面，为进一步加强思想引领，加强思想德行建设，班级拟前往武汉的红色教育基地与博物馆进行考察学习，并且从身边出发，进一步组织考察本地区的优秀基层团委。通过这些活动，理论结合实际，引导同学们了解并学习思想建设经验。在校内，除了目前的"翻转团会"团课设计，还拟将团课作为基础平台，开展进一步的学习活动，内容包括但不限于马克思主义经典文选，及《习近平的七年知青岁月》《习近平在正定》《习近平在宁德》等书籍。除此以外，班级拟邀请研究生红色理论宣讲团成员、研究生支教团成员、青马学校的成员进入班级宣讲，提升团支部成员的政治素养。在自觉维护党与团的同时，注重更高的思想政治觉悟和道德修养的培养。在后续的日子里，班级将在原有的基础上，进一步组织同学们观看党中央、团中央的主题会议，明确当代青年的责任与培养积极的开拓意识，向成为"六有"大学生的基本目标靠拢。

（2）在组织建设上，以巩固与发展班级现有支部工作与建设机制为中心。首先，保留原有的小组会、支部委员会与班级委员会，保留原有活动与考勤等机制，针对班务与团务的定期规划，新增班级内各支部委员的定期书面总结，经由班级委员会统一讨论，研究生班主任开会通过，对班级任务进一步规划。其次，新增适当的激励机制，以赠书的方式对为班级做出重要贡献、积极带头参与班级建设、积极为班级出谋划策的同学进行适当的奖励，并且在推优评选中重点考虑。再次，提倡非班级干部的同学加入班级建设队伍，设立有期限、定期改换的代理副职，协助委员工作，为下一阶段的班级干部改选提前做准备。最后，建立信息反馈收集制度，开设多种不同的线上和线下反馈渠道，加深班级同学对班级事务管理的关注程度，积极鼓励与引导班级同学反馈对班级事务管理的意见。提高班级同学的班级活动的参与度，加强班级组织的凝聚力和班级事务管理的亲和力。

（3）在学习方面，班级将进一步加强优良学风建设。监督与落实班级一对一帮扶计划的实施，督促成绩相对落后的同学们走出宿舍，走进自习室。同时，班级拟组织考试前的复习，邀请班级成绩优秀的同学为同学们梳理一遍知识点。学习委员牵头，组织同学们进行模拟考。除此以外，学习委员将进一步掌握考级、考证等事宜的最新动态，及时将最新的消息整理好发在班级群内，告知同学们。

（4）在科研创新方面，班级将继续发扬浓厚的科创氛围，定期组织经验分享，让每名同学都有机会、有途径去进行科研创新。班级将会依托教师班主任联系有关专业老师举办沙龙讲座，让同学们了解行业前端发展，让每一名同学都有思路和方向去进行科研创新。同时，班级将依托教师班主任协助同学联系各名导师的课题组，让每一名同学都有平台进行科研创新。

（5）在志愿服务方面，班级继续发扬团结奉献的精神，组织同学们参与班级特色活动——"月行一善"，到洪山区图书馆与卓刀泉敬老院，参与对学院老教师的慰问。实践委员定期转发相应的志愿服务活动通知，培养同学们帮助他人、服务社会的责任感，并且借此机会锻炼同学们的工作与交流能力，让大家为社会出一份力，尽一份公民责任和义务，同时丰富生活体验，加深对社会的认知，传递和弘扬团结奉献的正能量。同时，班级还会对积极参与志愿活动的同学进行班会提名表扬，适当用班费进行奖励。

（6）在文体活动方面，为提升班级凝聚力，活跃班级气氛，增进同学们之间的情感，计划在学期中的假期时间组织同学们开展素质拓展、博物馆参观、纪念馆参观、班级团建等活动。同时，继续保持线上、线下生日会，班级聚会，日常文体活动。增强班级同学的班级荣誉感和自豪感。

五、班级建设成果

（一）班级育人模式

在学院团委、党委指导下，班级深入学习黄群精神，结合班级实际，逐步探索形成了以班级"四风"建设为核心的班级集体育人模式。在思想上，培养同学们爱国爱党，加强对班级的思想引领，班集体深入学习党团理论思想；在学习上，班级通过一对一帮扶、集体自习等学风建设措施，培育形成优良学风，营造良好学习氛围，培养每名同学养成热爱学习的习惯；在行动上，鼓励每名同学学习先进、争当先进、甘于奉献，组织同学们积极参与公益活动，培养班级同学敢为人先的奋斗精神和热心公益的奉献精神。

（二）育人效果

1. 班级优秀个人

（1）胡博勋：现担任校学生会文体部负责人以及校广播台中文播音部副部长，曾任班长、院学生会文体部负责人；曾获本科生军训"优秀学员"、"优秀共青团员"、"优秀学生干部"、启明学院特优生、"优秀共青团干部"等荣誉称号；曾获社会公益新生奖学金、全国周培源大学生力学竞赛湖北赛区二等奖、全国周培源大学生力学竞赛全国三等奖等奖项；参与乔瑜老师课题组，并参加国家级大学生创新创业训练计划项目大赛；积极参与华中科技大学学生会2020年迎新志愿服务活动。

（2）涂林楠：现任院学生会主席，曾任副班长、院团委办公室主任；曾获校本科特优生、校"三好学生"、校"社会实践先进个人"等荣誉称号；曾获全国大学生数学竞赛一等奖、"杭氧奖学金"、全国周培源大学生力学竞赛二等奖、全国周培源大学生力学竞赛湖北赛区一等奖、科技节数学建模大赛一等奖、全国大学生可再生能源优秀科技作品竞赛一等奖、"华中杯"大学生数学建模挑战赛三等奖、校五四演讲大赛二等奖等奖项；参与了徐义书老师课题组，获国家级大学生创新创业项目立项，参与杨应举老师课题组；参与迎新志愿者活动、校核酸检测岗等志愿活动。

（3）谢雨霏：现任能卓1901班班长、院学生会主席团成员、校"青马班"719小组组长，曾任班级学习委员、院学生会学术部负责人；曾获军训"优秀学员"、新生自强奖学金、2020全国大学生节能减排社会实践与科技竞赛校级二等奖、全国大学生数学竞赛三等奖、科技创新奖学金、"优秀学生干部"奖学金、"优秀共青团干部"、社会公益奖学金、"杭氧奖学金"、2021全国大学生可再生能源优秀科技作品竞赛全国一等奖等奖项；开展多项社会实践活动，如"研习'四史'坚定信仰，传承使命不忘初心"社会实践、校青马"学党史，强信念，跟党走"社会实践、能源与动力工程学院赴河北塞罕坝调研"塞罕坝精神"暑期社会实践、校"青马班"赴武汉探索疫后重振的"治理密码"暑期社会实践。

2. 集体层面

（1）党建团建。

班级获得以下集体荣誉：

2019—2020年，校"活力团支部"荣誉称号；

2020—2021年，校"优秀团支部"荣誉称号；

2020年，校"黄群班"荣誉称号；

2021年，学院庆祝中国共产党成立100周年"青春向党　风华正茂"班级合唱比赛新时代银奖。

支部现共有成员28人，其中共青团员27人，预备党员12人，发展对象4人，入党积极分子4人，优秀共青团干部4人，"优秀共青团员"5人，多人加入学校或院系相关学生组织与部门，并在其中担任负责人。

（2）班风学风。

班级学习成绩优异，总加权成绩为86.11分，高居年级第一名，曾获以下荣誉：

2019—2020年，校"优良学风班"荣誉称号；

2019—2020年，四方光电中的"班级学风奖"奖学金；

2020—2021年，校"优良学风班"荣誉称号。

班级在科创、实践、学科竞赛等方面获得以下荣誉：

5人参与国家级、校级节能减排大赛；

2人参与可再生能源竞赛并获相应奖项；

8人参与全国大学生创新创业训练计划项目大赛；

5人获全国大学生数学竞赛相应奖项；

9人获全国周培源大学生力学竞赛相应奖项；

2人获社会公益奖学金；

23人参与导师课题组。

六、班级建设总结

华中科技大学"黄群班"多年的建设与传承是学校落实立德树人根本任务的具体体现。能源与动力工程学院能卓 1901 班深刻学习并传承黄群精神，确立了"爱国爱党，明德厚学，敢为人先，团结奉献"的班级建设理念，始终注重加强思想道德建设，以党团建设带动班风学风建设，结合能源学科特点和专业特色，教育引导广大同学们树立远大理想，刻苦学习，争做"六有"大学生，求真学问，练真本领，主动担负起建设能源强国的重大历史使命，为国家早日实现"碳达峰""碳中和"贡献自己的青春力量。其班级建设的做法值得借鉴和推广。

七、院系党委副书记点评

能源与动力工程学院能卓 1901 班始终将"以德立班，追求卓越"作为班级建设的指导思想，在学院党委和团委的领导下，在班级班主任的带领下，班级开创性地提出了班级"四风"建设，把"爱国爱党，明德厚学，敢为人先，团结奉献"作为班级的建设纲领，并取得了一系列值得肯定的成绩。班级凝聚力强大，学习风气浓厚，班级加权成绩一直保持年级第一名，班级团支部入选学校"青梧成林"成长工程卓越团支部，曾获华中科技大学 2019—2020 年"活力团支部"和"优良学风班"称号。同时，班级内部涌现出一批敢为人先的优秀学子，他们积极参与科技创新、社会服务、文体活动，很好地传承了黄群校友的可贵精神。

——能源与动力工程学院　孙禄

"1+4"专业领航　助力学生成长成才
——管理学院财务管理1902班成长纪实

一、班级建设基本情况

财务管理1902班是一个朝气蓬勃、有着强大凝聚力的班集体。24名来自全国10个省、自治区同学汇聚在一起。怀揣着对美好未来的憧憬,秉承着华中科技大学"明德厚学,求是创新"的校训和"初心不改,信念当先"的黄群精神,同学们互帮互助,共同努力奋进。在院系领导、辅导员、班主任及各科老师的带领、帮助和配合下,财务管理1902班以更高、更严格的标准要求自己,积极配合学院及老师的各项工作任务,努力进取,追求卓越,敢于创新,善于转化,向着建成优秀班集体的目标不断迈进。

班级共24名共青团员,5名预备党员,11名入党积极分子,以"求知开拓,团结包容,脚踏实地,心怀天下"为座右铭,同学们踏实治学,努力追梦。在班级建设上,班级采用以人为本、平等和谐的理念,搭建起同学们之间心的桥梁。班级以建立优良学风、和谐班风为目标,开展了自习打卡、建设学习互助小组、组织班级团建等活动,共同学习,共同进步,增进同学友谊。有召必应,是同学们积极响应班级活动的有力证明;团结一心,是同学们齐心协力朝着共同目标奔跑的最好体现。

二、班级建设思路

(一)不忘初心筑梦前行

财务管理1902班以黄群精神为思想引领,以班会、团会为载体,认真组织班级同学学习黄群精神。始终坚持正确的政治方向,在思想上、政治上、行动上同以习近平同志为核心的党中央保持高度一致，牢固树立"四个意识"，坚定"四个自信"，坚决做到"两个维护"，坚定对马克思主义的信仰，始终不忘跟党走的初心，始终保持与党组织的步调一致，不断学习习近平总书记系列重要讲话精神，学好党的理论知识，用党的最新理论成果武装头脑。

在院系领导、老师及班团委的带领下，在同学们的自主学习中，财务管理1902班每一名同学都能自觉树立自律意识，用党员的标准严格要求自己，做事注重举一反三，自觉把"两学一做"纳入自身的日常学习计划，朝着更高的目标迈进。

（二）优良学风砥砺前行

学习是学生的本职工作，优良的学风是学生思想道德品质、学习精神与综合素质的重要体现，是提高教学质量、建立良好校风的重要条件。

财务管理1902班积极响应"学在华中大"的口号，同学们合作互助，认真落实学习计划，对知识点做到"日清日结"。班级积极营造健康上进的学术氛围和生动活泼的良好风气，使同学们乐学、勤学、会学，早日形成班级长期有效的学习氛围。同时鼓励班级同学进行科研创新活动。

（1）思想引领：财务管理1902班积极响应国家"三早"培养计划号召，鼓励班级同学早进课题、早进实验室、早进团队；班级委员发挥模范带头作用，在班级中营造良好的科创氛围。

（2）完善信息获取渠道：班长、学习委员密切关注科创活动最新信息，并及时告知班级同学。

（3）交流分享：开展专题研讨会，邀请科创活动经验丰富的同学分享比赛和科研经验。

（三）志愿活动身体力行

深入学习领悟黄群精神，更重要的是躬行实践、力学笃行，通过各类实践活动，更好地接触社会，了解社会，服务社会。磨炼意志，锻炼才干，提高能力，发扬黄群校友奉献自我的精神。

财务管理1902班从学生工作和各类社会实践活动两方面入手，践行黄群精神。

学生工作方面：引导同学们自觉树立服务同学、服务集体的意识，积极参加学生组织和社团，发挥自己的才干。通过学生工作提高自身综合素质、培养自身多方面能力，构建一个优秀高效、作风优良的班级。

社会实践方面：不局限于课堂教学，鼓励同学们利用闲暇时间走出校门，接触社会，了解国情，通过投身实践活动，树立为人民服务的思想，增强社会责任感和使命感。鼓励同学们热心参与多种义工活动和社会实践活动，用实际行动诠释新时代青年的使命担当。

（四）温暖文化一路同行

《中国学生发展核心素养》以科学性、时代性和民族性为基本原则，以培养"全面发展的人"为核心，为学生核心素养的培育提出了三个方面、六大素养的内容与目标。这也为高校班级文体文化建设指明了思路和奋斗方向，从而形成了良好的班级文体文化氛围。

财务管理1902班提倡同学们在保持良好的学习成绩之外，积极地参与班级内外组织的各类文体活动。这样不仅能够在学习之余放松身心、陶冶情操，也能强身健体、健全人格。班级同学一起参与文体活动的同时，也能增进感情，增强班级凝聚力。

坚持以人为本。根据对班级同学共性和个性心理特点的分析把握，运用心理健康的理论和方法开展班级单独创意的活动、组织校心理服务中心的有关集体活动等，帮助班级同学身心全面和谐地发展。

对少数有心理困扰或心理障碍的学生进行科学的、有效的心理帮助，搭建班校心灵沟通互通平台与桥梁，助力班级每一名同学的身心健康发展。

三、班级建设典型举措

（一）思想道德建设举措

1. 筑基思想德行

财务管理1902班同学始终坚持学习党的先进思想，关心国家大事，心系祖国，积极向党组织靠拢，坚持正确政治方向。认真学习贯彻习近平新时代中国特色社会主义思想，牢固树立"四个意识"，坚定"四个自信"；班级通过团会、党章学习会等方式向同学们传递近期时政热点新闻、党的号召和各项方针的资讯，了解党的发展历史，学习党的先进思想，在生活中贯彻落实党的方针政策，努力践行党的具体要求，力求做到真正的党旗领航。邀请党员学长学姐为入党积极分子以及有意向党组织靠拢的同学们进行党性教育，提高同学们的思想觉悟。同时，在学院的支持与帮助下，进行"1+4"党员教师谈心活动，党员教师给予同学们生活、学习上的指导，为同学们讲述党员的先进事迹，激励同学们向党组织靠拢。

2. 践行黄群精神

同学们在黄群精神的引导下，热心参与多种义工活动和社会实践活动，班级全体同学都参与过社会实践活动，不少同学坚持做长期义工，且部分同学在疫情期间报名参加了抗疫志愿者和战疫采访活动，在祖国最需要的时候逆行而上，用实际行动诠释了新时代青年的使命担当。

3. 组织思想引领

班级内以入党积极分子为中心，成立党章学习小组，每月至少开展一次党章学习会，学习党史党章以及本月党组织生活会内容。党支部每月针对班级开展两次指导活动：党章学习小组组长参与每月主题党日的学习环节，并向组员传达当月学习内容；"红色领航员"党员走访寝室，为同学们答疑解惑，提供帮助。在党支部、教师班主任和辅导员的指导下，每月定期开展班会、团会，组织学习黄群精神、制定班级班规、建立优良学风，在思想、学习、生活等方面进行交流和学习。班级以每月缴纳团费、观看"青年大学习"网上主题团课、开团会等方式开展主题团日活动，对团员进行思想引领；成立班级党章学习小组，有入党意愿的同学均参加，每月至少开展一次党章学习会，学习党史党章以及本月党组织生活会内容。今年十月的党章学习会学习了党章总纲和习近平总书记在全国抗击新冠肺炎疫情表彰大会、教育文化卫生体育领域专家代表座谈会上的讲话，进行入党积极分子的思想引领。

在过去的时间里，班级同学积极响应团组织号召，不断完善班内团组织建设，及时传达党的号召和各项方针，提高同学们的党性和思想觉悟。班级25名同学均为共青团员，其中7人获评"优秀共青团员"，25人全部递交入党申请书，11人为入党积极分子，6人已参加党校班并顺利结业。为了加强党支部与党章学习小组的联系，党支部从思想、学习、生活等方面以党建带团建、班建，强化班级凝聚力建设，每月针对班级开展两次指导活动：党章学习小组组长参与每月主题党日的学习环节，并向组员传达当月学习内容；每个寝室配备"红色领航员"党员舍导，党员舍导每月走访寝室，在学习和生活上为班级同学提供指导和帮助，发挥思想引领作用。

（二）学风科创风建设举措

（1）完善制度规范学风。班级在大二的学风建设动员会上制定班级学习公约，全班同学共同遵守学习公约，用严格的标准要求自己。

（2）全班同学坚持晚自习打卡。为了提高大家晚自习频率及效率，大一开始班级组织晚自习打卡活动，帮助同学们自主复习、预习，查缺补漏，不断提升。

疫情在家期间，晚自习打卡活动仍不间断，并且用奖励制度来鼓励大家延长自习时长。同学们利用线上软件进行每日自习打卡，在家学习时也能拥有良好的学习氛围。

（3）建立学习小组，组内成员相互学习，共同进步。为督促同学们学习和帮助学习能力较弱的同学，在协调同学们的意愿的前提下，建立了各个学科包括微积分、组织行为学、金融市场与金融机构等的学习小组，让班级同学之间相互学习、相互配合、共同进步。各小组会进行学习讨论、答疑解惑等活动，积极讨论课上所学内容，进行案例分析及课堂小组成果展示等。

（4）组织重点、难点课程答疑活动。针对较为困难的学科如微积分、线性代数等，建立班级内部的答疑解惑群，同学们在群内积极探讨问题、认真思考、相互帮助，取得明显的进步。在有需要的情况下，班级会在考前邀请学习优秀的学长学姐为同学们进行考前知识梳理和重难点整理。

（5）认真落实好自身学习之外，班级同学发扬奉献精神，积极帮助他人。在寝室或QQ群中为同学们解答微积分、财务会计、概率论等专业问题。在微积分答疑公众号上，财务管理1902班同学积极参与，为同学们答疑解惑。

（6）在班会中强调科研创新的重要性，鼓励班级同学走出舒适圈、勇于参加科创活动。

（7）班长、学习委员及时发布科创比赛、大学生创新创业项目等报名信息，做好动员和报名统计工作。

（8）开展科创活动专题研讨会，邀请启明学院同学详细介绍"挑战杯"全国大学生课外学术科技作品竞赛、"互联网＋"大学生创新创业大赛等相关科创比赛，并进行科创活动经验分享。

（三）志愿活动、社会实践、义工活动

（1）普及黄群校友的先进事迹，观看黄群校友的纪录片，引领同学们向黄群校友学习，坚定理想信念，不忘初心、牢记使命、履职尽责、许党报国。

（2）始终坚持学习党的先进思想，关心国家大事，心系祖国，并积极向党组织靠拢，坚持正确政治方向。认真学习贯彻习近平新时代中国特色社会主义思想，牢固树立"四个意识"，坚定"四个自信"。

（3）通过团会、党章学习会等方式向同学们传递近期时政热点新闻、党的号召和各项方针，了解党的发展历史，学习党的先进思想，在生活中贯彻落实党的方针政策，努力践行党的具体要求，力求做到真正的党旗领航。

（4）鼓励同学们在党的思想和黄群精神的引导下，热心参与多种义工活动和

社会实践活动，坚持做义工，用实际行动诠释新时代青年的使命担当，发扬黄群校友的奉献自我的精神。

（5）鼓励同学们积极参与学生工作，乐于奉献，通过锻炼自己更好地建设班级，积极主动、认真负责。

（四）文体及心理建设举措

（1）在班级成立初期，同学们踊跃提出自己心目中符合班级特色的口号，并投票选出自己心中最认可的口号，最后确定"求知开拓，团结包容，脚踏实地，心怀天下"为班级的口号。

（2）班级选定了班徽的样式。班徽以醒目的金色为主色调，主体由博士帽、钱币、书本和一双张开的翅膀构成。博士帽象征着班级在思想品德、学习科研和综合素质等各个方面孜孜以求、力争卓越的精神面貌。班徽中心的圆形图案象征着钱币，表明专业方向是财务金融，主要研究资金的运作与管理，为社会创造价值。同时，其四角的纹路也似共同伸向中心的手，象征着同学们团结一致，共同为财务管理1902班的建设努力。其下是一本摊开的书本与从中生长出的一双翅膀，寓意着同学们将以知识为基，不断开拓进取，向着自己的理想展翅高飞。

（3）通过同学们之间自由组队，班级组成了4个体育运动打卡小组。每个星期由组长协调每个组员的空闲时间，带领组员一起在操场上跑步，并在组长群里打卡。通过每个星期的跑步打卡，组员们既锻炼了身体也培养了跑步的兴趣。

（4）在周末组织班级内部篮球赛，同学们本着"友谊第一、比赛第二"的原则在篮球场上挥洒汗水。通过班级篮球赛，同学们在课余时间内不仅锻炼了身体、精进了篮球技术，还增进了感情，增强了班级凝聚力。

（5）班级通过发布调查问卷的形式调查同学们对文学作品的偏好，偏好相近的同学组成一个文艺小组，在组内探讨喜欢的文学作品，交流读后感，在思想碰撞之余加深同窗感情。

（6）每个星期的班会上由一个文艺小组进行汇报，推荐最近看的好书，分享自己的读书心得，扩大全班同学的阅读面。同学们可以通过对小组同学进行提问，更深入地了解书中内容。同学们之间互相分享书籍、借阅书籍，既在紧张的学习生活中放松了身心、增加了阅读量，又拉近了彼此的距离，增强了班级凝聚力。

（7）每次班会由一个文艺小组推荐优秀的影视作品，小组成员会通过简短的报告分享影视作品，介绍推荐原因、作品亮点和深层次意义。之后小组成员会播放影视作品中的一部分，让同学们能够直观、清晰地感受作品的魅力。

（8）文艺委员会定期提供学校举办的文艺活动、讲座、演出等相关信息，以便同学们第一时间了解到这些演出的具体时间、地点，提前调整时间，做好安排。

（9）班级心理健康工作。班级心理健康教育不是心理委员一个人的事，不应该"独木成林"，只由心理委员发力，而要充分调动班级同学的热情并联合其他班级委员共同努力。构建一个以心理委员为主，班级委员、团支部委员等为辅，其他同学为基础的班级心理健康教育战线。

（10）班级心理健康理念的确定。上大学以来，同学们面临的人生难题和心灵考验都与以前大相径庭，成长面临新的分岔口。摆正心态、调整方向，做到不忘初心，健康快乐每一天，树立正确的价值观，为身边人、社会带来正能量，是这项工作的重中之重。

（11）心理委员的职责。第一，认真学习并积极宣传大学生心理健康知识，在班级积极开展心理健康教育和宣传活动。第二，协助学校开展各种活动，并在心理健康教育课程、讲座及活动中起骨干作用，带动其他学生积极参与。第三，注意发现学生中出现的各种心理异常现象，给予力所能及的帮助，并及时向班主任、学校心理健康辅导教师反映，使问题得到尽快解决。第四，填写班级"晴雨表"并上交，记录班级同学的心理动态。

（12）班群的热心分享与暖心沟通。校心理服务中心的"心心"、心理健康小贴士等，会每日在华中大官方心理委员群更新发表"晚安"的暖心语段，其中包括国内外新闻、名人名言、好书好句、天气预报、晚安心语、心理健康小知识科普等。心理委员每日在班群内转发，并与部分同学进行有关心理问题的交流，互励互勉、共同成长。班级的凝聚力和向心力就体现在这点点滴滴中。

（13）心理健康情况收集整理。每月填写"晴雨表"，集中反馈班级同学的心理问题。把握心理动态，及时反馈，瞄准下月航向。通过统计班级同学最近关注的焦点问题、普遍存在的疑惑，了解需要特别关怀的同学及其情况。将院系、班级开展了哪些有关的活动，需要学院或学校提供哪些方面的帮助等方面的信息翔实具体地反馈与总结，以求更好地理解、调整、再出发。

（14）在班会、团会上定期开展班级心理健康教育的交流、阶段性心理健康问题的研讨；设立心理信箱，组织全班同学自愿参加匿名心灵沟通等活动；利用班级聚会等小型活动组织相关游戏，拉近大家心灵的距离，使班级更像一个相亲相爱的大家庭。

四、班级建设规划

（一）思想道德建设规划

1. 早日站在党旗下，做有理想信念的大学生

（1）加强与对应党支部的联系，每月邀请党支部的高年级党员到班级指导党章学习小组开展学习，加强理想信念教育，提高思想觉悟、道德水平。

（2）每月按时开展团会和党章学习小组活动，学习党章党规、习近平总书记系列讲话，增强"四个意识"，坚定"四个自信"，坚决做到"两个维护"；入党积极分子带头学习，加强党史、国史、社会主义发展史学习，听党话、跟党走。

（3）在班级积极开展团的工作，保证全班100％参与团课、团会，积极参与党支部特色党日等活动，团课、团会后每名同学写观后感，加深学习印象。

2. 继续学习黄群精神，做有温度的"华中大人"

（1）领悟习近平总书记对当代青年寄予的厚望，学习习近平总书记针对新冠肺炎疫情防控工作的重要讲话和指示精神，激发广大学生爱党、爱国、爱社会主义的巨大热情，以实际行动大力弘扬伟大抗疫精神。

（2）学习黄群校友事迹和精神，以班会、团会为载体，向同学们传递黄群精神，领悟黄群精神在新时代的意义与作用；向黄群校友致敬，每年清明节组织为黄群校友祭扫的活动。

（3）积极参与管理学院"1＋4"畅语人生活动，与党员教师畅谈理想信念、学业导航、职业启蒙、人文素养等，树立远大理想。

（4）定期举办交流分享论坛，邀请往届"黄群班"的优秀学长学姐、优秀高年级党员到班级进行交流分享，向同学们传递优秀精神。

3. 践行发扬黄群精神，做砥砺奋斗的新时代青年

（1）勇于担当青年责任，志存高远。积极参与各项党团活动，主动讲党课、讲团课，深入学习理解中国特色社会主义，树立走到人民群众中去的理想信念。

（2）勇挑重担，充满活力。利用课余时间，积极参加公益活动，如献血、支教、义工等，发扬艰苦奋斗精神，为班级、学院、校园贡献自己的力量。

（3）勇于开创，争做先锋。在做个人的选择时，将个人价值融入国家、集体中，更好地实现人生价值。

（二）学风科创风建设规划

（1）继续坚持上述建设举措。通过以上建设举措，班级获得了优异的学习成

绩，班级学风浓厚，也增进了同学们之间的感情。

（2）组织班级座谈会。让同学们与专业老师进行座谈，了解专业前沿信息，认真了解和思考未来发展方向。

（3）引导班级同学多开展实践活动。要将所学知识与实际实践结合起来，走进社会、企业中去了解学科的真正应用过程，将学习与实践相结合。

（4）进一步在班内营造良好的科研创新氛围，鼓励更多尚未尝试科研的同学参加科研竞赛和科研项目。

（5）积极推进在研大学生创新创业项目，提高科研质量。

（6）邀请班主任开展科研交流会，为同学们介绍科研方法和经验。

（7）组织全班同学聆听本专业或相关专业学术交流会。

（8）继续开展科创活动经验分享会，将班级中"科创先锋"的经验传递给更多同学。

（三）志愿活动、社会实践、义工活动

引导同学们做到三"勇"：

（1）勇于担当青年责任，志存高远。以黄群校友为榜样，学习他坚定理想信念、不忘初心、牢记使命、履职尽责、许党报国的伟大精神，积极参与各项党团活动，主动讲党课、讲团课，深入学习理解中国特色社会主义，树立走到人民群众中去的理想信念。

（2）勇挑重担，充满活力。积极参加学生工作，担任学生组织的干事，在学校学生组织建设中发光发热。利用课余时间，积极参加公益活动，如献血、支教、义工等，发扬艰苦奋斗精神，为班级、学院、校园贡献自己的力量，为华中大添砖加瓦。

（3）勇于奉献、争当头雁。积极参加各类志愿服务活动，参与多项义工行动，用实践行动践行先锋引领的头雁领航作用。

（四）文体及心理建设规划

1. 文体建设

在上一学年，班级在文体活动建设方面做得较好，并在文体方面取得了优异的成绩，因此在之后的学年将延续上一学年做得好的地方，并改进做得不够好的地方，取其精华去其糟粕，争取更上一层楼。

由于这一学年学业压力较重，同学们将更多的精力集中在学业、科创比赛上，在文体活动方面分配的时间也有所下降，因此班级把原来的每个星期文艺小组线

下分享改成了线上分享,同学们无须做正式的汇报,而是将自己最真实、最直观的感悟发在班群里,与班上同学分享。

另外,班级新增了"好句好段"的活动,每天由一名同学在班群里分享一段摘抄,语言和字数不限,包括暖心的"心灵鸡汤"、催人奋进的励志言语、在阅读中遇到的优美词句等。

2. 心理建设

除了继续上文所述的优良传统之外,未来班级要举办、组织一些主题新颖的活动。包括针对就业等问题的思考、对未来的道路的规划、对人际关系的思考、对大学与社会接轨等问题的看法等。

(1)"时光慢寄"活动。

活动内容:请同学们以当下的心情、感受,写一封给未来的自己的信。写完由班级心理委员负责保存,在毕业时送还给同学们。增进同学们对未来的展望与期待。

(2)文章征集活动。

活动内容:在班级以"如果有下辈子,我要……"为主题进行文章征集,同学们写下自己关于"下辈子"细致生动的描述,可以是对自我的期望,也可以是与他人的约定等。可组织同学们进行讨论分享,促进同学们对生活的思考。

(3)"心语传递"活动。

活动内容:准备一个精美的本子,写上与心理健康教育进班级相关的前言,在班级同学之间传递。同学们在本子上写下今天的心情、听课感想、内心的想法、困惑等,同时可以对前面同学所写内容进行评论、回复或提出相应的建议,然后传递给下一位。心理委员每天在本子上进行小总结。本子填满后,可将其保留,作为纪念。

五、班级建设成果

(一)思想建设成果

(1)班级同学具有较高的思想觉悟和政治觉悟,坚定贯彻党的领导。在党和团的引领下,全班24名同学均为共青团员,11名为入党积极分子,5名同学已经成为预备党员。

(2)班级每月通过缴纳团费、观看"青年大学习"网上主题团课、开团会等方式开展主题团日活动。每月团费均按时上交,"青年大学习"每个星期完成度100%,团会围绕每月团会主题展开学习,加强同学们对党的深刻理解。

（3）学院举办"1+4"畅语人生党员教师专业领航活动，通过"1个教师党员＋4个新生"的组合配置帮助教师党员在课堂之余与本专业学生谈心、谈话。各位教师党员结合自身专业背景与班级同学畅谈专业学习和个人发展等方面的内容，加强理想信念教育和社会主义教育，引导大家正确认识世界和中国发展大势、正确认识中国特色、正确认识时代责任和历史使命，指引同学成长成才。

（二）学风科创风建设成果

1. 学风建设成果

全班上课出勤率为100%，同学们不仅做好课前预习，课堂上认真听讲、积极与老师互动，而且课间、课后也积极与老师、同学探讨问题。除了书本上的知识外，同学们还通过各种途径来开阔视野、丰富自我，为成为一个全面发展的人做出不懈努力。无论是每天早上七点的东九湖畔，还是闲暇时的东九教学楼、东十二教学楼、图书馆，总会出现同学们读书自习的身影，同学们真正做到了"不是在自习，就是在去自习的路上"。

同学们的辛勤付出挽回了全班零挂科的成绩，班级加权成绩平均分达到了83.74分，专业前10%有3人，前20%有5人（专业共50人）。在同学们的努力下，全班共25人次获得了各类奖学金，其中国家奖学金1人、国家励志奖学金1人、校三好学生奖学金3人、人民奖学金8人、新生奖学金12人，同时康弘荣获学校"三好学生标兵"称号。除了本专业学习之外，大家还利用业余时间拓宽自己的知识面，积极参加各种竞赛和技能考试等。同学们积极参与了大学生创新创业比赛、康腾大学生案例分析大赛、普华永道商业比赛、全国大学生英语竞赛、华为财务精英挑战赛、湖北省翻译大赛等，并且在某些比赛中获得了国家级奖项。目前班上有许多同学利用课余时间准备ACCA考试，并通过了部分科目的考试。同时班级同学都以全班100%通过大学英语四级、六级为目标，积极备考了大学英语四级、六级，目前大学英语四级通过率100%，六级通过率85%。

以下为部分同学所获校级及校级以上奖励及荣誉称号。

刘蕊瑶，2021年4月，第十一届"正大杯"全国大学生市场调查与分析大赛，国家级三等奖、省级一等奖。

康弘，2020年12月，全国大学生英语竞赛，国家级特等奖；2021年4月，第十一届"正大杯"全国大学生市场调查与分析大赛，国家级三等奖、省级一等奖。

许珲函，2021年4月，第十一届"正大杯"全国大学生市场调查与分析大赛，国家级三等奖、省级一等奖；2020年10月，校"三好学生"；2021年10月，校"优秀学生干部"。

袁子仪，2020年12月，华中科技大学学习特优生；2021年10月，校"三好学生"。

陈乐怡，2021年6月，中国"互联网＋"大学生创新创业大赛校赛三等奖。

康弘，2020年10月，校"三好学生"，国家奖学金；2020年12月，校级社会实践"优秀个人"；2021年10月，校"三好学生"，国家奖学金。

陈小可，2020年5月，湖北省翻译大赛一等奖；2021年5月，全国大学生英语能力竞赛三等奖；2021年4月，美国大学生数学建模竞赛S奖；2020年12月，校级社会实践"优秀个人"。

张晓龙，2020年12月，校级社会实践"优秀个人"；2020年12月，校"优秀学生干部"。

2. 科创风建设结果

（1）大学生创新创业项目。

① 参与人数众多：全班接近一半同学都参加了大学生创新创业项目且均为团队核心成员，其中陈小可等同学担任大学生创新创业项目"高新技术与互联网企业估值的创新研究"团队负责人。

② 研究主题具有多元性、创新性、实践性：经统计，班级同学参与的大学生创新创业项目主题有高新技术与互联网企业估值的创新研究、"政产学研用"协同创新模式的研究、新冠肺炎疫情对我国上市公司股票收益的影响研究、我国企业股权激励理论的全新探索研究、智能供应链——基于大数据与优化算法的智能装箱系统等。这些主题涉及专业不同、切入角度不同，体现了同学们多元化的学习能力与科研方向；研究内容创新性强，且结合专业背景、时代背景，具有很强的前瞻性和实践性，体现了同学们善于运用学科知识、热爱探索新领域、扎根祖国大地的科研精神。

③ 研究质量高：班级同学参与的大学生创新创业项目均为省级立项项目，可见同学们的科研成果受到了一定的认可与肯定。

（2）科创竞赛。

① "挑战杯"全国大学生课外学术科技作品竞赛。

丰婷参加"挑战杯"比赛，共有2个参赛作品：内燃机工作时壁面生态温度遥测系统、一种基于 SLAM 技术的多功能水下机器人（任队长），并分别获得湖北省一等奖和校赛三等奖的成绩。

② 中美青年创客大赛。

丰婷以作品"高精度智能学校探测机器人"参加中美青年创客大赛，并获得武汉赛区二等奖。

（三）志愿活动、社会实践、义工活动

班级同学都积极参加学生工作，班级共有 18 人次参加了院级组织的学生工作，9 人次参加了校级学生组织的学生工作，还有 8 人次加入社团参与学生工作。比如，陈乐怡任管理学院主持人队队长；陈小可任校辩论队的副队长，且是学生国际交流协会部部员；许惠菁是校礼仪队队员等。其中 14 名同学任各个学生组织的主要干部，14 名任院级组织学生干部，6 名任校级组织学生干部，6 名同学任社团组织或其他学生组织干部，为增强自身能力、促进班级建设打下坚实的基础。

另外，班级中所有同学都参与了社会实践活动。有的同学心系疫情，投身抗疫一线，宣传防疫，派送物资，实地调研；有的同学热心服务社会，志愿打扫，参加义工；有的同学支持学校工作，回访母校，讲述华中大故事，参与迎新活动，奉献爱心；还有的同学深受红色文化感染，参观纪念馆，探访红色教育基地。

（四）文体及心理建设成果

1. 文体层面

财务管理 1902 班的同学们自入学以来积极参加了校内的文体组织，朱昔羽参加了合唱团，康弘参加了院舞蹈队和国学社，陈乐怡参加了院主持人队，王佳鸿参加了文学社和国学社，许晨格参加了歌手队，陈小可参加了话剧社。

另外，班级同学也积极参加校内文体活动。班级内共有 8 名同学在运动会赛场上展现了自己的风姿，共有 5 名同学参与组织了运动会，其中有同学担任了院项目组、联络组、控制组负责人，共有 5 名同学参加了校运动会管理学院齐步方阵，4 名同学参加了校运动会鲜花方阵。另外许珲函还参与院迎新晚会和"一二九"红歌大赛的布场，陈小可参加了 2019 中外学生新年晚会，丰婷参加了学校全体社团的晚会，吴珂影参加了 2021 年管理学院学生会送老晚会，朱昔羽加入了校高水平艺术合唱团并随团参与了所有演出及比赛。

财务管理 1902 班的同学在文体活动方面取得了优异的成绩。汪念在军训中获得了"优秀士兵"称号；许珲函和朱昔羽获得了文体新生奖学金；在运动会赛场上，库尔班江获院运动会男子 1000 米第二名，许珲函获院运动会女子 200 米第一

名，康弘获校运动会女子 4×400 米接力项目第二名、集体长绳项目第二名；许晨格在管理学院、土木与水利工程学院联合举办的歌手比赛中获得了"十佳歌手"的称号；朱昔羽在全国大学生艺术节合唱比赛获一等奖。

2. 心理层面

大学生是宝贵的资源，是一个国家未来的栋梁。作为社会活动的主要推动力量，大学生不仅要做到德智体美劳全面发展，还应锻造健康的心理。大学生的心理正趋向成熟，大学是人生观、世界观、价值观形成的重要时期，大学生的情绪不甚稳定，极易产生心理矛盾、心理冲突，因此大学生需要心理健康教育以提高心理健康水平，优化心理素质，促进人格成熟。班级通过心理健康建设方面的活动，让更多的同学树立健康的心理意识、丰富班级同学的心理健康知识，鼓励同学们共同学习人际交往的技巧等。成果显而易见，这些举措促使班级同学了解心理健康的价值和意义，逐渐树立采取有效途径解决心理问题的意识，增强了班级凝聚力。今后财务管理1902班也会继续努力，继续做好一个积极向上、阳光进取的集体！

六、班级建设总结

财务管理 1902 班在"黄群班"创建的一年里，以理想信念教育为核心，以社会主义核心价值观为引领，以全面提高人才培养能力为关键，紧紧围绕立德树人根本任务，强化担当，以行践知。班级培养依托学院五大育人计划、四位一体育人模式，实现德智体美劳全方位育人，助力学生成长成才。"黄群班"的建设需突出重点，坚定"初心不改，信念当先"的黄群精神。强化基础，扎扎实实抓班集体和班风学风建设，并把思想政治工作优势转化为推动集体成才的强大动力。

七、院系党委副书记点评

财务管理1902班在班级建设的过程中，将立德树人走深走实，使"三全育人"见行见效。首先是全员育人，构建了领导干部、思政队伍、专业教师、校友企业四位一体的育人模式。班级由校长办公室副主任联系班级担任导师，学院党委副书记与班级一线联系，管理学院财务系老师担任教师班主任，辅导员队伍、校友企业、教务人员共同助力，使育人队伍强起来、动起来。其次是全过程育人，班级培养依托新生启航、专业导航、素质助航、科研引航和就业启航五大育人计划，贯穿学生成长始终。班级在疫情中勇于担当青年使命，走访调研武汉市中小企业疫后经济重振，形成调研报告报送湖北省社会科学院、武汉东湖新技术开发区管委会等。最后，注重德智体美劳全方位育人，班级同学全面发展，培养出校"三好学生标兵"康弘、校合唱团声部长朱昔羽等优秀学子，班级也成为优秀集体的榜样。

——管理学院　谭静

学术立班,科研报国
——机械科学与工程学院机械本硕博 2001 班成长纪实

一、班级建设基本情况

机械科学与工程学院机械本硕博 2001 班共有 29 人,设有 8 名班级委员,分别是班长、团支书、团支部副书记、学习委员、组织委员、宣传委员、资助委员、心理委员,班级委员各司其职,朋心合力,共同建设机械本硕博 2001 这个大家庭。新生军训共有 9 人获得"优秀学员"荣誉称号,校运动会获得多项奖项,多人获得年级奖学金,2 人获得校"三好学生"荣誉;超半数同学进入实验室开始科研学习,参与各大科研比赛及全国大学生先进成图技术与产品信息建模创新大赛等并获得奖项;多人在学生会等学生组织担任重要职务;入党积极分子有 11 人,近班级总人数的 38%。班级积极组织形式多样的班建活动,如森林公园烧烤会、中山舰博物馆红色学习之旅、实地消防体验、网上诗词投稿征集等。班级积极参与年级文体活动,运动会、春季长跑、迎新晚会、舞林大会等舞台上活跃着班级同学的身影;积极开展团课、团会,开展以学习习近平新时代中国特色社会主义思想为主题的团会,组织特色团日等团活动,团支部充满活力。班级学风良好,没有出现挂科现象,大学英语四级通过率达到 100%。班级内设有寝室长制度,保证对接到人,寝室氛围团结友爱,同学们在生活上互帮互助,构建一个又一个"小家庭"。

大一第一学期班级加权成绩平均分达到 87.2 分,没有出现挂科现象,大学英语四级通过率达到 100%,班级学风良好。秉持着"STAR"文化精神,班级同学不仅坚持自我严格要求,而且具备浓厚的集体意识,擅长团队合作,设有一对一帮扶小组和寝室学习小组制度,营造了良好的学习求知氛围。班级内设有寝室长制度,保证对接到人,同学之间互帮互助,寝室氛围团结友爱,以共同奋进的姿态在科学创新的道路上前进,爬坡过坎、力戒浮夸、脚踏实地,努力勇攀更高峰。新生军训共有9人获得"优秀学员"荣誉称号。同学们在校运动会中获得多项奖项,多人获得多项年级奖学金,2人获得校"三好学生"荣誉。

二、班级建设思路

(一)在思想德行建设方面

本着积极主动向党组织靠拢的思想,机械本硕博2001班团支部共有27名团员,经过团支部成员的共同努力,本团支部入党积极分子比例已达77%。党建带团建活动稳定发力,党员学长的教导极大地推动了本支部成员积极向党组织靠拢的行动,同时起到了思想教育的作用。开展了"青年大学习"标兵计划暨"青年大学习"知识竞答活动,以提醒同学们每个星期及时完成"青年大学习"。同时,在班级的带领下,同学们以寝室为单位,进行了寝室党团知识节的党团小视频拍摄活动,大家积极参与,收获颇丰。

(二)在班级文化建设方面

班级同学设计了班徽和班服,提出了"高岸为谷,深谷为陵;风吹浪打,闲庭信步"的口号,意为要怀有一颗宠辱不惊的心,在风吹浪打中,怀着使命闲庭信步地朝着建设祖国的美好未来前进。班级积极举办各种文体活动,大一下学期申报了本科生沙龙系列活动,举办了一系列丰富多彩且有意义的活动,如中山舰博物馆红色学习之旅、联合安全讲座、实地消防体验、网上诗词投稿征集等。积极与其他班级进行交流,与机械二班联合举办班会,与机械三班联合举办四月安全系列活动,与机械四班联合举办五月诗词投稿活动,与2019级机卓班、2020级机卓班联合举办"清明祭先烈"活动。班级同学积极参加年级文体活动,多人在校运动会中取得不错成绩,多人参加春季长跑活动,多人参与院迎新晚会等文艺活动。

(三)在科研成绩方面

超半数同学进入实验室开始科研学习,参与各大科研比赛及全国大学生先进成图技术与产品信息建模创新大赛等并获得奖项。身为本硕博班的一员,班内同学深感自己身上责任重大,明白自己"工科人"的担当,立足硕博,整合专业,在机械科学与工程学院这个大平台上认真学习、积极进取,29名同学均选择了自己的导师,跟随导师进入实验室学习,先人一步开始科研方面的学习。多名同学跟随团队参加"求是杯"等科创比赛并取得一定的成绩；李辰宇、倪翔、林宇辰参加"迈瑞杯"格斗机器人大赛并分别进入复赛、八强及获第一名；陈彪在全国大学生先进成图技术与产品信息建模创新大赛中取得了个人国一、团体国二的出众成绩，缪其乐也在全国大学生先进成图技术与产品信息建模创新大赛中取得了个人国二的好成绩。

（四）在学生工作方面

班级超半数同学在院或校级组织、社团等担任重要职位，积极参与学生工作，奉献自己，服务大家，为学生事务的正常运转尽自己的一份力。学院的多次活动中都有班级同学在台前幕后忙碌的身影。

（五）在志愿服务方面

多名同学在放假期间积极参与家乡疫情防控工作，回报家乡，奉献社会。在校期间，同学们也积极参加各种义工活动，如图书馆书籍整理、失物招领值班以及动物园引导志愿服务。在奉献社会、回报社会的过程中，同学们实现了自己的社会价值，体现了自己的社会担当。

三、班级建设总结

建设"黄群班"的过程就是传承黄群精神的实践，踏实奋进建设有品德、有品质、有品位的"三品"班级是机械本硕博2001班的责任与担当。班级锻打一心向党、理想坚定的品德，发扬学术立身、科创力行的品质，坚定脚踏实地、报效祖国的目标。华中科技大学"黄群班"机械本硕博2001班创建工作脚踏现实主义、集体主义实地，筑造理想主义、英雄主义高地，侧重于打造一流学风、扎身科研前沿、投身志愿服务三个方面的工作，创建科创立班、精神高扬的班级，培养一批积极向上、学术立身的个人，把个人的学术热情转化为集体成才的工作动力。

四、院系党委副书记点评

机械本硕博2001班与机械学院"STAR"文化有机结合，致力于建设有品德、有品质、有品位的"三品"班级，成效显著，初步将班级建设为一个学风优良、科研出众、文体并进、团结一致、思想先进的一流班集体。在创建过程中，该班级围绕培养拔尖创新人才的目标，着重突出科技报国的使命，引导全体同学打造一流学风、扎身科研前沿、投身志愿服务，把个人的学术热情转化为集体成才的工作动力。希望班级在今后的建设中，在黄群精神的指引下，进一步加强对老一辈科学家精神的学习领悟，并积极参与科研训练和创新创业实践，取得更好的成绩。

——机械科学与工程学院　段政

聚焦班级建设、强化使命担当
——材料科学与工程学院材料本硕博 2001 班成长纪实

一、班级建设基本情况

材料科学与工程学院材料本硕博 2001 班由 18 名同学组成，现有预备党员 5 名、入党积极分子 8 名。作为学校第一批本硕博实验班，材料本硕博 2001 班自成立以来便确定了"材料强国、博采众长、我亦'群'星"的班级班训及班级同学的奋斗目标，寓意团结协作，向黄群校友学习，接棒材料强国使命，为基础材料研究与"卡脖子"技术攻关奉献终身，争做新时代"群"星。

材料本硕博 2001 班院、校两级学生干部占班级人数的 80%，学院主席团的 3 名成员中材料本硕博 2001 班占 2 名，为学院、学校发展做出力所能及的贡献。18 人组成的材料本硕博 2001 班获评"优良学风班"，总共获得奖励与荣誉称号多达 40 人次。班级现参与大学生创新创业各项赛事人数众多，1 人获国家级竞赛二等奖、1 个团队获国家级一等奖。班级成员强化了许党报国的决心，明确了青年责任，挑起了时代担当。

面对与科学研究八年的"长跑"，材料本硕博 2001 班始终牢记学院崔崑院士"勤奋报国"精神，充分发扬学院"勤奋求是、团结创新、笃行有为、材料强国"的核心文化，积极探索构建了班级协同管理体系、班级成长体系、实践培养体系，班级同学全部进入实验室，科研报国、持续奋斗。

二、班级建设思路

（一）探索构建"高年级指导、本支部主导、班级委员会执导"协同管理体系

1. 高年级指导

高年级党支部书记列席班级每月班会，在班会上听取班长工作报告及同学们每个月"五个一"的发言，帮助分析班级当前问题，针对性地进行主题分享，指导班级建设。此外，高年级党支部的学长学姐结合自身实际，在迎新工作、走进实验室活动、科技创新比赛及社会实践活动中均给予建议与指导。

2. 本支部主导

因为班级在大一期间没有正式党员，无法建立支部，所以以党章学习小组的形式开展活动。学期初召开党章学习小组扩大会议，邀请班级委员一同开会。分析班级当前存在问题，就班级问题形成清单及解决方案；同时研讨并确定本学期班级工作重点，统一思想，凝聚力量。每月就学期初的问题清单推进工作，进行跟进。

3. 班级委员会执导

研讨确定的问题与解决方案，由班长与各班级委员具体落实执行，如团支部组织开展"学习工匠精神"主题团会，引导班级同学将"崇尚劳动、艰苦奋斗、爱岗敬业"内化于心，融入学习与生活；由学习委员分析班级成绩单，与党章学习小组组长一同分析，制定方案，落实帮扶工作，让班级同学不因学业问题掉队。

（二）探索构建"全员管理者、全员辅导者、全员志愿者"班级成长体系

1. 全员管理者

班级内部制定各项班规并设计班级口号，通过一月一次的主题班会明确班级的进步方向并制定个人的成长计划。班级采取"轮班制"带班制度，调动班级同学的积极性，所有同学分为6个小组轮流负责班级活动的安排，目前已组织了东湖赏樱、春游骑行、教师节送温暖等活动。大家设计自己的班服，装点自己的寝室，常聚在一起吃饭谈心，气氛温馨融洽。班级文化建设卓有成效，获得多个"优秀寝室"以及"资助月优秀班级"的荣誉。

2. 全员辅导者

班级成立了5个学习互助小组、6个兴趣成长小组，用共同的目标凝聚同样优秀的学生，同学们互帮互助、总结自省，保持着浓厚的学习氛围。同时班级定期

召开心理健康主题班会，并组建队伍积极参加文体活动，明确同学们的心理问题，缓解同学们的压力，调整同学们的心态，强健同学们体魄。大一学年，班级加权成绩位列专业第一名，获得"优良学风班"称号。积极参与学院"材子佳人"杯篮球赛、在学院拔河比赛中获得了第二名的好成绩。

3. 全员志愿者

材料本硕博2001班将志愿服务作为引领班级同学热爱祖国、敬业奉献、增长才干、砥砺奋斗的有效途径，作为班级同学服务人民、服务大局的重要平台，班级致力于发挥专业优势，开展力所能及的公益性劳动和志愿服务活动。班级同学参加志愿活动比例达100%，特别是参与了2021年在武汉举办的第三届中国新材料产业发展大会。该会议是当今中国乃至世界材料领域规模较大、影响广泛的学术盛会之一，班级多人获得"优秀志愿者"称号。

（三）探索构建"进科研一线、进生产一线、进基层一线"实践培养体系

1. 进科研一线

对本硕博班而言，激发科研创新热情尤为重要。材料本硕博2001班教师班主任、国家杰出青年基金获得者翟天佑教授带领班级参观实验室，组织实验室安全培训以及实验器材使用培训，鼓励同学们积极进入各类实验室参与科研一线工作。班级所有同学均进入实验室学习科研知识，参与各实验室组会交流，积极参加学科竞赛并取得奖项，班级科创氛围浓郁。

2. 进生产一线

材料本硕博2001班以"探材料古今，科技创新展未来"为主题，走进生产一线，开展了为期两个月的社会实践活动，探索了材料行业现状，学习了如何结合专业知识助力科技创新发展。同学们认识到，若材料学有重大的突破，那么其他领域也将有更好的发展。现在，需要更多的人才投入材料领域，为科技的发展助力，为祖国的富强奠基。

3. 进基层一线

材料本硕博2001班以"情暖家乡、振兴家乡"为主题，走进基层一线，围绕乡村振兴、生态文明建设、基层社会治理等重大主题，感受脱贫攻坚成果，帮助发展乡村产业，改善基础设施，美化乡村环境，关爱特殊群体。在实践中了解国情、社情、民情，服务当地经济社会发展，把"华中大人"的脉脉温情与"材料人"的报国之志传递到五湖四海。

三、班级建设成果

思想建设方面，班级 17 名共青团员均递交入党申请书，班级团支部被评为校"活力团支部"，入选"青梧成林"成长工程卓越团支部。班级同学在华中科技大学"百生讲坛"五四演讲大赛中获得院系一等奖、第二赛区第三名的成绩。班级同学团结紧密、热爱祖国，能够将爱国热情化为报国之行，以实干诠释使命，创造实绩。

班级建设方面，专设了班级委员会、团支部委员会、寝室长等，学业帮扶机制健全，班级管理井井有条，师生相处融洽，学习工作高效。同学们踊跃参与校内外活动，如校园"十大歌手"、绘梦华中大、迎新晚会、校运动会等，主动承担各类学生工作；获得了学院拔河比赛第二名的好成绩，获得多个"优秀寝室"以及"资助月优秀班级"的荣誉。

学术科研方面，同学们发扬本硕博班特色，弘扬积极进取的学风，大一班级加权成绩位列专业第一名。班级注重激发科研创新热情，具有浓郁的科创氛围，共组织过 3 次实验室培训，鼓励同学们积极参与科研创新。早在大一时，班级所有同学均进入实验室，积极参加学科竞赛并取得奖项。

四、班级建设规划

黄群校友为我国舰船事业奉献了一生，浩瀚宇宙的"群"星，正将光辉融入祖国发展之路，未来材料本硕博 2001 班将继续担负材料强国的使命，博采众长，争做"群"星，立志为我国新材料技术突破奉献终身。

（1）做到思想引领有效，力争班级同学100%提交入党申请书、100%入党，积极探索支部建设与班级建设融合发展，争创"先锋党支部"。

（2）做到班级管理有效，力争连续获评"优良学风班"，在艺术与体育方面取得一定成绩，发挥专业优势定期开展专业相关志愿活动。

（3）做到能力培养有效，力争班级同学100%参与创新创业赛事，在基础材料研究与"卡脖子"技术攻关等领域取得一定成绩，发挥专业优势为国家战略发展做出力所能及的贡献。

五、班级建设总结

材料本硕博2001班立足班级特点，凝练了班级文化，明确了班级目标，形成了独具特色又易于推广的班级成长体系。在班级管理方面，借力引智，将党支部、党章学习小组与班级管理相融合，潜移默化地进行思想引领；在学生成长方面，全员参与，提供多个平台供同学们展示，促进学生德智体美劳全面发展；在实践能力培养方面，顶天立地，既从事科技前沿领域的研究，又注重深入一线了解行业发展现状与社会发展需求，为培养拔尖人才提供了有效支撑。

六、院系党委副书记点评

材料本硕博2001班同学在黄群精神的指引下，担起了专业使命、明确了人生方向，强大的精神内涵为学生从事科学研究提供了持久奋斗的动力。班级同学积极践行黄群精神，在小班制、导师制的模式下，全员进入实验室，投入科学研究的实际工作中，对科研报国的理解更加深入，对材料强国的目标更加坚定。材料本硕博2001班作为人才培养的创新特区，受到同学们的广泛关注，在学生群体中产生了良好的示范作用，很好地发挥了辐射带动作用。

——材料科学与工程学院　蒋文海

健全制度护成长，赓续血脉勇担当
——船舶与海洋工程学院船卓 2001 班成长纪实

一、班级建设基本情况

船卓 2001 班是一个胸怀梦想、青春阳光、高度凝聚的班集体，由 23 名来自全国各地的同学组成。班级现有共青团员 17 人、预备党员 4 人、入党积极分子 16 人，全员提交了入党申请书，并有 4 人获评了"入党积极分子培训班优秀学员"。

班级向心力强。每名同学均有较强的班集体意识，每个人均为班级的发展贡献智慧和力量；火车头带动力强，班干部认真负责、分工明确、各司其职，带领全班同学一同前进，班级工作运转高效有序；同学们之间情谊深厚，同学们在日常生活中情同手足，互帮互助，通过成立党章学习小组、专业学习小组，组建科创团队，创建"优秀寝室"，组队参与实践等多种形式一起进步。船卓 2001 班全体成员追随黄群校友的脚步，勤奋认真，刻苦钻研，步履不停。

班级学习氛围浓厚。班级同学到课率高、课堂积极性高，能够按时完成作业。在良好的学习氛围下，船卓 2001 班获评"优良学风班"，大一上学期年级前十五名占全班人数近 50%。班级有 1 名国家奖学金获得者、2 名国家励志奖学金获得者、3 名校"三好学生"获得者、1 名校"优秀干部获得者"，大一学年共获得奖学金 30 余项。

科研科创参与率高。班级全体同学进入导师实验室学习，几乎所有同学参与了大学生创新创业项目，积极投身"挑战杯"中国大学生创业计划竞赛、中国"互联网＋"大学生创新创业大赛等比赛中，获得 10 余项校级以上科创奖项。

主动参与学生工作。全班同学参与学生工作的比例超过 80%，分布于校级、院级各大学生组织，奋斗的身影遍布华中大的各个角落。其中，2 名同学为院学生会主席团成员，1人担任校级学生社团主要负责人，1人担任院资助管理委员会主任，1人担任年级学生会负责人。

积极参加社会实践。实践出真知，班内组织外出社会实践活动近10次，包括参观中山舰博物馆、武汉科技馆，武汉抗疫展，辛亥革命博物院等。暑假期间，团支书带队前往中国船舶重工集团公司第七六〇研究所进行实践学习，实地探寻感悟黄群精神。寒假期间，班级组建4支寒假社会实践队伍，其中3支获得校"优秀寒假社会实践队伍"荣誉称号。

热心公益志愿服务。班级同学积极服务社会，累计获得近300个工时。参与2022北京冬奥会志愿服务、河南山西抗洪志愿服务、第十届全国海洋航行器设计与制作大赛华中区域赛志愿服务、珞雄路地铁长期义工、关爱小动物、回收快递盒、中医院导诊、科技馆义工等59项社会公益活动。在课余时间，班级组建志愿服务队，前往敬老院、爱心病房等有需要的地方进行志愿服务。

注重班级文化建设。学院为全班同学订制了"黄群班"卫衣、文化衫、帆布包，寓意传承黄群精神。教师班主任每年为每名同学定制笔记本，鼓励同学们矢志兴船报国。同学们一同制定班规班训、班级口号、学习制度、考试目标等，形成船舶与海洋工程学院"黄群班"独有的精神内涵。

船卓2001班的同学们坚持用实际行动将爱国之行与报国之志洒满祖国大地。相信在"学在华中大"的氛围里，在黄群精神的指引下，这样一个团结互助、追求进步的集体定能不负韶华、行稳致远，为国家船舶事业续写新的时代华章。

二、班级建设思路

"没有规矩，不成方圆"，完善的班级制度有助于保障各项教育工作的实施，有助于学生养成良好的学习、生活习惯，为班级同学更好的学习和发展提供必要的保障，同时也使船卓2001班的同学在制度的规范和指导下，更加明确努力方向，更加重视集体力量，在集体中准确定位自我，在互相约束中不负韶华，追求卓越。

为加强班级思想建设，船卓2001班制定实施理论学习制度。以"青年大学习"为依托，每个星期在规定时间学习党史，在党课、团课学习之余，每月开展2次红色理论学习，如观看红色电影、学习红歌、参观纪念馆，摘抄"习言习语"等，学习笔记自行整理成册，学期末进行评比表彰，对好的作品进行展示。班级实施班团会责任制度，团会筹备时分小组轮流主讲，有效提高了班上同学参与团会的积极性，在此过程中也增进同学们对时事的关注，有助于同学们学习新思想，并提高组织筹划能力。班集体形成学习新思想、争做新青年的良好氛围。

为加强班级学风建设，班级制定实施学习小组制度、课堂手机暂存制度、课堂纪律情况检查制度、集体自习制度、考前动员＋考后总结制度等。学风制度建设有助于同学们养成良好学习习惯、提高学习效率、形成浓厚的学习氛围。船卓2001班充分发挥优秀学子、党员及入党积极分子的模范带头作用，确保所有同学不掉队，共同进步，形成教学相长的效果。

为加强科创能力培养，船卓2001班制定实施科创小组制度、班级科创竞赛制度、科创技能培训制度等，激发更多同学的科创热情，使大家积极地参与各项科创比赛，另外通过朋辈间的交流、指导、培训，有效提高同学们的科创能力，包括对专业知识、专业软件的理解和运用能力。船卓2001班同学熟练掌握大量软件的使用技能，如 SolidWorks、Inventor、CAD 等，基础工具的熟练使用有助于同学们科创之路顺利开展。在2021年第十届全国海洋航行器设计与制作大赛举办时，船卓2001班70%以上的同学报名参加比赛，尽管新冠肺炎疫情对赛事造成了相当大的阻碍，但同学们克服困难，积极备赛，以战养战，并有作品获得全国一等奖、全国二等奖、华中赛区二等奖等好成绩。

为养成良好生活习惯和形成互助氛围，船卓2001班制定实施寝室长制度、安全员制度、宿舍卫生检查制度、操场谈心谈话制度等。其中操场谈心谈话制度由心理委员主要负责，班级委员以及党员、入党积极分子在晚间跑步时间约上同学在操场散步谈心，做一个安静的倾听者，在需要时给予同学们建议和帮助。此制度可以保障每学期每人至少有两次交流机会，同时，通过一对一的交流模式，可以在自由放松的状态下，加强同学们之间的交流，关心每名同学的心理状态，加强同学之间以及个人和集体之间的情感联系。互相学习，互相解惑，让生活空间为高效的工作学习提供良好的驻泊港湾。

船卓2001班以思想建设为基础，以学风建设为抓手，以科创能力培养为导向，建立健全班级管理制度，提高班级管理效率并增强班集体凝聚力和战斗力。班级全体同学都以英雄校友黄群为榜样，宣传黄群校友事迹，学习黄群精神，从以黄群校友为代表的优秀党员身上汲取力量、奋勇向前！船卓2001班深知"黄群班"不仅是荣誉，更是责任。今后也将坚持学习、传承、践行黄群精神，勤学笃行、矢志报国，做德智体美劳全面发展的社会主义事业的合格建设者和可靠接班人。

三、班级建设典型举措

（一）党旗领航，将红色基因融入血脉

船卓2001班始终坚持党旗领航，引导同学们热爱伟大祖国、树立远大理想、

担当时代责任、勇于砥砺奋斗、练就过硬本领、锤炼品德修为。班级坚持党建带团建，重视思想建设，多次召开学"四史"主题团会、学习习近平总书记"七一"重要讲话的团会等。每次班会、团会前均加入微团课环节，至今已进行过"马克思为什么是对的""回顾入团第一课""学习习近平总书记在建党100周年庆祝大会上的讲话精神""学习习近平总书记在清华大学考察时的讲话"等多项微团课理论学习。2021年，船卓2001班"守乾坤明朗，护山河无恙"主题团日获华中科技大学特色团日活动前三名。

传承黄群精神，矢志兴船报国是班级不屈的信念。班级同学从进校起便学习黄群精神，力争向先进班集体靠拢。随着同学们认真搜集、研读黄群校友相关资料事迹，英雄校友黄群的形象逐步深入脑海，同学们主动向身边同学及朋友讲述英雄的故事，并以主动编排黄群校友故事话剧、撰写诗文、改编歌曲、瞻仰黄群像等方式向英雄校友致敬。斯人已逝，遗风千古！黄群校友和他的战友们为祖国献身的精神永垂不朽，船卓2001班立志将黄群精神发扬光大，为党和人民的事业贡献自己的力量。

（二）实践助航，将青春华章写满祖国大地

习近平总书记鼓励青年大学生到实践中去，与人民群众一道，只有这样才能更好地实现自我。船卓2001班利用课余时间积极开展社会实践活动，在实践中锻炼本领、增长才干，全班同学实践参与率达到100%。

第一个寒假，同学们都积极参与"三下乡"活动，在实践中受教育、长才干、做贡献，用自己的力量为家乡的建设添砖加瓦，6名同学荣获学校大学生寒假"返家乡"社会实践活动"优秀个人"荣誉称号。大一暑期，班级组建多支暑期实践队伍，在全国各地开展调研实践活动。有的前往河北崇礼区调研乡村建设及冬奥会建设情况，有的前往云南省富源县的少数民族（彝族）聚居村宣传党的政策方针、调查村民关切的问题，还有的前往船厂参观学习、丰富专业知识。

入学后，船卓2001班的部分同学便前往中国船舶重工集团公司第七〇一研究所、第七一九研究所调研、参观、学习，学习"共和国勋章"获得者、中国核潜艇之父黄旭华院士的精神；2021年暑期，学院带领船卓2001班部分同学参观黄群校友生前的工作单位——中国船舶重工集团公司第七六〇研究所。同学们前往英雄校友黄群的塑像前，为黄群校友等三名英雄献花致敬。重走英雄校友牺牲的码头，同学们在知道全世界最坚固的加强版缆绳在"温比亚"台风中也被硬生生扯断两根后，对黄群校友等科技工作者那种奋不顾身精神的理解越发深刻，也对科技

创新的进一步突破产生了更深的渴望。"心中有责，敢于担当"的军工精神扎根在每一名同学的心中，不断升华。

课余时间，船卓2001班的同学们在祖国各地奉献青春力量。他们前往建阳坪小学支教；在河南洪灾、山西洪灾、西安疫情中担任在线志愿者；他们担任2022北京冬奥会志愿者；他们每月向联合国儿童基金会捐款，帮助更多全球受灾儿童。班级全体同学参观"人民至上，生命至上"抗击新冠疫情专题展，在伟大抗疫精神的指引下，多名同学积极加入家乡抗疫的队伍，分担基层抗疫工作压力。

（三）科创护航，矢志兴船报国，练就过硬本领

船卓2001班全体同学注重科创精神的培养，进校后，船卓2001班便集体参观实验室、工程实训中心等科创科研场地。学院为同学们在宿舍配备三间科创公用房，同时开放船舶拖曳水池、操纵水池、东二楼实验室等空间为学生提供科创科研场地及设备。同学们积极加入各种科创组织与团体，班级40%的成员都成为学院大学生科学技术协会的成员，并积极参加相关培训，参与队伍之间的交流探讨，在这个过程中不断学习各种新技术，增长见识的同时也提升了自我的能力。

班级内形成浓厚的科创氛围。班级设有科创委员，科创委员注重科创方面的信息收集与传达，同学们格外留意相关比赛及培训信息，并互相分享交流，积极踊跃地参与各类比赛，在比赛中提升自我、展示自我。在第十届全国海洋航行器设计与制作大赛的一个赛项中，班级同学的报名参与率就达到70%。其他各类如机械创新、机械制作、数学、编程控制等多项赛事，同学们也结合自身需求积极参与其中。班主任耐心指导同学们开展大学生创新创业项目，通过科创活动的开展，培养学生的专业热情、实践动手能力和创新意识，利用班会、小组讨论、班级微信群等发动、指导同学们参与科创竞赛。

船卓2001班通过参与科创竞赛激发专业理想与学习兴趣。充分利用船舶与海洋工程学院开放日、本科生进实验室、海上核盾牌核潜艇知识讲座等机会，拓宽专业视野，创新研究思维，提升科创能力。船卓2001班同学对科技创新情有独钟，他们坚持科技报国，追随时代发展，力争延续黄群校友向海图强的伟大使命。

四、班级建设规划

船卓2001班所学专业正是黄群校友生前所学的船舶与海洋工程专业，因此"黄群班"这一荣誉对船卓2001班提出了更加严格、更加精确的要求。为更好地学

习黄群精神、传承责任使命，船卓 2001 班总结班级建设经验，力争创新班级建设模式，向着更高的目标进发。为了深入贯彻落实黄群精神，创建更优秀的"黄群班"，班级提出以下目标作为未来班级建设规划。

（一）进一步传承发扬黄群精神

牺牲是偶然的，但黄群校友的挺身而出是必然的。有国才有家，他的牺牲是为了国家、为了人民，他用生命践行了"随时准备为党和人民牺牲一切"的初心和誓言。作为"黄群班"，船卓 2001 班将进一步学习黄群事迹，将英雄的精神与故事更好地转化为行动，传播黄群校友英雄事迹，助力黄群精神在华中大校园内生根发芽。

（二）加强政治思想理论学习

严格落实理论学习制度，扎实开展爱国主义教育，积极弘扬爱国主义精神，牢固树立"四个意识"，坚定"四个自信"，做到"两个维护"。坚持以党建带动班团建设，使班级同学拥有扎实深厚的思想理论功底，成为以德立班、开拓进取的优秀班集体。

（三）树立到祖国最需要的地方建功立业的志向

在毕业分配时，黄群校友毫不犹豫地选择了环境艰苦、收入微薄的七一九所，做出这样的选择，是出于他对党的无限忠诚、对事业的无限热爱。船卓 2001 班同学须在不断探索中找到人生目标，了解国家及行业需求，提早做好职业规划，以黄群校友为榜样到祖国最需要的地方建功立业。

（四）营造良好学习氛围

黄群校友对于质量管理一贯坚持"没有 98％，只有 100％"，科研工作者们始终以他那种一丝不苟、严谨求真的精神为榜样。船卓 2001 班在贯彻各项学习制度的同时将进一步提高学习质量，做好学习质量检查及学习心得分享的工作，力争全员真学、真懂、真会。有针对性地帮扶成绩不太理想的同学，提高其学习主动性与学习效率，再创"优良学风班"。

（五）丰富课余活动，做德智体美劳全面发展的大学生

文体委员组织班级同学定期开展文体活动，如户外锻炼、定向越野、桌游、趣味运动会、才艺展示等，丰富工科学子的课余生活。拓展劳动形式，落实"黄

群班"责任田，脚踏实地服务他人、服务社会，在实际行动中找寻个人价值，感悟奉献精神。

五、班级建设成果

（一）健全班级建设制度，提升育人效力

在学院团委、党委指导下，船卓 2001 班将把黄群精神传承落实到班级建设的各个方面，建立各项班级管理制度，保障班级高质量发展。打牢思想建设基础，着力培养有理想、有本领、有担当的时代青年。船卓 2001 班涌现出一批优秀的学生干部，2 人为院学生会主席团成员、2 人为校级学生社团负责人、班级资助委员担任院资助管理委员会主任、1 人担任学工处新媒体中心技术组组长、3 人在院大学生科学技术协会承担主要工作。负责任的班级委员队伍极大增强了班级凝聚力，使荣誉班集体行稳致远。学风、科创、社区生活制度的保障，为每一名同学提供发展助力和生活空间。院领导、班主任、辅导员深入班级，为班级具体建设提供指导和帮助，关心并解决船卓 2001 班同学们成长过程中的思想困惑与实际问题。

（二）形成良好育人成效

1. 班级优秀个人

（1）于子恒。

于子恒，船卓 2001 班团支部宣传委员，海之盾海洋协会主要负责人，船舶与海洋工程学院大学生科学技术协会机械组组员。加权成绩排名专业第二，自学通过计算机三级考试，曾获国家奖学金、校三好学生奖学金、新生学习优秀奖学金；科创领域获"千里杯"船模竞速赛一等奖、"中船杯"游艇设计大赛一等奖、全国海洋航行器设计与制作大赛 D 类省二等奖等荣誉。他爱好广泛，在吉他、计算机、唱歌、英语、摄影等领域表现突出。他热爱义工活动，长期组织珞雄路地铁站义工活动，关心同学，热爱集体。

（2）张静怡。

张静怡，船舶与海洋工程学院学生会主席团成员、院大学生科学技术协会副主席、校智能车队队员、院青年讲师队队员，曾任船卓 2001 班团支书。获校"三好学生"、"优秀共青团员"、暑期社会实践"优秀个人"等称号，曾带领船卓 2001 班团支部获得校"十佳特色团日""活力团支部"等荣誉。她热爱科创，策划并组织第一届"长城杯"智能航行大赛，曾获全国海洋航行器设计与制作大赛 D 类一等奖、C 类二等奖，"千里杯"船模竞速赛一等奖等科创奖项。

（3）罗江。

罗江，船卓 2001 班团支部组织委员，船舶与海洋工程学院实践部部长，院大学生科学技术协会船电组副组长，海啸辩论队队长，船舶与海洋工程学院青年讲师队成员。曾获国家励志奖学金、新生自强奖学金、"优秀共青团员"、校"三好学生"、校"优秀学生干部"、校社会实践"优秀个人"、百舸训练营"优秀营员"等称号。他热爱学习，加权成绩专业第一名，一次通过大学英语四级考试和计算机三级考试。他热心参与社会实践与志愿服务活动，获得多个"优秀志愿者"称号，累计工时 62 个小时。

2. 集体荣誉

2021 年 10 月，船卓 2001 班获评华中科技大学"优良学风班"；

2021 年 4 月，船卓 2001 班团支部获评 2020—2021 年"活力团支部"；

2021 年 5 月，船卓 2001 班团支部获评 2020—2021 年校"十佳特色团日"；

2021 年 11 月，船卓 2001 班获评华中科技大学"黄群班"，成为船舶与海洋工程学院"黄群四班"。

六、班级建设总结

"黄群班"是一个集体，亦是一面旗帜。船舶与海洋工程学院将这面旗帜深深扎根在华中大校园里，飘扬在一届届船海学子心头。这面旗帜，深化引领船舶与海洋工程学院青年学子"传承使命　立心立德　勤学笃行　矢志报国"的价值理念；象征"勤奋好学　刻苦钻研　勇于实践　积极进取"的优良学风。这种潜移默化的影响，就是"黄群班"的品牌效应。健全"黄群班"制度建设，把思想政治工作优势转化为推动集体成才的强大动力，此做法值得探索。

七、院系党委副书记点评

船卓 2001 班为船舶与海洋工程学院第四届"黄群班",是一个思想先进、充满活力、有着强烈集体荣誉感的班级。该班深入学习黄群精神,坚持党旗领航,坚定理想信念,形成良好的示范效应。该班具有完备的管理制度,形成良好的学习、科创与志愿服务氛围,同学们齐心协力、共同进步、不怕牺牲、甘于奉献,展现出"黄群班"学子应有的优秀品质。

"黄群班"荣誉班集体,应以"不忘初心、牢记使命,履职尽责、许党报国"的黄群精神为行动指南,以"黄群班"党支部建设为抓手,立足专业根本,引导学生到祖国最需要的地方建功立业。

——船舶与海洋工程学院　谢宇翔

立诚勿怠，格物致知
——电子信息与通信学院电信提高 2001 班成长纪实

一、班级建设基本情况

电信提高 2001 班是一个富有开拓创新精神，具有高度凝聚力的班集体。班级以电子信息与通信学院"自强不息，胸怀天下"的精神为指引，营造以"立诚勿怠，格物致知，跬步千里，功不唐捐"为核心的班级文化，立志科研报国，投身服务国家的重大要求。电信提高 2001 班由 32 名同学组成，坚持德育为先，坚定政治信念，坚守科创初心。本班目前已有预备党员 5 名、入党积极分子 14 名，共占比 59.3%，"优秀团员" 12 人、优秀共青团干部 1 人，共占比 40.6%。班级全员参加科创活动，与导师面对面交流，开展大学生创新创业项目，打牢科研基础。

信息类数理提高班是学校培养信息科学领域拔尖人才的基地，经过优中选优，本班聚集了一批志同道合的优秀学生，立志为高水平科技自立自强贡献青春力量。电信提高 2001 班坚持党建带动班团建设，围绕班级委员、团支部委员、入党积极分子，建成班团一体化、班级网格化、班级小组化，形成高效自主的班级管理模式。班级坚持发扬集体主义精神，在积极组织的各类精彩活动中，班级同学踊跃参与，保持了 100% 的参与度。班级学风优良，形成了互帮互助、"比学赶帮"的学习氛围，共有 3 人被评为特优生，班级平均加权成绩位列全专业第一名，被评为"优良学风班"。

二、班级建设思路

电信提高 2001 班坚持以"立诚勿怠，格物致知，跬步千里，功不唐捐"为班级建设指导思想，牢记华中大"明德厚学，求是创新"的校训精神，努力形成班团一体化、班级网格化、班级小组化的班级管理方式，建成"有班子，有队伍，有活动，有制度，有作用"的"五有"班集体，向着电子信息与通信学院"电信骄子，自强不息；喻园英才，胸怀天下"的目标而不断努力。

（一）密切院班联系，优化班级建设

学院党委书记高度重视电信提高 2001 班建设，对班级建设方案亲自把关，鼓励班级同学立鸿鹄志，关心同学成长成才。党委副书记深入班级，在日常座谈、查寝中为班级同学的发展提供宝贵的建议，为班级建设提供指导与帮助。

辅导员积极组织思政教育活动，讲解时政知识，传播正能量。积极组织班级委员、团支部委员开展座谈会，了解班级情况，指导班级建设。经常组织特色文体活动，丰富同学们的课外生活，调节学习压力。指导班级科创活动，为同学们积极寻找专业导师，分享科创活动，开拓科研视野。

教师班主任与班级有着密切的联系，为班级学风建设、科研之路进展提供了宝贵的建议和有益的指导。教师班主任既有高中班主任般的循循善诱，又有大学班主任的沉着稳重，经常在空闲时间与学生交谈，帮助学生明确自身的发展方向，同时尽力帮助学生解决学习、生活中遇到的问题，鼓励同学们立志投身科研报国，为祖国建设解决科研难题，将论文写在祖国的大地上，充分发挥黄群精神，做矢志科研、立志报国的人。

（二）树立远大理想，锤炼先进精神

以班级为单位广泛开展爱国主义教育，成立党章学习小组，利用班会、团会契机，持续学习黄群校友等先进人物事迹，广泛学习优秀精神，组织实地参观各类博物馆、伟人故居等，进行线下实践教育学习。以个人为单位努力提升思想修养，争取每一个人都有机会在班级讲述党史党章，分享自己所了解的党的故事。

（三）建立班级核心文化，挥舞班级特色旗帜

一是确立班级远大理想，形成班级目标，确立班级口号、班服、班徽，将同学们拧成一股绳。二是确立班级班规，建立班级全体成员公认的纪律意识，规范同学们的学习生活。三是开展丰富多样的班级活动，鼓励同学们积极参与学校、社团的活动，丰富课余生活，拓展个人视野，促进同学们德智体美劳全面发展。四是培养班级集体意识，让全员都参与班级建设，让个人的价值在班级中得以体现，凝聚同学力量，增强班级的战斗力。

三、班级建设典型举措

（一）开展班团一体化建设——争做新时代新青年

坚持以德立班，坚持政治引领，坚持党建带动班团建，通过密切联络上级党、团组织，充分发挥传帮带的作用，传承与发扬先锋党员精神，指导班建、团建，并且围绕班级委员、团支部委员、入党积极分子建设班团一体化，将爱党爱国与奋斗奉献化为青春最亮丽的底色。

（二）班级网格化建设——提高班级管理效率

聚焦学习新冠肺炎疫情期间我国的疫情防控管理措施，在班级内部开展班级网格化建设，由党员、入党积极分子等担任网格员，负责收集传达学校、学院的通知意见，收集同学们的反馈和建议，并进行数据统计，情况上报，方便上传下达，提高管理效率。

（三）班级小组化建设——弘扬集体主义精神

一是建立党章学习小组，以团支书为组长，宣传委员为副组长，组织动员各小组开展党章学习，并定期相互讨论，交流学习，且小组内部开展"每人讲好一段党史党章"活动，坚定理想信念，积极向党组织靠拢。

二是建立特色社会实践队伍，班级共成立了5支社会实践队伍，活动主题分别涵盖了党史学习、生态保护、乡村振兴、科技发展、文化传承5个方面，内容百花齐放，形式各有不同，都取得了相当不俗的成果，多人被评为院社会实践"优秀个人"。

三是建立互帮互助的学习帮扶小组，小组组长和班级委员一同展开调查，制定学习帮扶计划，做到"人人不掉队，人人不退班"，学风建设成果显著。以该小组为基础，班级同学自行组队成立大学生创新创业科研团队，依托电子信息与通信学院大学生创新创业平台，开展科研学习，打牢科研基础，取得较大成果。班级大一学年平均加权成绩位于本专业第一名，共有国家奖学金1人、国家励志奖学金2人、本科特优生3人，全员参与科创活动，被评为"优良学风班"。

四是建立多个运动小组，组织多项集体活动，开展班内、班外友谊赛，提高班级凝聚力，弘扬集体主义和团队精神。

五是以班级委员、团支部委员为核心，成立活动策划小组，组织特色集体活动，广泛开展为班级同学庆祝生日、季度团建联谊会、逻辑博弈挑战赛、森林公园摄影比赛等活动，丰富班级生活，凝聚班级力量。班级同学和谐相处，互帮互助，形成了有朝气、有活力的班级氛围。

（四）科创交流拓展学科视野——坚定科研之路

班级每一名同学都加入了导师实验室，拓展科研视野，寻找科研方向，打牢科研基础，为未来的科研生活做好充分准备。班级积极组织科研讨论班会，来自不同实验室的同学互相介绍各自的研究方向，分享部分学科技术与自我科研规划。同时班级积极邀请各学院导师、教师班主任介绍研究方向，传播各自科研领域的前沿知识，分享科研生活与经验。实践才能出真知，班级组织同学们定期走访电信相关领域的公司、参观导师实验室、了解当下科研难题，为日后的科研之路打下坚实基础。

（五）建立"黄群志愿服务队"——恪尽职守，服务为民

充分发扬黄群精神，建立"黄群志愿服务队"，班级同学在各自擅长的地方，为社会贡献自己的力量。班级同学志愿进行森林公园环保卫士活动，维护森林公园绿色环境；班级多名同学加入"小红帽"志愿服务队，为社区居民维修小家电，维修家电数目达 200 多件。班级以集体为单位，开展志愿服务活动，用自己的力量，温暖更多的人，践行为人民服务的伟大宗旨。

电信提高 2001 班以思想建设和学业科创发展为班级建设主线，在提高班级组织力、班级凝聚力、班级同学思想水平和学习成绩的同时，努力打造有班级特色的班级建设活动和班级文化，向着建设"五有"班集体、"五有"团支部的目标不断迈进。

四、班级建设成果

在学院党委领导下，全班同学共同努力，形成了学术交流氛围浓厚、科创活动严谨有效、学生工作百花齐放、文体活动丰富多彩的班级建设成果。班级共有 28 人次获评院、校级奖学金，3 人获国家奖学金，3 人被评为本科特优生，全员加入导师实验室从事科研工作。班级获评"优良学风班""黄群班"荣誉称号。

五、班级建设总结

电信提高 2001 班接过了"黄群班"的荣誉旗帜，以"对党忠诚，恪尽职守，

不怕牺牲"为精神指引，强化政治引领，多次开展党章小组讨论会、党史知识学习会，班级预备党员、入党积极分子共占比59.3%；弘扬集体主义精神，提出了建设班级班团一体化、班级网格化、班级小组化的建设方案并落到实处，提高管理效率，提升班级凝聚力；重视学风建设，矢志科研报国，班级平均加权成绩位列全专业第一名，全员加入导师实验室开展科创活动；关心文化建设，开展班级逻辑博弈挑战赛、森林公园摄影比赛等，设计班徽、班服；热爱文体活动，多次开展班内、班外友谊赛。电信提高2001班秉持"五育"齐进的宗旨，立志科研报国，将论文写在祖国的大地上。

六、院系党委副书记点评

在教师班主任、辅导员的亲力指导和班级全体同学的共同努力下，电信提高2001班成功创建"黄群班"。该班级秉承电子信息与通信学院信息类数理提高班的优良传统，以黄群精神为指引，大力加强思想政治建设，严抓班风学风建设，取得了一系列成绩，在电子信息与通信学院形成了很好的示范效应和发挥了引领作用。学院党委高度重视"黄群班"建设，探索设置了提高班纵向党支部，专门配备了党建导师，推动党团班级建设一体化，积极引导学生坚定理想信念、扎实学好本领、立志在祖国建设的重点领域建功立业。

——电子信息与通信学院 陈世英

修身明德，笃学奋进
——光学与电子信息学院光学与电子信息科学与工程（卓越实验班）2001班成长纪实

一、班级建设基本情况

光学与电子信息科学与工程（卓越实验班）2001班秉持"修身明德，笃学奋进，团结向上，追求卓越"的班级精神，学习继承黄群校友的伟大精神，德智体美劳全面发展，班集体聚心凝力，弘扬卓越班风，建成了"爱党爱国、积极进取、团结一致、追求卓越"的优秀班集体，展现了新时代华中大青年的崭新精神风貌。

班级"五育"并举，追求卓越。在思想方面积极进取，继承并弘扬黄群精神，积极向党组织靠拢，将黄群精神融入班级每名成员的个人行动中，班级内有预备党员11人，入党积极分子11人。推进班团一体化，建立了7个党章学习小组，举办过多次特色党团建设活动，获评"活力团支部"、校"十佳团会"、校二十佳特团等荣誉；在学习方面成绩突出，班级大一取得了85.60分的加权成绩平均分，并在大一奖学金评定中获得国家奖学金4人次，各项奖学金35人次，获奖人次位居全年级第一名；在文化方面，建设了以班徽、班服、班级公众号为核心的、具有班级特色的班级文化体系，寝室团结共生活，文体并举宽发展。

二、班级建设思路

光学与电子信息科学与工程（卓越实验班）2001班全体同学在思想方面积极进取，继承并弘扬黄群精神，积极向党组织靠拢，全体同学秉承黄群精神，锐意进取，立志成为光电专业亟须的国家人才。

（一）思想建设——传承接力，心向祖国

多次向同样获评"黄群班"的光卓1901班、光卓1801班积极学习，多次开展

联合班团活动。班上也多次举办特色党团建设活动，如参观辛亥革命博物院，观看爱国主义教育电影，参加党史故事比赛等。班级有幸邀请到了时任校长的李元元院士、"光谷首倡者"黄德修教授指导党团精神主题学习，让班级整体对黄群精神有更加深入的了解与认识。与此同时，班级同学同心协力获得了"活力团支部"、校"十佳团会"、校二十佳特团等荣誉。

（二）学风建设——互助同行，科研报国

光卓2001班十分重视班级学风建设，按要求严格落实学习小组制度，成立7个学习小组。班级强调严格的考勤制度，学习委员与考勤员每天负责查看班级同学出勤率与晚自习到勤率，同时按小组进行晚自习与学习讨论活动。在考试前，学习委员会在班群、公众号平台等平台分享优秀同学笔记等学习资料，并开展优秀同学答疑课，对学习成绩有待提高的同学进行一对一帮扶，保障一人不落，共同进步。同时鼓励同学们参与课程之外的各类科研任务，为每一名同学配备专门的学业导师，指导科研学习活动的开展。班级同学在科学思维、工程导论、学科交叉实验等科研创新课程中取得优异成绩。同时班级鼓励同学们在抓好专业课的基础上，参加校内学科竞赛、电工基地、大学生实习公共项目实验室等创新创业团队并积极申报大学生创新创业项目，提升自身科研能力。

（三）文化建设——卓越文化，文体并举

光卓2001班一直致力于建设具有本班特色的班级文化，并以此为核心构建班级认同感。班级委员设计了以"光、电、卓越、进取"为核心元素的班徽、班服，并确立"修身明德，笃学奋进，团结向上，追求卓越"的班训，构建班级文化体系的核心内容；建立班级公众号"华中大光卓2001"，宣传班级形象，每一次活动、每一篇推文都凝结着积极团结的班级精神，传递着阳光多彩的班级形象；建立完备的寝室长制度，并要求每个寝室有属于自己的寝室文化和有寝室特色的管理条约。许多同学积极投身文艺活动与各项体育锻炼活动，迎新晚会、院"十大歌手"、建党百年音乐会、新生"看我七十二'辩'"等舞台上都有同学们才思敏捷、多才多艺的身姿；从"新生杯"乒乓球比赛，再到校运动会、班级篮球赛，体育上光卓2001班也奋勇争先，做到文体两开花。

（四）组织建设——职责分明，制度完善

自建班以来，光卓2001班始终注重班级内组织成员建设，建立了全面而完善的班级委员体系，带领班级进行班级建设工作，并制定《光卓2001班级行为

规范手册》来规范同学行为。同时致力于丰富组织建设形式，通过多样的组织建设方法团结班级同学：除常规的班会、团会、政治学习活动外，光卓2001班会定期开展班级外出活动（春游踏青、烧烤聚会等）和多种校内活动（桌游聚餐、球赛等），在多种多样的活动中把同学们紧密地联系在一起。班级设立全员班建制度，以寝室为单位，两个星期一次作为临时班级委员加入班级委员会工作，使得全班同学均参与班级建设工作，在奉献中加深对班级的感情，凝聚为更加团结的集体。

三、班级建设典型举措

（一）不忘初心，一脉相承

秉承光卓班级一直以来的"传帮带"制度，旨在打通两届学生对话交流的桥梁，帮助新生更快地适应大学生活，更好地接下卓越班的接力棒。光卓1901班与班级举办了联合班会，多名学长分享了学习与生活经验；同样，班级同学也响应传承精神，和光卓2101班举办了联合班会，将学习、生活的经验传承下去。

百年红船历峥嵘，赤子鸿志续华章。为积极响应党组织的号召，三个团支部相聚在一起举办了特团活动。同学们沿循着历史的足迹，从理论走向实践，将红船精神融入血液。

相逢情便深，恨不相逢早。在破冰活动中，同学们详细了解了红船精神的内涵，彼此结识，建立了友谊。在路演活动中，同学们准备了各种宣传活动，在游戏中积极宣传支部的主题，在其他同学的心中埋下红船的种子。在观影过程中，同学们一次又一次被烈士伟大的奉献精神所感动，奉献精神已烙入心间。

同学们怀揣着敬畏之心参观辛亥革命博物院，循着历史的足迹去追溯那一段历史，被伟大先辈们抛头颅洒热血的无畏勇敢所震撼。

（二）课研相合，未来扬帆

按时举办期中、期末学习主题班会、党团建设主题学习班会等，设置帮扶制度，让排名靠前的同学与学习稍落后的同学组成帮扶学习小组（2人一组），定期进行疑难问题的解答，由学习委员定期检查帮扶制度成果并分出学习小组，组内集体进行晚自习、问题讨论等活动，并按时展示成果。

大一上学期，跨学科交流的4个卓越班共同学习科学思维与研究方法课程，并在大一暑期至大二上学期的工程导论课程中学习了工程中的大工程观以及工程方面的要点和未来工程的可能趋势。大一暑假的学科交叉训练课，同学们在一个星期内做完 Arduino 使用、承重桥梁结构设计与 3D 打印、三维切片程序设计三个大作业，通过学习相关知识，对设计方案精益求精，做出令人满意的成果。

（三）积极实践，探索实践

班级全体同学参与了光电企业认知实践活动，亲手操作了激光打印机，制作了激光打印名片，了解了激光器的基本构造与光纤光缆的传输原理。大一暑期参与了启明学院组织的学科交叉综合训练，学习了 3D 打印机的工作原理，并动手组装 3D 打印机，做完 Arduino 使用、承重桥梁结构设计与 3D 打印、三维切割程序设计三个大作业。部分班级同学于暑期还参与了"科技之光——科技创新助力行业发展"实践活动。

四、班级建设成果

（一）学有所得，力勇争先

在班级同学的努力和相关制度约束下，光卓 2001 班取得了令人欣喜的成果，班级成绩优异，取得了"优良学风班"的称号，班级同学的综合能力也遥遥领先。在大一学年，班级取得了 85.60 分的加权成绩平均分，班级同学在光学与电子信息学院启明班前十名中占据三席。班级同学共获得各类奖学金 35 人次，位居全学院第一名。班级在学年奖学金评选中表现优异，获得国家奖学金 2 名（实验班共 2 名）、校三好学生奖学金 2 名（实验班共 5 名）。除了国家奖学金，同学们在大一上学期的新生奖学金的评选中也表现优异，获评新生学习优秀奖学金 8 人、新生自强奖学金 3 人、社会公益奖学金 3 人、新生文体活动奖学金 3 人。

（二）科研实践，种因得果

大一下学期学院启动了导师配备工作，班级全体成员参与各类科创活动、学科竞赛。

班级成员参与大学生创新创业项目一览：

"前列腺手术导航"大学生创新创业项目；

"多功能轮椅床智能避障功能的设计与研究"大学生创新创业项目；

"多目图像数据处理与其他工位传感器数据融合的技术"大学生创新创业项目；

"具有平坦通带特性的可调光学滤波器研究"大学生创新创业项目；

"基于深度学习的光纤成像技术"创新实践项目；

"基于布拉格光纤光栅的风速计"创新实践项目。

（三）无私奉献，阳光志愿

全体同学积极参加学生工作和志愿活动，担任学生干部的班级同学占全班人数的2/3，所在组织包括体育类组织、科研类组织、学院组织、志愿组织，光卓班的每一名同学都在努力追求着卓越。

班级同学义工活动参与次数多，涉及领域广：暑假支教、废品收集、展览馆讲解服务……校内、校外都活跃着同学们的身影，近百次的义工志愿活动彰显光卓2001班同学们的社会责任感。

五、班级建设总结

光学与电子信息科学与工程（卓越实验班）2001班自天南海北而来，汇聚于喻家山脚下。名带"卓越"，力争卓越！班级在思想、学习、科研、文化、组织等方面不断开拓进取，取得了卓越的成果，班级秉持"修身明德，笃学奋进，团结向上，追求卓越"的班级精神，学习继承黄群校友的伟大精神，德智体美劳全面发展。班集体聚心凝力，弘扬卓越班风，建成了"爱党爱国、积极进取、团结一致、追求卓越"的优秀班集体，展现了新时代华中大青年的崭新精神风貌。

六、院系党委副书记点评

聚光成芒、卓尔超群，光卓2001班在光实光卓联合党支部的引领下，全体同学举班抱团、向党看齐，班级同学政治立场坚定，思想积极向上。班级以黄群精神为指引，以卓越班级为目标，凝心聚力、团结奋进，建立落实了完备的班级制度，营造了人人参与的科技创新氛围、互帮互助的集体学习氛围、活力昂扬的文化体育氛围。

——光学与电子信息学院　李玲

附录1：
历届"胡吉伟班"名单

创建时间	班级名称
2018年	经济学院经济学（创新实验）1701班
2018年	能源与动力工程学院能卓1701班
2018年	新闻与信息传播学院广告1701班
2018年	社会学院社会学类1701班
2018年	人工智能与自动化学院自动化1703班
2019年	管理学院创新实验1801班
2019年	土木与水利工程学院土卓1801班
2019年	光学与电子信息学院光实1801班
2019年	电气与电子工程学院中英1802班
2019年	生命科学与技术学院贝时璋菁英班1801班
2020年	能源与动力工程学院能动1901班
2020年	新闻与信息传播学院播音主持1901班
2020年	生命科学与技术学院登峰计划班1901班
2020年	机械科学与工程学院机械设计制造及其自动化1907班
2020年	经济学院金融学1901班
2021年	光学与电子信息学院本硕博2001班
2021年	机械科学与工程学院工业工程2001班
2021年	经济学院国商2001班
2021年	能源与动力工程学院能动2004班
2021年	土木与水利工程学院智能建造2001班

附录 2：
历届"黄群班"名单

创建时间	班级名称
2019 年	电气与电子工程学院气卓 1801 班
2019 年	光学与电子信息学院光卓 1801 班
2019 年	建筑与城市规划学院数字媒体艺术 1801 班
2019 年	人工智能与自动化学院自实 1801 班
2019 年	船舶与海洋工程学院船卓 1801 班
2020 年	机械科学与工程学院机卓 1901 班
2020 年	船舶与海洋工程学院船卓 1901 班
2020 年	光学与电子信息学院光卓 1901 班
2020 年	能源与动力工程学院能卓 1901 班
2020 年	管理学院财务管理 1902 班
2021 年	机械科学与工程学院机械本硕博 2001 班
2021 年	材料科学与工程学院材料本硕博 2001 班
2021 年	船舶与海洋工程学院船卓 2001 班
2021 年	电子信息与通信学院电信提高 2001 班
2021 年	光学与电子信息学院光学与电子信息科学与工程（卓越实验班）2001 班

后记
POSTSCRIPT

  班级是高校对学生实施常规教育和管理的基本单元，学校的很多育人工作都由学生班级来具体实现。高校学生班级管理责任重大，其成效直接关系到学生的成长成才。经过十几年的探索与建设，华中科技大学将传承英雄精神与加强学生班级建设结合起来，形成了"坚持以德立班，构建荣誉班级体系"的工作模式。

  本书聚焦荣誉班级基本概况、班级建设基本思路和班级建设举措，从党团建设、班风学风、社会实践、文体建设等多方面呈现每个班级根据学科专业特色开展集体建设的典型经验。我们可以看到新时代学生群体的政治素养，他们坚持党建带动班团建，发挥党支部先锋引领作用，坚定不移跟党走；我们可以看到新时代学生群体的集体主义意识，他们加强班级文化建设，互帮互助，把思政工作优势转化为集体成才动力；我们可以看到新时代学生群体的社会担当，他们走出校园，或志愿服务，或组织捐款捐物，以专业所学服务祖国社会发展。这些都是同学们在集体中成长成才的真实写照，也是新时代青年勇担重任、不负青春韶华的见证。

  本书的出版是本科生工作办公室和相关院系副书记、辅导员老师们共同努力的结果。华中科技大学出版社也给予了极大的支持，在这里一并表示感谢。同时，本书疏漏之处在所难免，敬请读者朋友、同行批评指正。

编 者

2022 年 9 月